《老子》的人生感悟

郭继承 ◎ 著

陕西新华出版
太白文艺出版社·西安

图书在版编目（CIP）数据

《老子》的人生感悟/郭继承著. -- 西安：太白文艺出版社, 2024.8. -- ISBN 978-7-5513-2662-9

Ⅰ. B223.15

中国国家版本馆 CIP 数据核字第 202451VP97 号

《老子》的人生感悟
《LAOZI》DE RENSHENG GANWU

作　　者	郭继承
责任编辑	姚亚丽　张晨蕾
封面设计	新艺书文化
出版发行	太白文艺出版社
经　　销	新华书店
印　　刷	文畅阁印刷有限公司
开　　本	787mm×1092mm 1/16
字　　数	246 千字
印　　张	19.25
版　　次	2024 年 8 月第 1 版
印　　次	2024 年 8 月第 1 次印刷
书　　号	ISBN 978-7-5513-2662-9
定　　价	88.00 元

版权所有 翻印必究
如有印装质量问题，可寄出版社印制部调换
联系电话：029-81206800
出版社地址：西安市曲江新区登高路 1388 号（邮编：710061）
营销中心电话：029-87277748 029-87217872

目录

序　　　　知行合一学好《老子》　　　　　　　　　　1

第一章　　道是万千变化背后的秘密　　　　　　　001
第二章　　道在生活中随处可见　　　　　　　　　004
第三章　　道家推崇减少争斗而天下井然　　　　　008
第四章　　得道之人懂得把握动态平衡　　　　　　012
第五章　　真理没有主观感情　　　　　　　　　　015
第六章　　领会道，事半功倍　　　　　　　　　　019
第七章　　成全别人也是成全自己　　　　　　　　021
第八章　　上善若水，善利万物，自在自足　　　　024
第九章　　顺应道，功遂身退　　　　　　　　　　030
第十章　　修大德，生而不有，为而不恃　　　　　033
第十一章　以"有"为凭借，发挥"无"之妙用　　036
第十二章　不做欲望的奴隶　　　　　　　　　　　038
第十三章　超越小我，成就大我　　　　　　　　　042
第十四章　把握规律，更易预见未来　　　　　　　045
第十五章　盛极则必衰，居安易思危　　　　　　　048
第十六章　致虚极，守静笃，慧眼观潮　　　　　　051

第十七章	功成事遂，海晏河清	056
第十八章	老子为什么批评"仁义"	059
第十九章	启迪道心，开启内驱力	063
第二十章	觉悟者与普通人对聪明的理解不同	066
第二十一章	道重在践行	071
第二十二章	有智慧的人总是恰当地做事	075
第二十三章	众缘和合更利于成功	079
第二十四章	修道者当有赤子之心	083
第二十五章	行道者，不忘初心	088
第二十六章	智者圆融看待世事	094
第二十七章	天生万物皆有用	097
第二十八章	大成就者利苍生	104
第二十九章	芸芸众生皆需遵守规律	109
第三十章	不自大者，生生不息	113
第三十一章	行战争者，当为和平	116
第三十二章	知边界者，能融大道	119
第三十三章	知足者富，战胜自己才是真英雄	124
第三十四章	成就之道，在于服务众生	129
第三十五章	大道无形，顺之者生	131
第三十六章	鱼不可脱于渊，国之利器不可以示人	134
第三十七章	无为而无不为，顺势而行	138
第三十八章	去掉浮华，净化内心	141
第三十九章	贵以贱为本，人以谦让为尊	145
第四十章	体会有形世界的无形规律	150
第四十一章	道隐无名，道在万事万物中	153

目 录

第四十二章	三生万物，压力也是动力	159
第四十三章	打破认知障碍，客观看待世界	163
第四十四章	知止不殆，知足常乐	166
第四十五章	看清规律，以不变应万变	169
第四十六章	天下有道，感恩生活，避免灾祸	173
第四十七章	得道状态下，怎么去观照世界	175
第四十八章	放下偏见，认清世界	177
第四十九章	圣人没有分别心	180
第五十章	有智慧的人懂得驾驭生命	183
第五十一章	无我利他，遵循天道	185
第五十二章	智慧打开，活在自性中	188
第五十三章	践行大道，当乐于付出	192
第五十四章	静以修身，不妄动得大成	195
第五十五章	物极必反，无妄念方得大道	200
第五十六章	以仁爱之心观万物	204
第五十七章	以无事而取天下	208
第五十八章	凡事过犹不及	212
第五十九章	开启内在智慧，获得真正永恒	215
第六十章	以道治天下，广施教化	218
第六十一章	以静处事，国家相安无事	221
第六十二章	净化内心，心内无恶天地宽	224
第六十三章	心外无物，万事无挂碍	227
第六十四章	未雨绸缪，恒顺众生通达万事	231
第六十五章	心道合一，和谐相处	236
第六十六章	百川归海，不争者得成功	239

第六十七章	放下自在，天助自助者	242
第六十八章	用人所长，态度谦卑	246
第六十九章	用兵当慎，以战为和	249
第七十章	大道至简，常人难悟	252
第七十一章	自知者明，圣人更懂自谦	256
第七十二章	权威和使命当以民为先	260
第七十三章	敬畏生命，人间正道	263
第七十四章	正视弱点，不去干涉大道运行	267
第七十五章	超越小我，不可过于看重自己	270
第七十六章	强大处下，要关怀帮扶弱者	273
第七十七章	符合天道，能力越大责任越大	275
第七十八章	知易行难，不要被表象迷惑	279
第七十九章	心怀广大，种善因结善果	282
第八十章	小国寡民，正视进步与危害	285
第八十一章	效法天地，付出总有回报	288

序

知行合一学好《老子》

  道家著名的经典之作《老子》（又称《道德经》），作者是老子，我先对老子本人做一个简单的介绍。在介绍一个人的思想时，孟子曾说，"知人论世"。我们读任何一本书的时候，都应该对它的作者和成书的背景有一个了解，这有助于我们更好地了解这本书。读诗词时也是一样，不妨先了解一下作者的人生阅历、境界、格调、气象等。

  传闻老子大概比孔子早出生二十年，出生于春秋时期陈国苦县（今河南鹿邑县）曲仁里。老子一生，曾经官至东周守藏室史，负责管理图书。从为官经历来讲，他应该阅读过很多文献资料，他的人文知识、历史知识的储备量，在当时应该是罕见的。很多人读了不少书，但是缺少穿透力和洞察力，书都是死的，但老子不是，老子不仅读书多，而且能从读的书里体会出东西来。所以他在《老子》里说一个人不出户可以知天下，不一定要东奔西跑才能了解得更多，其实通过自己的悟性和觉察，也能领会蕴含在世界中的道。

  老子因为有悟性、灵性、慧根，可以穿透历史，他对人生、世界的体悟非常之深，这是修证的功夫。历史记载孔子曾几次去拜见老子。第一次见的时候，老子给了孔子一些建议，这是一个长者对年轻人的忠告。老子告诉孔子，年轻人如果有到处推行自己主张的欲望，或者想彰显自己的想法，这是带着强烈的个人欲望的，容易招致危险。孔子非常受教，应该说这对孔子后来的修为产生了非常大的影响。后来孔子的一生，入仕、为官、辞官，基本都不是为了出名，而是为了承担一个人在社会上应该承担的责任。所以他周游列国的时候，尽管没人听他的建议，但是他说："我是'求仁而得仁，又何怨？'，我做这件事情，本身就是为了社会的长治久安或者救人心，我追求的并不是名声。"

孔子年长时又去拜见老子，后来孔子非常赞叹地跟学生提起这一次老子与他的谈话。"我们总是说起龙，但是并没有真正见过龙。"孔子说，"我见了老子以后，觉得老子就是龙的象征，老子的智慧圆融博大，就像龙遨游于天地之间，可以吞云吐雾，行云布雨。"据说，向老子请教之后的几天里，孔子还沉浸在对老子博大智慧的赞佩情绪中。

海纳百川，和而不同，中华文化这一点特别值得大家去领会学习。两个伟大的学派，一个儒家学派，一个道家学派，两位智者见面的时候是很和谐的，不是互相排斥的。两位圣人是互相赞叹的，这就体现了民族文化的包容性。在今天这个多元化世界，经济全球化时代，不同文化之间应该怎么相处？中国文化的包容、开放、接纳、学习的态度和精神，应该成为人类的行为准则。

《论语》里提出，"三人行，必有我师焉。择其善者而从之，其不善者而改之。""君子和而不同，小人同而不和。"说君子面对不同文化或者不同见解的时候，会学习人家，成为更好的自己，但绝对不是简单模仿、照搬。小人是跟他一样的他就高兴，跟他不一样的他就打压、讽刺，党同伐异，孔子不赞成这种做法。这是中华文化的一种内在精神，特别值得赞赏。

序　知行合一学好《老子》

据传，老子晚年时对当时社会的状况比较失望：新旧秩序转换，礼崩乐坏，人心迷乱，弑君弑父，人伦纲常败坏，整个社会风气败坏。老子认为，旧秩序已经"无可奈何花落去"，所以他要西出函谷关，骑着牛修行去。

据传当时的函谷关令叫尹喜。尹喜很有修为，他观察到函谷关东边有一团紫气，觉得紫气下应该有高人。我们常说一个人面如土灰可能气象不好，紫气东来是吉兆。尹喜就去往东边，问来人是谁，来人正是老子。尹喜知道老子的修为，就问老子要干吗去。老子说要西出函谷关去修行。尹喜非常诚恳地说："我也是一个修行人，特别想找人学习，但是一直没有机会。今天我出城门看见紫气东来，知道有高人要来，所以恳请您留下来。目的有两个，第一是您那么有水平，您的人生感悟、智慧和悟性，应该写下来留给后人；第二是您可以教我，我向您学习。"

我们看到的《老子》，大概是老子应尹喜的请求，把自己平生所学记录下来而成的。

《老子》这本书在中国历史传承过程中也经历了复杂的命运。我这里不讨论它的版本，因为那是很专业的工作，不是大众的任务。

《老子》一共五千字左右。春秋时期的人写书很不容易，是拿刀在竹简上刻字，因此往往会用最简洁的文字来表达最丰富的含义，言约而意丰。《老子》把老子平生所学所悟都呈现了出来。这本书极其宝贵，甚至影响到了全世界。西方一些管理大家对《老子》也耳熟能详，他们在管理过程中贯彻了《老子》智慧；德国哲学家海德格尔读了《老子》以后曾用四个字形容——叹为观止。

我建议大家都好好学习《老子》，参悟《老子》，用一辈子的时间去领会它、验证它。这本书伟大在哪里呢？它对人生、宇宙的很多深刻道理都做了阐释。

汉字是中华文化非常好的载体。《道德经》的"道"字，是一个"首"，加一个走之。首是头，代表智慧，走之代表行动，所以我们说一个人得道的标准是什么？就是智慧和行动结合，理论和实践相结合。

很多人所谓的道，不过是书本上的道，是历史上有所证悟的人写下来奉献给社会的文字记载。真正的智慧是要结合实际，有助于人们的工作和生活的。如果照本宣科，脱离实际，就会让文化走向萎缩。真正有修为的人不但说书上的文字，更讲自己平生的修悟体会，这就需要知行合一。如果只把道当作一种知识，而不结合实际来开启人们的智慧，就算不上真正的智慧。"德"这个字，其繁体字上边是一个"直"字，下边是个"心"字。怎么才能领会道？每个人都有心，为什么圣人能以他的心领会道，而我们这些普通人的心领会的多夹杂饮食男女的事呢？因为只有直心才能悟道。

《维摩诘经》是一部非常重要的佛经。《维摩诘经》里提到"直心是道场"，人要把弯弯绕绕的心修成直心。什么是直心？直心就是不夹杂任何污染，没有贪心、私心、狭隘心、情绪等干扰的非常清静的心，只有这样的心才能领会道。

儒家、道家、佛家在讲修行的时候最终都要归到直心上。禅宗有一句话叫"歇即菩提"，是说你把万缘放下，把心灵镜子上的灰都擦掉就能觉悟，其实也是"直心是道场"的意思。

经是什么？经就是路，符合宇宙真理的路，引导人走人间正道，尊重真理，符合规律。我们说一个人走错了，会说他不走正道，我们要让他走正道，实际上就是尊重真理。

学《老子》，不仅要学书上的道，更要修出自己的道，做到知行合一。怎么悟道？让自己的心清清静静的，用这颗直心去参悟道，才能悟出来。心里有太多自私、狭隘、偏执等弱点的人，悟不了道。道家有一部《清静经》，对此说得很清楚。经是指示我们走正道、走大道的，所以《道德经》书名已经把它的主要内容说清楚了。

人这一生，无论怎么个活法，到了一定层次之后，都要去悟真理和规律。在企业中，如果光讲销售技巧，那是术，层次就低一些。一家企业如果想做成百年老店，要有道。政府治理社会，也要有道，要发自内心地去认识历史规律，顺应规律，认识到政治的根本在于人民群众。有道的政府，生命才会长久。无论哪个行业，想要做大做长久，一定要在道的层面去理解问题，观察问题。

我们有缘学习《老子》，领会其中的道理，并落实到生活中，从而提高自己的境界、修为，使家庭事业变得越来越好。如果大家都能学《老子》，对文化建设和全民素养提升都有很好的作用。

当然，我跟大家的分享只是我个人的一点体会，一定会有浅薄的地方，诚恳地请大家多批评指教。在学习的时候，我们应该感恩两千多年前以老子为代表的先哲，是他们的辛劳和奉献，才留下了这么精妙的智慧供我们解读。我们有责任去学习、传承、弘扬这些智慧。

| 第一章 |

道是万千变化背后的秘密

> 道可道，非常道；名可名，非常名。
> 无名天地之始，有名万物之母。
> 故常无欲，以观其妙；常有欲，以观其徼。
> 此两者同出而异名，同谓之玄，玄之又玄，众妙之门。①

第一章解读起来争议很大。不同的人有不同的看法，理解得也各不一样。

我们怎么解读呢？我把自己的理解和别人的看法一并给大家做分享。"**道可道，非常道；名可名，非常名**"，是想把宇宙人生的大道说给大家。"道可道，非常道"，宇宙和人生的大道可以说，但是，一旦说出来，就不是要表达的那个道了。"名可名，非常名"，我们也可以给它起名字，或者用语言去描述它，可是一旦用语言去描述，它已经不是想描述的那个状态了。这给我们一个什么启示呢？就是圣人悟到的，用哲学来讲是宇宙的本体和人生的本体，用中国文化来讲是玄妙的宇宙背后的灵光、秘密。他想表达出来，可是说出来的就不是真实的那个状态了。

---

① 本书《老子》全文引自《老子道德经注校释》，中华书局，2008年版。——编者注

我们可以拿佛教故事来理解。释迦牟尼佛有一次在灵鹫山法会讲法，他没直接讲法，而是拿着别人供养的花给众人看。众人都感到很奇怪，只有摩诃迦叶看到他拈花，笑了。释迦牟尼宣告："吾有正法眼藏，涅槃妙心，实相无相，微妙法门，不立文字，教外别传，付嘱摩诃迦叶"。释迦牟尼把法传给了迦叶，迦叶被称为禅宗的初祖。

这个"佛祖拈花，迦叶微笑"的故事，熟悉佛经的人都读到过。为什么佛祖不讲法，只是拈花？佛祖要讲的最无上的秘密，是他修证到的境界。正如老子说的，一个人修行出来的境界一旦用语言去说，说的就已经不是它了，而仅仅是语言描述的它。比如我去了泰山，回来后告诉你泰山怎么样，可是我怎么说都跟实际的泰山不一样。所以，释迦牟尼在讲他修证境界的时候没法用语言表达，因为语言说出来的也是不完善的。

"道可道，非常道；名可名，非常名"就是告诉我们，这本书要给大家讲大道，可是这个大道是老子修证的境界，其玄妙不是用语言可以精准描述出来的。我们嘴上说的道和书本上的道，与通过实修证悟的道已经不一样了。

当然，我们这里也需要说明，尽管语言文字对于如何描述"道"有些力不从心，但我们绝不可忽视语言文字和清晰的逻辑的重要性。在我们生活的世界中，语言、概念、逻辑等有着极其重要的作用，是人们认识世界、和边界打交道的有力工具。至于形而上的"道"，则是另一个层面的问题，大家不要走极端就好了。

"无名天地之始，有名万物之母"，是说我们可以从两个角度来理解世界或者道。一是从无的角度来理解，宇宙从哪里开始？从无，所以"万物生于有，有生于无"。世界从看不见的地方生化出来，无是万物之始。我们看得见的东西是从看不见的地方生出来的。二是从有的角度、看得见的角度来理解，有是万物之母。我们吃的馒头、面条是从哪里来的？从面粉而来，面粉是从哪里来的？从麦子来的。这就是从有的角度，万物都能追溯到源头。

"故常无欲，以观其妙；常有欲，以观其徼"，这两句话含义又深一层，也是从无和有两个角度观察世界和道。不同的人有不同的解读，古文是没有标点符号的，断句是后世人断的，我的看法是，具体怎么断句可以有争议，但是我们从无和有两个角度去观察世界的道理不变。比如我们观察世界背后的奥妙，从有的角度，世界已经开始显现了，所以"以观其徼"。"徼"是事物最终的结果，所能到达的边界，它是明亮的，显现的。我拿宇宙来举例子，宇宙从哪里来？现代物理学经过研究证明，现在的宇宙是个奇点，是通过大爆炸膨胀产生的，宇宙产生之前没有这个空间，后来变得有了。那我们怎么观察呢？我们要看是什么样的力量产生了宇宙，这个力量就是无。你看不到是什么样的力量和秘密促成了今天的宇宙，这就是从无的角度来观察宇宙的奥妙。

宇宙有各种星系、星云、黑洞、中子星等，这些我们看得到的东西让我们从有的角度来观察宇宙的奥妙。

从有和无两个角度去观察宇宙、观察人生，叫**"同出而异名"**，起不同的名字都是为了显道。大道可以从无，我们虽然看不到，但是它在起作用，或者万物因它显现。**"同谓之玄"**，这都体现了大道的玄妙，我们要深究"道"到底怎么玄妙。

"玄之又玄，众妙之门"，是说我们在探究大道玄妙的时候发现，道真的非常深远、奥妙无穷。这是理解世界的秘密的一个窗口。我们理解任何东西，一定要有通道，比如想观察一栋大楼，大楼里具体有几个房间，站在楼外是看不到的，要进去观察。进入大楼要找到门，任何事情，都要得其门而入。

理解了道，我们才能找到人生、宇宙万千变化背后的秘密。理解了道，我们就有了一把理解宇宙的钥匙。第一章实际上就是把这个主旨说出来了。任何人只有尊重真理，尊重规律，才能赢得主动，这也是这本书的价值所在。

第二章

道在生活中随处可见

> 天下皆知美之为美，斯恶已；皆知善之为善，斯不善已。故有无相生，难易相成，长短相较，高下相倾，音声相和，前后相随。
> 是以圣人处无为之事，行不言之教，万物作焉而不辞，生而不有，为而不恃，功成而弗居。夫唯弗居，是以不去。

大道在我们生活中是随时显现的。我们要善于从生活中去领会道，《中庸》里说"道不远人，人之为道而远人，不可以为道"，就是说我们的日常生活就体现了道。

这一章讲一个有道的人是怎么看世界的。

"天下皆知美之为美，斯恶已；皆知善之为善，斯不善已"，这反映了大道的运行规律：任何事情发展到一定程度就会向对立面转化。这个道理在生活中很常见，就是物极必反。人一嚣张就会倒霉，实际它背后是有道理的，就是月盈则亏，水满则溢。

阳极阴生，阴极阳生。天下人都知道一个事物美，那它就开始变得不美了。比如说瘦是一种美，但"楚王好细腰，宫中多饿死"，楚王认为腰细就是美，导致宫中人都追求腰细，很多人甚至为此饿死、病死，这就不是美了。这种美的标准伤害了很多人，就变成了大恶。

"皆知善之为善，斯不善已"是一样的道理。比如我们提倡孝道，给老人洗脚是孝，可是如果把它当成提拔干部的标准，那所有人都会去给老人洗脚，而不顾老人们的意愿。扶老人过马路是好事，如果规定扶老人过马路的学生高考有加分，后果将是老人千万别经过路口，否则他们不想过马路也会被人推过去。为了追求善，把善行变成考核标准，人们就会为了达到自己的目的而去行善，这时这个行为已经不是善了。

这两句话告诉我们事物发展达到顶点以后会走向对立面，有阴和阳的转化、正和负的转化、正义和邪恶的转化，这就是大道的运行规律。

"故有无相生"，有和无是相互转化的，有可以变成无。比如一个人内心非常骄傲，刚愎自用，虽有万贯家财，可能用不了几年就因自己决策失误破产了。反过来，生活非常艰难的人，由于他非常勤奋，有非常好的品质，甘于奉献、任劳任怨，也可能变得很富裕。这里我要特别对年轻人说，家庭条件不好不怕，自己肯努力上进，照样可以成长得非常出色；家庭条件比较好的人也不宜一味得意、"躺平"，否则也有可能成为败家子，这都不是定数。

"难易相成"，如果一个人做一件事的时候高度重视，下很大决心去研究情况，全身心去做，这件事就会变得简单了。反过来，对于一件非常简单的事，做事的人如果麻痹大意、轻视，对很多情况不了解，那么一上手就会吃大亏，事情也变得相对复杂了。所以难和易之间没有固定界限。无论事情是难是易，都要非常认真、细致、全面地看待它，这样，哪怕是再困难的事也会变得容易。

"长短相较"，长和短因为比较而存在，也不是定数。比如一个人身高一米七，你说他是高还是矮？和一个身高一米六的人相比他当然高，跟身高两米多的人相比，他就矮了。所以长和短的概念是在比较的过程中才有的。我们说一个东西是长是短，也和参照的标准有关系。

"高下相倾"，高是相对下而言的，下是相对高而言的。比如我在七楼，相对于八楼来说就是下，相对于五楼而言就是高。要通过对方才能看出自己的位置高下。

"音声相和"，比如开一场演唱会，有人主唱，有人和声，有人伴奏，合在一起才是好的音乐。

"前后相随"，做任何事情都有先有后，有本有末。《大学》里讲"知所先后，则近道矣"，意思是知道了事情都有先后的道理，就接近得道的境界了。我们做事情要知道前后，做任何事要知道后果是什么。懂得"前后相随"，做事之前就知道预判后果，才能未雨绸缪，防患于未然。

"是以圣人处无为之事，行不言之教，万物作焉而不辞"，圣人明白了这些道理以后，带着无所求的心，没有私欲，不通过言说来教育别人。简单的说教，很难起到大的效果，甚至会适得其反。先哲通过自己顺应大道的行为来昭示道理。好比文天祥，元世祖对他许以高官，可是他选择杀身成仁、舍生取义。文天祥的死，在中国历史上树立了一个丰碑。文天祥用行动告诉我们，在一己之利和大义面前，该如何抉择，这就是"不言之教"。圣人做事是以无所求的心顺应大道，通过自己的行为来告诉别人应该怎么做。"万物作焉而不辞"，在成全万物的时候不辞辛劳。真正优秀的老师，志向高远，他教育学生的时候不功利，并不想着他把学生教育好了，学生要报答他，而是真心想帮助学生，带着无所求的心，通过自己的言传身教来启发学生，几十年坚持不懈成全学生，甘为人梯，也不觉得辛苦。

"生而不有"，圣人以无为的心去成全社会，成全别人，但是并不想占有之。所以家长们要注意，孩子是你们生养的，这是事实，可是也不要因此觉得孩子就是你们的私有物品，孩子一定得听你们的，要在你们的掌控之下。孩子是独立的生命个体，谁也不可能掌控他。每个人都要堂堂正正光明正大地活在世界上，都要自觉自主。父母只是帮助、成全孩子成长，孩子要为自己负责。

"为而不恃"，做了什么事情，或者拥有了什么东西的时候也不张狂。比如做了官，不要彰显自己的威风，要努力给社会造福，绝对不要欺压别人。

"功成而弗居"，一旦事情做成了，不用告诉天下人这是我的功劳，不用要求天下人对我感恩戴德，不居功，甚至能够功成身退。这是一个得道的人应该有的境界。

"夫唯弗居，是以不去"，正因为得道的人或者修为非常高的人成全了别人，服务了社会，做出了巨大的贡献，又不占有功劳，无私奉献给社会，人们才会永远记住他。大道的秘密就在这里。很多人创业是带着抱负的，要干一番利国利民的事业，要真诚地去帮助他人，他们带着这种无私的心去创业，最后往往在利于别人的同时也赚了大钱。一开始就只想着要发大财，甚至唯利是图，最后可能会一败涂地。

带着无私的心去成全别人、服务社会，不求名不求利的人，反而有可能会名利双收。这个双收，不需要耍阴谋，因为大道本来就是这样。道作为规律，不是你求就能求来，或者不想求就不来的。这一章已经清清楚楚告诉我们，要带着无所求的心实实在在为别人做事，无私奉献，成全大众，在这个过程中成就自己。

学这一章就是要了解大道运行的规律，明白事情发展到了极点就会向对立面转化。圣人懂得这个道理，然后为人处世力所能及地成全别人，服务社会，既成全了别人，也成全了自己。

第三章

道家推崇减少争斗而天下井然

> 不尚贤，使民不争；不贵难得之货，使民不为盗；不见可欲，使民心不乱。
> 是以圣人之治，虚其心，实其腹；弱其志，强其骨。常使民无知无欲，使夫智者不敢为也。为无为，则无不治。

这一章容易被一知半解的人误读。很多批评《老子》甚至攻击《老子》的人，说《老子》是愚民思想，这也引起了许多不明就里的人的误解。扣这种帽子实际是很不负责任的，也说明他们不怎么了解《老子》。所以有必要让大家比较准确地理解《老子》。

有些人抓住"**是以圣人之治，虚其心，实其腹；弱其志，强其骨。常使民无知无欲**"，然后得出结论：《老子》是反智愚民的。其实不是这样的，我们读书思考要养成一个好习惯，一定要全面准确理解老子的思想体系。那么，这到底是什么意思呢？

"**不尚贤，使民不争；不贵难得之货，使民不为盗；不见可欲，使民心不乱。**"这是提醒负责社会治理的领导者，不要人为制造争斗和消耗，老百姓才能安稳地过好生活。如果领导者公开宣扬某一类型的人好，整个社会的选拔标准、评价标准都会倾向于这类人。老百姓会千篇一律地希望成为领导者推崇的这种人，甚至很多小人会为了成为被领导者推崇的人而弄虚作假。而一个健康的社会，是需要各种各样的人才来共同发挥作用的。

比如，汉代重视孝道，假如一个人父母去世以后，能够在父母坟旁守孝三年，经过别人推荐就可以有当官的机会。有的人守了六年，那更好，更有机会获得提拔。结果相传，汉代曾有人在自己父母的坟边住了十年。因为国家推崇这种人，认为住在父母的坟旁边守孝就代表孝，老百姓就竞相这么做，为的不是尽孝，而是私利，所以有人在父母坟边住的几年里，发生了苟且的事，也就不足为怪了。这是尚贤的流弊。"不尚贤，使民不争"这个观点未必完全正确，但是它有一定道理。

"不贵难得之货，使民不为盗"，就是不要把某个东西看得特别稀缺、特别珍贵，这样老百姓就不会动偷盗的心思。某地有一个湖，湖边的沙土质量较好，可以用来做建材，结果很多人用大卡车一趟接一趟地去偷沙土，导致湖边的桥墩塌陷。为什么老百姓会去偷沙土？因为这是难得之货，如果它就是一般的土，会有人偷吗？如果有人说昆仑玉是世界上最好的玉石，那昆仑山的某些山脉就会被破坏性开采。

"不见可欲，使民心不乱"，领导者不要把特别勾引人欲望的东西拿来炫耀，那样会造成民心混乱。当然这道理也未必全面。

"虚其心，实其腹；弱其志，强其骨"，老子想表达什么？"虚其心"不仅是指领导者，更包括普通人。一个人心里如果有特别多欲望，对别人有很多成见，内心有特别多杂质，是不会有智慧的。我们常说某个领导在管理的时候非常公道、全面，秘诀就是他内心的杂念少，公道正派，这就是"虚其心"。如果领导者内心自私，有杂念，他的智慧就很欠缺。如果普通人自私、狭隘，心存偏见，有一大堆毛病，工作也不好好做，同事被提拔了就难受生气，还总想着从工作单位带东西私用，那就不太好了。领导者要去掉内心的杂质才能处事公道，治理国家才能让人信服。老百姓也要去掉内心的杂质，才能做好公民。

"实其腹"，让老百姓吃得好，不管哪个国家都要让老百姓富裕，不饿肚子，这是人类共同的追求。"弱其志"，就是妄念要少，这个"志"就是佛家讲的执着。不该有的、没有实现可能性的念头，就是妄念。比如，对于我这样普通的知识分子来说，什么是我不该有的，什么是我该有的呢？我要积极向上，我要追求进步，我要争取做个好老师，尽管我缺点很多，但是我想一点一点改进自己，想把课讲好，让大家受益，得到启发，这个想法应该有可能实现。我哪天突发奇想要成为联合国秘书长，这就是妄念，这种念头几乎没有实现的可能性，一旦有了我会痛苦得不得了。"弱其志"是打消不该有的、实现不了的、只能让人生变得更加苦恼和痛苦的念头。人只有妄念减少了，人生才会踏实。减少妄念，心中留下的都是好念头，也就是正念，才可以指引人生积极向上。"强其骨"，就是身体好。

圣人治理国家的时候，要让每个人内心变得清静、高尚一些。领导者光明正大，做事公道，管理正派，国家各项事业欣欣向荣，老百姓的生活就会越来越好。让老百姓吃得好，减少不该有或者不能实现的妄念，多树立正念，让人生变得积极、上进，还要让老百姓身体健康，这是多好的事，怎么能说圣人之意是在愚民呢？所以不能轻易下结论。

"常使民无知无欲"，这个"知"不是知识的知，也不是智慧的智，而是技巧、算计。也就是说，一个真正伟大的领导者，一定要让老百姓心中少一些自私的算计。小算盘打得叮当响，和谁打交道都想要骗人，要让自己的利益最大化，做什么事都得占便宜，这种人不大会有人喜欢。我们喜欢直率真诚的、诚信的、坦坦荡荡的人，这样的人心中没有算计，善良可靠。"无欲"是没有过分的欲求。吃饭穿衣是正常生活该有的需求，不算过分的欲求，得陇望蜀的想法则不能有。我们这一辈子的很多痛苦都是因为妄求。

"使夫智者不敢为也"，圣人由于对社会的观察非常入微，让心中狭隘、特别会算计的奸诈小人不敢胡作非为。小人一旦动点心思，圣人就看得清清楚楚，而他们治下的老百姓也很有智慧，并不上奸诈小人的当。那奸诈小人还能做什么呢？

"为无为，则无不治"，无为就是让一个人心里变得非常清静，这时智慧才能涌现。回望人生，我们这一辈子说蠢话办傻事的时候，都是心绪剧烈起伏的时候，心绪比较宁静时，我们对很多事情的判断是准确全面的。老子是告诉我们，要做到内心清静，少一些妄念和私心杂欲，做自己分内的事。

君子务本，每个人都把自己的本分做好了，让天下井然有序，这不就是我们所期待的社会吗？这一章讲的并不是道家愚民思想，更不是反智，这些话有相应的语境。这一章讲的是国家应该怎样治理，领导者只有胸怀坦荡，公正无私，周到圆融，才能把国家管理好。老百姓只要放下妄想，多一些正念，做自己力所能及的事，整个社会就会人心纯净，积极向上，耍心眼的、搞权谋的奸诈小人就没有机会兴风作浪。社会井然有序，人人各安其本，越来越好，这不正是我们期待的吗？

| 第四章 |

得道之人懂得把握动态平衡

> 道冲而用之或不盈,渊兮似万物之宗。挫其锐,解其纷,和其光,同其尘。湛兮似或存,吾不知谁之子,象帝之先。

"道冲而用之或不盈","冲"字可以作"中"字解。这句的意思是,一个人怎么证明得道?要在生活中、为人处世中,在大千世界与芸芸众生打交道的过程中,圆融中道,把握世界的动态平衡,体现出得道的境界。俗话说"是骡子是马,拉出来遛遛",这话虽然粗糙,道理是对的。那么,一个真正得道的人,在生活中有什么特点呢?一个很重要的特点是他能做到"中"。社会进步建立在经济发展、文化发展、精神建设、道德建设、法治建设等各个方面的平衡上,如果领导者过于重视某一方面,或忽略了某一方面,就会出现偏差。比如特别重视经济发展,假如精神建设没有跟上,国家也会堕落;特别重视精神修养,可是老百姓连饭都吃不上,也必然出问题;如此等等。要把握好动态平衡的"中",就要把社会各种力量都用得恰到好处,让各种力量均衡。真正得道的人在处理各种事情的时候总是能做到"中",而且这种智慧源源不断,他始终能在中道的智慧指引下做事。比如说，在我们的生活中，老人给子女分财产的时候特别照顾儿子，忽略了女儿，这不"中"；企业家特别看重销售人员，不看重行政人员，也不"中"；管理者一味巴结上级，打压下面的人，还不"中"。

"渊兮似万物之宗"，是说道真深远，像是万物发展的依据。世间万物是怎么运化发展的？内在的依据就是道。

那么，得道的人做事的时候是什么状态，特别有修为的人和别人打交道的时候是什么状态？**"挫其锐，解其纷，和其光，同其尘"**。

"挫其锐"，"锐"意味着偏执刺人，修为不高的人喜欢偏执走极端，往往言语尖锐，会让人听着难受，比如现在网上有很多人的言论特别偏执且情绪化，只是在谩骂攻击、宣泄情绪，对解决问题没有任何帮助。真正有修为、有智慧的人不会这样，他们不赞成某些观点，可能会客气地告诉对方：我今天听你的话很受启发，不过有几点想向你请教。说是请教，实际上就是商榷问题，让人听完能够心平气和地交流。有修为的人，因为他有慈悲心、仁爱心，不与人对立，当然就不会言语刻薄，不会伤害别人，不会让人不自在、不舒服。

"解其纷"是说真正得道的人面对纷纷扰扰的事，一下子就能找到解决问题的关键。我们每个人生活中都会面临各种事。年轻的学生，要学习、考试，又要锻炼身体，还要参加社会活动；有的企业家要转型、要扩大生产，想法很多却难以取舍……有智慧的人静下来可能会问，最关乎自己命运的是什么事，然后先把它做好。

"和其光"，和什么光？和自己内心里的智慧之光。我们所谓的修行，不是外求，而是和合自己心性里生发出来的觉醒之光与智慧之光。

"同其尘"就是说有智慧的人在和大家共事的时候，不特别彰显自己。我见过很多大学者，比如季羡林先生、我的导师张岂之先生，他们待人接物都特别谦和，和人打交道一点都不端架子、装样子，很平常，让人特别舒服，这就是大家风范。干部、知识分子和人民群众打交道的时候，尤其需要注意和光同尘，不要让人民群众觉得别扭、高不可攀。要走进人民、融入人民，为人民服务。特别有修为的人，我执很淡，他们和谁在一起就融入谁，见了领导能不卑不亢，见了农民兄弟也能融入田间地头。

"湛兮似或存"，意思是大道清湛，得道的人的内心清亮，他对社会、对世界了了觉知。这是人生境界达到一定程度后呈现的一种状态。

"吾不知谁之子，象帝之先"，我真不知道大道从哪里来，在宇宙形成之前它就存在了，所以我们说"道生一，一生二，二生三，三生万物"。在老子看来，在我们生存的宇宙还没有形成之前，已经有大道了，大道亘古存在，这叫"象帝之先"。

老子在很多章节都在讲道是什么状态，得道的人是什么境界。我们把得道的人的状态描述出来，照葫芦画瓢地去模仿，言谈举止和得道的人一样，修为就提高了。得道的人做任何事情、面对各种力量的时候，会把各种力量维系在一起，让它们发挥各自的作用，掌握好动态平衡。得道的人与世界没有对立，能在纷繁复杂的事物现象中抓住重点，找到关键，看得清楚，看得明白，生发出自己的智慧之光，和芸芸众生打交道也是平常心，不显山露水，不凸显自己。

第五章

真理没有主观感情

> 天地不仁，以万物为刍狗；圣人不仁，以百姓为刍狗。①
> 天地之间，其犹橐籥乎？虚而不屈，动而愈出。多言数穷，不如守中。

真理是没有主观感情的，也不会偏爱某个人；谁尊重真理、按规律办事，谁就赢得主动；反之，谁背弃真理，不按规律办事，谁就遭到惩罚。并非真理偏爱谁、惩罚谁，关键在于自己对待真理的态度。

"**天地不仁，以万物为刍狗**"，这里的"仁"和儒家讲的"仁"不是一个含义，这里相当于偏爱，儒家的仁是指大德或者圣贤所具备的对世界普遍的慈悲或仁爱。"天地不仁，以万物为刍狗"，其实是说天地没有偏私之心，对待宇宙万物都是一视同仁的。

"**圣人不仁，以百姓为刍狗**"，圣人和天地一样，也没有偏私之心，他对任何人也都是一视同仁的。这句话的内涵很深刻。比如太阳能照泰山，也照山沟；照领导，也照群众，对任何人都是平等的。如果一个人的德行

---

① 郭店楚简版本《老子》中无此句，仅有"天地之间，其犹橐籥与？虚而不屈，动而愈出。"意思相同。——编者注

像天地一样伟大，特别值得我们学习，我们会说他德配天地。

《金刚经》中说"无分别心"，孟子也提倡没有分别心，他还特别注意人情，"老吾老，以及人之老，幼吾幼，以及人之幼"。我们每个人爱自家的老人，爱自己的孩子，这是天性，由爱自家的老人、孩子，推广开来，对天下的老人和天下的孩子都有爱心，这是儒家的一种精神。一般人来说，爱自己的家人或者偏爱自己的家人，想给自己家人多一点利益，这是正常的。孟子号召将这种偏爱扩充，走向大爱，从小我走向大我。孟子还说，"人溺己溺，人饥己饥"，看到别人掉水里淹着了，就像自己或者亲人被水淹一样，看到别人挨饿，就像自己挨饿一样，也就是中华文化中讲的感同身受。

怎么才能一视同仁对别人好？一个人修到没有小我了，能够和世间的人与物感同身受，才能把别人的苦难当成自己的苦难，把别人的责任当成自己的责任，这个境界不是空的。比如历史上朝代更迭的时候，社会动荡不安，老百姓过得非常穷苦，甚至有的人会把孩子卖掉来求得生存。这时会有一些人把老百姓的苦当成自己的苦，愿意通过努力把社会责任承担起来。这种人，在历朝历代都是扶危救困，引导社会走回正轨的关键人物，正所谓"天下兴亡，匹夫有责""身无分文，心忧天下"，这是中华文化很重要的精神。如果每个人只想着自己，就没有人为国家、为解决老百姓的苦难而打拼了。

坑蒙拐骗、投机钻营、偷奸耍滑的人不会成为真正的企业家。真正的企业家，把做企业当作做事业，"举而措之天下之民"，做的事基本出于解决社会问题的目的，社会需要什么，他们就通过自己的努力组织和动员大家来解决问题。了不起的文学家也会把社会责任、老百姓的疾苦放在心里，比如杜甫，他的诗句"国破山河在，城春草木深"就是对安史之乱中老百姓受战乱的影响，背井离乡、妻离子散，惶惶不可终日的惨状的描写，也表达了杜甫对时代苦难深切的悲悯。

"天地之间，其犹橐籥乎？虚而不屈，动而愈出"，大家放眼天地之间，这不是虚空吗？"橐籥"就是风箱。我是山东人，我小时候做饭生火都要用风箱。风箱放在灶台旁边，做饭时拉动风箱，风箱里的风鼓到灶台里，在风的助力下，柴火会燃烧得更旺。天地之间的虚空就像风箱一样，"虚而不屈，动而愈出"，看起来什么都没有，一旦让它起作用，它就会有源源不断的能量。这讲的是天地之间看起来是虚空，实际有道在其中运作，并不是什么都没有，而且一旦大道起用，能量就会源源不断地催生万物。

拉风箱还有一点：一推一拉，风箱才能正常工作。这如同我们做事业，推的过程就是付出的过程，拉的过程就是有了收获，充实自己，以便更好地奋斗。人们常说做公益很伟大，实际做事业有收入，能够利己利人，从而可持续发展，一样伟大。

"多言数穷，不如守中"，老子尝试去形容道的力量或道的运行规律，结果说得越多往往越偏离主旨。这个"中"，可以有多重理解。可以理解为心，我守着人类智慧的本体心性；可以理解为做任何事情的时候把中道守住，以中道为准星来调整，偏了就拉回来，不够就补足。时时能够做到圆融中道，其实就是得道，或者说是体悟了大道的一种表现。

比如我想表达一个极其深刻的观点，可是我通过语言并不能完全表达出我的意思，我相信这一点很多人都有体会。但是人不能不说话，话说出去以后，可能有人不理解，有人曲解，有人不认同，甚至产生负面情绪，对你进行攻击、谩骂，这都是很常见的。

禅宗里有一位赵州禅师，是得道禅师，很多人大拜访他。有一次，有人来找他问什么是道，赵州禅师告诉他："吃茶去。"过了一会儿又来一个人说，他不远千里而来，想问什么是道，怎么才能修道。赵州禅师也告诉他："吃茶去。"监院感到很奇怪，就问："我今天看到两个人，都问您什么是道，您怎么都是'吃茶去'这个答案？"赵州禅师告诉他："你也吃茶去。"

这个禅宗故事中说这三个人当时都心下大悟，如果要问这三个人到底悟了什么，这就不是语言能说清楚的了，怎么描述都不能代替这三个人受到指点后心里的清静、智慧开解之后的体悟。禅宗说一个人参禅访道能够有点体悟，是"如人饮水，冷暖自知"，水的冷热只有自己喝了才知道。我告诉你茶有点甜，有点绵软，有点回甘，这跟你亲自喝茶感觉到的精妙复杂的味道是不一样的。

然而，人与人之间总是要通过语言进行交流，所以我认为我们表达的时候不要在意说多少话，而是要尽可能说得精准一些。而我们听别人说话的时候，也不要听了几句不合意的就有情绪，人有时候受语言限制不一定能讲得多么全面精准，如果人家说的有一点道理，我们从话里得到启发了，语言表达就起到了作用，就足以让我们尊敬和感恩了。不要苛求别人一定说得多么全面、精准，符合自己的想法，这谁也做不到。真正懂了这点，对人就容易宽容和理解。

| 第六章 |

领会道，事半功倍

> 谷神不死，是谓玄牝，玄牝之门，是谓天地根。绵绵若存，用之不勤。

大道到底是怎么显现的呢？道看不见摸不着，要通过万物来显现。老子在说道的时候，为了避免陷入语言困境，有时会通过大道是怎么起作用的来描述。

"谷神不死"，谷是指山谷或者虚空等，神是指作用，谷神就是说大道，大道不死是指大道永远在起作用。**"是谓玄牝"**，牝是指雌性。为什么要用雌性来形容呢？天地万物凡是有生命的血肉之躯基本都是由雌性生养的。这是说大道永远在起作用，就像玄牝，有生养万物的力量。

这里我们能看出《老子》认为世界的产生就是道生万物，所以把道称为玄牝。

"玄牝之门，是谓天地根"，其中"玄牝之门"是指雌性的产门，是根，能生养万物。这里进一步形容大道就像雌性动物的产门一样，几乎所有动物都是雌性生产的，小生命通过产道生育出来。

大道到底起了什么作用？大道是整个世界的根。大道生养了万物，孕育了万物。

"绵绵若存，用之不勤。" 有人可能要问，道在哪里？具体哪个地方写了"道"字？大道的作用无处不在，可是你真要找它，又没有哪个地方写明"道"字，所以叫"若存"，好像存在。"勤"通"尽"，就是用之不尽，是说大道在运化世界，作为规律，它无处不在，永远不会枯竭。

这一段讲了大道的作用。大道是宇宙万物的根，是宇宙万物背后的规律，大道无处不在，用之不尽。一个人如果想对世界了解得更多，就要领会道。我们的身体也有道，有它的规律，所以修行的人也要悟身体的规律，根据规律养生，益寿延年。一个国家能够战胜各种困难，取得长久的繁荣，国泰民安，其实也是有道。

做任何事，思考任何问题，都要学会总结领会其中的道。万事万物都有道，说得小一点，跟人打交道的时候会不会表达，遇到问题怎么沟通，其中确实有门道。如果不知道这些，遇到问题不会化解处理，好事也会变成坏事。

我们要有求道的意识，这对我们做事特别重要。这要求我们，在做任何事的时候一定要沉下心来，认真领会事情运作背后的规律，这样我们就能更主动。拥有了做事或者做好一项工作的钥匙，才能轻车熟路。反过来，光凭热情，蛮干瞎干，有时候可能会撞得头破血流。只有掌握了道，领会了道，然后把这种智慧运用在实践中，我们才能在生活和工作中掌握主动权。

| 第七章 |

成全别人也是成全自己

> 天长地久。天地所以能长且久者,以其不自生,故能长生。是以圣人后其身而身先,外其身而身存。非以其无私邪?故能成其私。

这一章是被大家广泛引用的。

"天长地久" 是对天地的描述。天地存在的时间非常长久。**"天地所以能长且久者,以其不自生,故能长生"**,这句解释了为什么天地长久。因为天地不为自己,从来不自私,从来没有向万物索要什么,所以它能长生。

接着,老子从对天地长且久的描述,引入对人事的分析。**"是以圣人后其身而身先"**,所以,圣人从天地长生之理中有所领悟,把自己放在后面,能够真正成全别人。比如一个企业家或者领导者,在带着团队打拼的时候,面对利益,总想着自己、亲属,把自己看得比谁都重要,忽略别人,那就是"先其身",我相信他最终不会有大成就。圣人在重大利益面前不会先想着自己,而是把自己放在后面,把众人放在前面,能够替别人着想,让每个人都得到利益,所以他们会被人推举为领袖。一个极端自私的人不会得到大家的衷心拥护。伟大的将军在打仗期间,面对生死考验时，往往身先士卒，这种精神就是天地精神。正因为他们有这种品格，才能得到别人的爱戴和尊重，成为众人的将领。

"外其身而身存"，老子所在的时代，诸侯之间经常发生战争。当时东周已经没有多大的凝聚力，大小不等的诸侯国为了争权夺利，经常进行血腥的征战。在这种环境里，每个人面临的一个大问题甚至是最大的问题，就是如何活下来，因为说不定哪一天，自己就可能被卷入一场战争，甚至死掉。活下来，应该是当时人一辈子最重要的问题之一。怎么才能活下来？面对重大争执和冲突的时候，一定要注意"外其身"，即不要卷到冲突里去，才能生存。

这个道理今天我们也要注意。很多争执，并不是正义与邪恶之争，纯粹是由人的自私或者各种弱点引发的。这种没有多少意义的争斗，一定要远之，如果卷进去了，一般很难全身而退。所以我的看法是，面对争议基本上不要参与。比如我讲课也受到一些批评，我首先追问自己：我做的是不是真正对国家和人民有益的事？如果是，那我就应该笃定初心，力所能及地为社会做有益的事，而不是迎合所有人。一个人想不受到批评是不可能的，比如孔子很伟大，但对他提出批评的人也很多。当然，很重要的原因是，我们这样的普通人，本身也有很多缺点，这是事实。都想做得完美，又没有这个能力。面对批评怎么办？有些人心平气和地给你指出不足，有则改之，无则加勉，闻者足戒。君子和而不同，互相学习，这是好事。有些人批评你纯粹是出于情绪的宣泄，甚至是很没有道理的语言攻击，你反驳没有任何意义，既说服不了对方，对方的谩骂和攻击对你的成长也无益。我读了圣贤书以后，有一个特别深的体会，即千万不要介入没有意义的争执和冲突。

一个学佛的人问佛陀，面对不理解、谩骂、攻击或者指责，到底怎么办？佛陀说，置默。置就是放下，默是不说。佛陀为什么这样说呢？我观察身边的人，发现如果一个人卷入了一场没有意义的谩骂和冲突，除了情绪变差，他还会变得非常极端，伤了身体，伤了情绪，甚至伤了心，除此之外，没有一丁点儿意义，与其这样，不如静下来置默。中国的经典里，包括启蒙读物，都说少看械斗。因为打架斗殴，有的甚至会引发流血冲突，如果你在现场，有能力制止当然好，比如你是警察或者你可以报警，如果你没有能力制止，又参与其中，恐怕就会受伤，这是很务实的生存策略。

"**非以其无私邪？故能成其私**"，这句话说圣人因为很少考虑自己，能够设身处地为别人考虑，别人才愿意把他推举为领袖。历史上很多英雄，他们的地位不是自己求来的，而是德行、修为到了，又能设身处地地替别人考虑，从而被人民群众推到历史前台的。

某企业老总曾经说，他的企业里有很多学历不高的人，因为条件不好，没上过大学，这些人如果出了问题，可能他们的爱人、孩子的生活也会遇到问题，所以他一定要给员工办理好社会保险。员工在他的企业工作，他就要对这些员工负责任。因为设身处地为员工考虑，他得到了员工兢兢业业工作的回报，换来的是事业和企业更好的发展。

这一章其实讲了一个非常好的道理：天地不自私，所以能够天长地久，人们懂了这个道理以后也很少考虑自己的利益，能够设身处地体谅别人，爱护别人，于是得到别人的拥戴。不要介入不必要的冲突，因为一旦介入，全身而退的可能性很小，多少都会受伤，不介入才能生存。很多人正因为很少考虑自己，最终反而成全了自己。

| 第八章 |

上善若水，善利万物，自在自足

> 上善若水。水善利万物而不争，处众人之所恶，故几于道。居善地，心善渊，与善仁，言善信，正善治，事善能，动善时。夫唯不争，故无尤。

这一章主要讲一个人领会了大道之后的状态。

我相信，在中国的文化环境里面长大的人，对**"上善若水"**都很熟悉。这话到底讲了什么道理，我们要沉下心来体会。"上善若水"，是说最好的德行像水一样。为什么这么说呢？**"水善利万物而不争，处众人之所恶，故几于道。"** 水的作用是什么？杜甫有一句诗，"随风潜入夜，润物细无声"，生命离不开水，水滋养万物，用成全之心去帮助万物生长。"处众人之所恶"，水一定是往低处流的。谁愿意站在低处？几乎所有人都想往高处走，级别越来越高，权力越来越大，喜欢名闻利养，喜欢出人头地。谁愿意做平凡的人、默默无闻的人？"故几于道"，是指真正得道的人不是突出自己，而是像水一样善利万物，成全万物。一个人如果急于为自己的利益打拼，他就是凡夫。真正境界大的人要具有自利利他的精神。这种人就像水一样，滋润万物而不争自己的利益，愿意到最平凡的地方踏踏实实承担责任。反过来，心中小我很膨胀的人，一辈子打拼只是为了让自己过得好，他们特别想得大富贵，想当大官，想把权力抓在自己手里，以耀武扬威地把控别人。

"**居善地**"怎么理解呢？一定要结合春秋末期的时代特征来理解。当时诸侯为了称王称霸，发动了不少战争。"善地"是指没有险恶的地方，如果一个人待的地方是险恶之地，一场战争就能让他灰飞烟灭，那这个人想为国家服务，为众生服务，也是白想。所以有智慧的人居住的地方要战乱少一些，凶险少一些，要能够平安生活，这很重要。孔子也说："危邦不入，乱邦不居。"一个国家马上发生内乱，发生大冲突，你要去那里，那你就会有危险。

"**心善渊**"，有修为、有智慧的人心量广大。我们经常提到一个人的格局，格局从某种程度上就是说一个人的心量。比如有的人的心量是他自己过好了，朋友过好了，他就高兴，跟他关系不怎么好的人也过得特别好了，他就嫉妒，他的心量只能装下自己和朋友。如果跟他关系不怎么好的人过好了，再大到天下的人都过好了，他也高兴，那就说明他的心量很大。修行某种程度上说就是修心，让心量越来越大。一般人最关注自己的得失，心量再大一点的，关心家人、朋友，这就是普通人。真正伟大的人心量比这大得多。心量有多大，这辈子的境界格局就有多大。我们一般人只忧心自己的利益有没有损失，庄稼长得好不好，企业办得好不好。马克思在高中毕业时说过一句话：我这一辈子选择的职业一定要能够为人类谋幸福。这就是心量大。

心量一定要大。人这辈子所有的苦都和心量小有关，和你心里容不下有关。有人受到质疑或者诽谤，会难受好长时间，说自己受不了。有人心量大，你骂他，他说没关系，我受得了。受不了和受得了的区别是什么？受不了，这件事就天天折磨你，因为你的心量很小，忍不下一点诽谤和委屈，你就会得病。反过来，无论别人怎么诽谤你、给你多少委屈，你都能受得了，那这事对你就不会产生影响，它害不了你。你的心像大海一样宽广，一块石头落到你的心海中根本不算什么。

"与善仁"，可以理解为跟人打交道要有仁爱之心。和人打交道时，能与人为善。不管和谁打交道，哪怕生活中你遇到对你有恶意的人，要找你碴儿的人，只要与人为善，心像大海一样宽广，很多本来可能发生的冲突就不会发生，因为你能容得下。更有甚者，和其他物种打交道时也可以"与善仁"，比如下大雨的时候看到小鸟翅膀受伤了，你也愿意去救助它，这就是"与善仁"。"与善仁"在佛家可以理解为慈悲，在儒家可以理解为仁者爱人。也就是告诉我们不要滥杀无辜，要与其他生命为善，尽可能为其他生命提供帮助。

"言善信"，有修为的人说真话，值得别人信任。做一个让人信任的人其实不那么简单，有的人一开口就是谎话连篇，有些人是谎言说多了，自己入戏了，自欺欺人。很多骗子就是这样，他们本来是普通人，有人把自己包装成将军，被抓的时候还告诉公安干警，你不够级别，真把自己当成将军了。谎言连篇的人内心缺真，所以道家说修得特别好的人是做真人，把人性的污点去掉，才能显真，显现出人性里最高贵的一面。跟人签合同的时候，很大程度上也是看对方值不值得信任。人都爱与值得信任的人打交道，做一个值得别人信任的人，这应该是做人要坚守的底线之一。

"正善治"，"正"是政治的政，"善治"是会治理。官员应具备很多素质，比如德行要好，善于管理，如此才能让老百姓安居乐业，各项事业蒸蒸日上。企业家能让员工各司其职、各得其所，又能让企业业绩好，就是"正善治"。

"事善能"是说做任何事的时候都能把事办好。有些人知识渊博，说话头头是道，真枪实战却不行，就像赵括。赵国的廉颇非常有作战经验，但理论功底不那么高。秦国攻打赵国时，赵军在廉颇的领导下以逸待劳，

| 第八章 | 上善若水，善利万物，自在自足

修筑好防御工事，使秦国没办法取胜。这时，秦国使了个反间计，散布谣言说廉颇年纪大了，他们真正怕的人不是廉颇，而是赵括。赵国国君信了这话，准备起用赵括。赵括的母亲说，国君千万不要重用我儿子。可是赵君说，我要重用你儿子，你应该高兴啊，为什么劝我不要重用呢？赵括的母亲说，我儿子就是一个只会动嘴皮子的人，如果让他率领千军万马，他会毁了赵国。

说到这里，我觉得，父母一定要了解自己的孩子，要实事求是地看待孩子的才能。有些父母把孩子夸上天，实际上孩子的能力并不强。赵国国君没听进赵母的话，重用了赵括，结果赵括只是纸上谈兵，讲得头头是道，但真正投入战争实践中，完全不行，最后，被秦国白起坑杀了四十余万赵军。

我们每个人都要"事善能"，尽管每个人从事的行业不一样，但是不管你身处哪个行业，培养自己做事的能力，把事做好，都是必备的素质。我们经常说，有好心还得办好事，如果只有好心，一做事就办砸，这也不好。简言之，要有把事干得漂亮的能力。

崇祯皇帝即位后，深知大明王朝已经风雨飘摇，他也有决心遏制颓势，希望大明王朝能够缓过劲儿来，可是他主政以后，政策进退失据，捉襟见肘，而且又诛杀了袁崇焕这个能抵抗后金军的人，结果还是难改亡国的命运，在煤山吊死了。

"动善时"是说一定要在最恰当的时机采取行动，如果时机不对，事情就可能干不成。比如治理国家，采取重大政策时，时机把握不好是不行的。无论是大事还是小事，要成事，时机都很重要。

"夫唯不争，故无尤。"看到这话，有些人可能就要批评道家了，说道家让人不争，我读了道家的书，是不是会过得很颓废呀？其实这个"不争"是指没有争的心。这是什么状态呢？就是我要做一件事，一定要踏踏

027

实实做好，不和别人比，也不是非得要压倒别人，别人比我做得更好，我祝福他，别人做得不如我好，我也不骄傲。正因为这样，我内心没有痛苦，也不患得患失。现在大家都在抱怨"内卷"，深以为苦，那么我们都静下来去参一参这个"不争"，是不是能调整一下心态呢？把工作做好，把生活过好，不攀比，做好业绩不是为了压倒别人，比别人赚钱多，比别人地位高。有了这种境界，每天活得很单纯、很快乐，别人的好坏就不会牵动你的心。

我前段时间收到一封信，是一个学生写给我的。她说，她上高中的时候学习成绩比一个同学强得多，家庭背景也比对方好。结果高考的时候，对方考上了重点大学，理想的专业，而她没有人家考得好。大学毕业时，对方保送了研究生，而她自己考研，考的学校又没有对方的好，她心里老是不能释怀。我告诉她："当你嫉妒她，看着她的好不能释怀的时候，她在学习成长，在逐渐变强；当你痛苦纠结的时候，她又在前进，在不断超越自己。你为什么要和她比，你过得好不好是你自己的事，她考多好的学校，赚多少钱，那是她的事，和你有什么关系呀？我的同学比我出彩的、比我优秀的不计其数，我怎么做？我祝福人家，我只是在我的能力范围内做好自己。"后来她跟我说，这话简直是当头棒喝，让她意识到这几年自己活得很糊涂，人家的生活跟她有什么关系呢？我说这就对了，你过你的日子，人家过人家的日子，你的根本问题是一直活在和别人的比较里。

虚荣攀比，要压倒别人，只有比别人过得好才高兴，这是一种心灵的畸形。其实一辈子真正的幸福来自生命的自得——自己对生命的领悟，在此认识的基础上不断升华，而不是和别人的比较。每个人都要首先对自己的生命负责，这样就能不断认清自己，反思自己，升华自己，完善自己。

这一章讲了有修为的人是什么状态，他们像水一样善利万物，成全万物，不谋私利，愿意默默无闻去成全别人。他们会远离危险的地方，心量非常大，与人为善，爱护其他生命，心量在某种程度上代表了境界。做一个值得别人信任依靠的人，做事的时候有能力把事做好。做任何事的时候，能够把握恰当的时机，在生活中不断认识自己，净化自己，升华自己，不争强好胜，更不以压倒别人来显示自己优秀，过得自在自足。

| 第九章 |

顺应道，功遂身退

持而盈之，不如其已。揣而锐之，不可长保。金玉满堂，莫之能守。富贵而骄，自遗其咎。功遂身退，天之道。

从现象描述到规律总结，这是《老子》这本书的特点。**"持而盈之，不如其已"**，"已"是停止，意思是拿着器皿去装东西，装到一定程度，不如停下来。比如一直往碗里倒热水，水会从碗里溢出来，人的手会被烫伤。大道的运行规律是水满则溢，月盈则亏。到了低谷的时候会往上扬，到了顶端会往下走，我们生活的这个世界的规律就是这样的。

"揣而锐之，不可长保"，比如一个铁器，我把它打磨得很尖锐，刺的时候会很有穿透力，可是正因为它很尖锐，在使用的过程中，也比较容易折断。道是什么？我们说"凡夫求全，圣人求缺"，缺少智慧的人总是希望花好月圆，而真正有智慧的人知道得到这个的时候会失去那个。比如年轻人赚钱，加班不休息，这是以损害生命为代价的。没办法求全，得到和失去之间总得有个平衡。有的人想不通这一点，苛求别人，苛求自己，心力交瘁。我经常和年轻人交流，我说一个人如果有一两件事能做得特别漂亮，我就给他鼓掌。很多人连一件事都做不彻底，更不应贪多。你某一方面强了，其他方面可能就会弱一些，这很正常。体育特别好，文化课的成绩可能就不会十分出彩；如果一个人绘画的天赋像徐悲鸿一样，学习成绩还想比肩文科状元、理科状元，也是很难的。

"金玉满堂，莫之能守"，那么多财富，要看能不能守住。人死了，财富是谁的？我觉得人如果创造了财富并懂得和别人分享，那就很了不起，比如一个企业家让自己家人过得好，还要让员工过得好，让更多人过得好。不是说让大家都不赚取财富，而是要想明白追求财富是为了什么，不能做财富的奴隶。

"富贵而骄，自遗其咎"，有钱、地位高的人，骄纵、飞扬跋扈，结果往往会大祸临头。那些身陷囹圄的高官或权贵，哪一个不是富贵而骄？某大富豪有上千亿资产，别人惹了他，他竟然花钱雇凶去杀别人。还有人有了钱以后以为自己无所不能，什么坏事都做，最后得到了法律的制裁，财富也被没收。很多人权势大的时候很骄横，看不起老百姓，出门讲排场，一旦东窗事发，只能是"铁窗泪"。这种现象古往今来比比皆是。

于是，圣人告诉我们，"功遂身退，天之道"。人一辈子做出一番事业之后，绝对不能张狂、不能骄横、要谦卑、谦和，不论赚多少钱，都要懂得与人分享，官位再高，也要懂得权力是用来给老百姓服务的。天道要求我们无论取得多大功业，都不要把功业当回事，要看淡功业，懂得功成身退，不把功业据为己有。

汉朝建立的过程中，张良功不可没，没有张良献计，辅佐刘邦，大汉王朝的建立会困难很多。刘邦曾经在大宴群臣的时候，总结自己成功的原因，说"夫运筹策帷帐之中，决胜于千里之外，吾不如子房（张良）"，说明了张良的作用，但张良在使命完成以后，就从显赫的位置退去了。范蠡也是，辅佐勾践成功后，便离开了。

大道运行的规律是到了顶端之后就开始往下走，所以人完成使命以后，该退则退，这才是有智慧的人的表现。功遂身退背后的道理是什么呢？其实最核心的是有修为的人不是为了自己而努力打拼，如果是为了自己，得到富贵了，肯定要享受富贵。有修为的人只是为了完成自己的使命，之后如果有更合适的人来承担责任，那"功成不必在我"，他可以退出历史舞台了，一般人是做不到这样的。真正为了众生的福祉去努力奋斗的人，才能够做到功遂身退。

我们理解《老子》的时候一定要注意，它讲的很多高明的境界，只有净化心灵之后的悟道的人才能够做到。普通人有很多欲望，都是为了小我去打拼，对《老子》描述的境界是很难理解的。

这一章也告诉我们应该向哪些人学习。时代需要的时候就要承担责任，取得功业，需要退出历史舞台时也毫无牵挂。这是了不起的境界，而且从个人角度来讲，这样做还可以避祸，因为一个人如果一直在高位上，恐怕会被很多人仇视，甚至惹来杀身之祸，功成身退于国于民于己，都是很有智慧的表现。

这一章是从几个负面角度提醒我们不能顺应大道的结果是什么，对任何时代的人都有启发。我们这一生，无论发展得多好，不管地位多高、财富多丰厚、经验多丰富，永远不可张狂。一旦走向张狂，忘乎所以，往往就会大难临头，甚至会家破人亡。如果领会了《老子》的智慧，一定要懂得功成身退，懂得身居高位而不骄，有财富要与人分享，不据为己有。

我们也应该想一想奋斗是为了什么，如果所有的奋斗只是为了吃喝玩乐，恐怕是很低级的人生追求。吃喝玩乐无法面对生命的虚无。一个人的奋斗打拼不仅是要让自己过得好，也应该做一些真正有利于人民的事，与大众分享，给大众造福，这样才符合天道，才能长长久久。

|第十章|

修大德，生而不有，为而不恃

> 载营魄抱一，能无离乎？专气致柔，能婴儿乎？涤除玄览，能无疵乎？爱民治国，能无知乎？天门开阖，能无雌乎？明白四达，能无为乎？生之、畜之，生而不有，为而不恃，长而不宰，是谓玄德。

这一章可以从修道和社会管理两个角度进行理解。从修道的角度理解，应该由修行人来讲更合适，我只是一个普通的知识分子，不可自我卖弄，以下我更多从社会管理的角度来理解。

"**载营魄抱一，能无离乎？专气致柔，能婴儿乎**"，讲的都是修道的状态，"载营魄抱一"是指身心合一，身心合一之后，任何外在干扰或者诱惑都不能干扰自己，心很清静。"能无离乎"，这句是说心神和身体不离，身心是合一的。"专气致柔，能婴儿乎"，一个人在修行的时候调气，气脉通后就像婴儿一样。《老子》里有很多地方讲到婴儿，这里的婴儿和我们理解的新生儿不太一样。这里说的婴儿是还没有出生的孩子。在母亲肚子里，他眼睛也不能看，嘴巴也不能吃，手也不能握东西，他能干什么？这是在告诉我们，后天的眼、耳、鼻、舌、身、意，还没有建立起来，婴儿先天的能力恰恰是因为后天能力还没养成才展现出来的。一个人修行到一定程度后，能把后天各种干扰和能力给屏蔽掉，这时气脉通畅，先天的能力反而能够发挥出来。

"涤除玄览，能无疵乎"，"涤除"是清理，"玄览"是心灵，心灵就像一面镜子，如果心灵的镜子很脏，有很多灰，照什么东西都不是很清楚。所以，我们要想照天照地，把世界看得清清楚楚，就一定要把心灵镜子上的灰尘和污点去掉，再用智慧去观照世界，这时才能看得很清楚。这样就没有瑕疵。

"爱民治国，能无知乎"，这里开始讲治国了，在社会管理中，要爱老百姓。这个"知"是不要用后天的机巧，而要用先天的智慧。怎么才能把国家治理好？如果治国策略是通过不断激发老百姓的欲望来施行的，表面上可能会取得一定的成就，但老百姓欲望膨胀、追求刺激，都拼命满足自己的欲望，那是很自私的。只追求欲望的人，会讲诚信吗？会孝敬父母吗？懂得与人为善吗？如果每个国民都自私，都拼命追逐自己的欲望，人民会安居乐业吗？

所以老子指出，爱民治国一定要"无知"，就是不要刺激老百姓后天的欲望，不要让老百姓追求自私贪欲，否则，表面繁荣之下实际上是万劫不复。只有启发老百姓的道心，启发老百姓内在清静的智慧，才是治国长长久久的道路。

"天门开阖，能无雌乎"讲的又是修行的一种状态，"天门开阖"是说人和宇宙沟通，"无雌"是说要静下来。一个人怎么才能拥有和宇宙沟通的能力？一定要静下来。我们只有真正静下来，不被外在任何干扰扰动，才能实现人和宇宙的沟通。后天的眼、耳、鼻、舌、身、意和各种欲望会扰得我们心神不安，没办法开启和宇宙沟通的道路，所以要静下来。

"明白四达，能无为乎"，无为不是说不做事，而是指一个人不要被后天的欲望、贪欲把持操纵，在做事和处理各种关系的时候，要有非常清静的心，不被欲望干扰，如此才能道法自然。

以我跟朋友打交道为例，假如我特别理解朋友的生活方式，不会要求他按照我的生活方式去生活，不要求朋友这样做或那样做，这就是无为。如果我有为，老想着朋友应该怎样，一旦有了这个想法，朋友不按照我的期待去做，我就会觉得很痛苦，不仅我痛苦，我还会对他指手画脚，朋友也痛苦。所以，我们做事的时候一定不要带着自己的欲望和要求去指使别人。

"生之、畜之，生而不有，为而不恃，长而不宰，是谓玄德"，从修行的角度讲就是养人身上的真气，养能量；从治国的角度去理解，就是去成全老百姓，帮助老百姓。成全和帮助老百姓的过程中不要把老百姓据为己有，只是希望人民幸福。在帮助老百姓发展以后，也不要高高在上，不要指手画脚，不要让老百姓一定得听你的。否则就会慈悲变成祸害，照顾变成仇恨。现实生活中这种现象比较多，很多人帮助别人，最后双方反目成仇。为什么呢？有的人是因为德行不够而招致对方反目，也有的人是帮助人家之后，对人家提各种要求，最后搞得人家不耐烦。

这一章从修行或者治国的角度讲了一个境界。从修行的角度，如同《清静经》里讲的"人能常清静，天地悉皆归"。修行的法门多得不得了，根源在于静下来，一是安静，二是净心，内心没有杂七杂八的念头，心神合一，不胡思乱想，这时身体的自然能量就会恢复，人就会进入修行的状态。至于心安静下来后会有什么样的感受，每个人都不一样。当我们不去干扰身体的时候，内心真正静下来，它会自然而然地引导着身体，用俗话说就是越来越健康，从道家修行来讲是状态越来越好。道家的真精神，不是静而无所事事，而是在顺应人道，成就别人的时候不据为己有，带着清静无我的心成就别人。一句话，我们所提倡的境界，既积极开拓，又无我洒脱，这是了不起的状态。

| 第十一章 |

以"有"为凭借，发挥"无"之妙用

> 三十辐共一毂，当其无，有车之用。埏埴以为器，当其无，有器之用。凿户牖以为室，当其无，有室之用。故有之以为利，无之以为用。

"三十辐共一毂"，车轱辘中间称之为轴，向外辐射的是车条，车条呈向四周发散的形状，三十根车条箍在中间的车轴上。**"当其无，有车之用"**，就是车轱辘中间有好多缝隙，正因为有缝隙，所以车的作用才能发挥出来。**"埏埴以为器，当其无，有器之用"**，烧土做成器皿，比如烧一个罐子用来装东西，罐子中间是空的才能放东西。**"凿户牖以为室，当其无，有室之用"**，我们建房子的时候，有门有窗户，从而形成一个房间，正因为房间是空的，我们才能在房子里住。通过门出入房间，生活才便利。

把这些现象讲完之后，老子就下结论了，**"故有之以为利，无之以为用"**。对"有之以为利"，学者们有不同的解释，有人解释为"有"的部分有利，有人解释为看得见的"有"可以获得利益。比如我们卖东西，拿着看得见的东西，可以获得利益，但是这个东西是通过无来使用的。比如用土烧制一个罐子，罐子是看得见摸得着的，可以卖钱，这就是"有之以为利"，可是买了罐子的人怎么使用呢？恰恰要用罐子中间空的地方，正因

第十一章 以"有"为凭借，发挥"无"之妙用

为罐子中间是空的，才能放东西，这就叫"无之以为用"。恰恰是看不见的地方才能发挥作用。

当然，我们也可以从另外一个角度理解。我们把"利"理解为利用、凭借。"有之以为利""无之以为用"意思是人们以看得见的部分为凭借，但真正发挥作用的在于看不见的"无"。举个例子，我们对一个人表示友好，送她一束花，想通过花传达对她的尊重、祝福，这就是"有之以为利"。花看得见摸得着，但真正发挥作用的不是花，而是花背后的那份用心和感情，这就是"无之以为用"。

在有些重大节日中，我们穿得很庄严，在祭祀或者重大场合，我们也会举行一些仪式，其实是通过这些方式表达精神的传承。比如很多大学有孔子像，塑像看得见摸得着，实际上传达的是看不见的对孔子伟大智慧和精神的认同，以及自觉去传承孔子精神的行动与决心。

世间很多事要以看得见的东西作为凭借，来表达看不见的精神或者气象。孔子有一次对学生说："祭神如神在"。通过看得见的对列祖列宗的祭祀行为表达一种精神的传承。

当然，这是我自己的理解。对《老子》的理解，我的看法是不必拘泥于一种，人有什么样的境界，什么样的状态，就会有什么程度的理解。但是无论怎样理解，只要能让听者感觉言之有理，持之有据，让人们有所启发，对人们的智慧、格局、境界有正面帮助，就值得鼓励和学习。

| 第十二章 |

不做欲望的奴隶

> 五色令人目盲，五音令人耳聋，五味令人口爽，驰骋畋猎令人心发狂，难得之货令人行妨。是以圣人为腹不为目，故去彼取此。

每个人都免不了吃喝拉撒，饮食男女，切记不可做欲望的奴隶。一旦被欲望绑架，不仅会被蒙蔽，而且极容易走错人生的道路。**"五色令人目盲"**，五色是青、黄、红、白、黑，光怪陆离的颜色有时候让人不知道怎么办才好。就像女孩子到了商场试衣服，试来试去，不知道哪件好。很多人都有这样的经历，往往在琳琅满目的服饰面前不知道哪个更好。因为很多诱惑出现在面前的时候，会让人不知道怎么取舍。**"五音令人耳聋"**，耳聋不是听不见的意思，是没有辨别什么是好声音的能力了。多种多样的音乐在耳朵旁边响起的时候，会让你不知道哪个音色好。**"五味令人口爽"**，酸、甜、苦、辣、咸，味道很复杂，有时候让人失去了辨别什么是好味道的能力。越是简单的，你越容易尝到其中的美味。比如我们小的时候，吃的菜很简单，但让人难以忘怀。尤其是家庭条件比较差的人家，稍微改善一下伙食就觉得特别开心，很多人回忆里最美好的味道往往是少年或者童年时的味道。现在饭菜有各种味道，吃起来反而没有以前那么好吃，这实际上是因为食物种类越来越多,反而使人失去了辨别美味的能力。

这几句讲的是人们在各种光怪陆离的诱惑面前,失去了对整个世界的敏锐感知和辨别能力。**"驰骋畋猎令人心发狂"**,讲的是一个人到了田野里,骑马飞驰去打猎,这时候会心狂,有杀心,向外去追逐猎物的狂野之心被激发出来以后,内守的求道之心丢了。

一个人求道或者修道的时候要观心,要把自己看得很紧,起心动念都要谨慎,可是在田野里骑马飞奔追逐猎物的时候,人是很狂热的,或者说是疯狂地向外追逐,这时内守的能力、观自己心的能力就会丢失。

"难得之货令人行妨",讲的是一个人一旦有了特别宝贵的东西,就有了行动的障碍。假如说有人要云游,家里没什么东西,四海为家没问题,可是家里刚刚装修了房子,还是个别墅,里面放着金条银条,让他出去几年,他做得到吗?即便出去了,他也随时都会想着家里安全吗?有没有失窃?人一旦有了珍贵的礼物或者财物,就会心有挂碍,就不自在了。古代的禅师为什么能够云游四方?因为人家心无挂碍,没有个人财产,没有职称要评,没有外在的东西妨碍行动,而我们想着这被偷了、那被盗了,就有了挂碍,也就难以自在。

"是以圣人为腹不为目",圣人懂得这个道理后,就告诉大家,我们的生活不是为了过分享受。一个人在追逐欲望的过程中,将自己的幸福感建立在对外部强烈刺激的依赖上,心就离幸福越来越远,离道越来越远。无论是五色、五音还是五味,指的都是一个人越来越追求复杂的刺激,导致对整个世界的感知越来越麻木,幸福感越来越弱了,离道也就越来越远了。因为心被光怪陆离的诱惑污染之后,越来越不能正确地感受世界,离幸福越来越远。所以,人生越简单越幸福。小的时候欲望很低,吃颗糖也幸福,一缕春风吹来也幸福。情窦初开的时候,心思简单,对方一个眼神都会让自己的心有所触动,长大以后这种感觉就很淡或者没有了。因为在各种刺激面前,你的感知越来越麻木了,越来越没有能力感受世界的幸福了。所以圣人告诉我们,不要因光怪陆离的诱惑或者各种刺激丧失自己心灵的那份简单和纯净。简简单单地生活,能够健康就很好了。不要过分追求各种刺激或者欲望的满足,那样生活会越来越复杂,会离道越来越远。

"故去彼取此","去彼"就是去掉对于各种复杂刺激的追求,不能把幸福建立在对外部各种刺激的满足上;"取此"就是简单地生活、清静地生活,在简单清静的过程中让自己的心清静,从而更有能力体会到生活的美,感受到人生的美。

这一章给我们很多启发,很重要的一点是怎样体会人生的幸福。现在人的幸福往往建立在对外部刺激的满足上,比如有人想有更高的职位,级别高了可以暂时满足自己的虚荣;有人想拥有更大的房子,有了大房子能获得短暂的幸福;想喝好酒,好酒到口会有短暂的幸福;想买一件特别贵的衣服,衣服到手会有短暂的幸福……结果是我们的幸福越来越建立在对外部刺激的满足上,最终离幸福会越来越远。为什么会有不好的社会现象出现?就是因为他们很多东西都尝试过了,很多欲望都满足了,只能玩更刺激的。越玩刺激的越空虚,越空虚越需要玩更刺激的,最终身心受到巨大伤害,越来越没有幸福感。

我们要回归简单,当然也有人说,那是不是人生就变得消极了?不是的,简单与奋斗精神不矛盾,简单是指内心,奋斗是人生态度。人越简单,对世界的感知越敏感,越容易感受到幸福。一缕清风、一片绿叶,都能让人触动,拥有一点东西都很感恩、很知足,幸福感也会变得更强烈。简单的人才能专注精力,所以很多有成就的人都能心无旁骛。庄子说"耆欲深者,其天机浅",是说一个人欲望特别大,不断追逐各种刺激,那么他的智慧会比较浅薄。因为当他追求各种外部刺激的时候,他内在的智慧就会被蒙蔽,做事的能力就会变弱。数学家陈景润的生活很简单,他把大部分精力用在了对数学的研究上。专心致志,心无旁骛,这样才能把精力聚焦在最有意义的事业上,才能做出一番成就。

| 第十三章 |

超越小我，成就大我

> 宠辱若惊，贵大患若身。何谓宠辱若惊？宠，为下得之若惊，失之若惊，是谓宠辱若惊。何谓贵大患若身？吾所以有大患者，为吾有身，及吾无身，吾有何患！故贵以身为天下，若可寄天下；爱以身为天下，若可托天下。

第十三章讲了两种人：一种是特别看重自己的人；一种是超越了自己，以天下为家的人。

"宠辱若惊，贵大患若身"，这句话对宠辱若惊的原因进行了揭示。一个困于"小我"的人，特别在意自己，在意自己的身体，在意自己的身心感受的人，就会"宠辱若惊"。何谓宠辱若惊呢？**"宠，为下得之若惊，失之若惊，是谓宠辱若惊。"** 这是指一个人气量狭小，得失心重，特别看重是非和得失，看重自己的小利益，受到一点批评就觉得是受辱，得到一点表扬就会觉得是受宠。因此，有一点外在的扰动，他的心情都会随之起伏。比如一个人特别看重级别、收入、领导对他的评价，他就做不到坦然自若，领导一表扬他就狂喜，领导一批评他就特别难受，这就是宠辱若惊。甚至别人一个眼神都会给他的心灵带来很多触动，有时候你无意中看他一眼，他都会觉得你是看不起他。

第十三章 超越小我，成就大我

"**吾所以有大患者，为吾有身，及吾无身，吾有何患！**"在老子看来，人之所以有忧患，是因为有身体（小我）拘束，如果一个人没有身体拘束，超越了"小我"的狭隘，肯定就没那么多忧患。这话怎么理解呢？"贵大患若身"，人心灵的清静很多时候是被欲望给搅了，我们在欲望的干扰下，心得不到清静。身体的变化，物质生活、激素等的变化，会扰乱人本来清静的心。从这个意义上讲，人内心不清静是身体导致的。如果没有身体，很多诱惑、欲望也就没了，内心就会比较清静。所以，如果一个人不受身体束缚，不被身体的欲望控制，就是"**贵以身为天下，若可寄天下；爱以身为天下，若可托天下**"。为天下人考虑是种很高的境界，这样的人活着不是为了身体欲望的满足，而是为了天下，即便他比较看重自己的身体，也是为了能更好地为天下人谋福利，为天下人打拼。一个人如果做到这种程度了，就可以把天下托付给他。

《老子》是在告诉我们，真正伟大的人或者圣贤，他虽然也有身体，也吃喝，但是他人生的目标不是吃喝，他吃喝是为了有健康的身体，可以更好地为大众谋利益，为社会造福。一个人如果把为国为民，为众生服务、为大众谋利益，当作最高的价值追求，我们就可以把天下的管理权交付给他了。

这一章其实讲了两种状态。一种是困在"小我"里边，在意自己的得失、感受的状态。这种人宠辱若惊，被别人表扬一下就觉得特别高兴，飘飘然，如果别人批评他，他可能会很难过，气量狭小，甚至别人一个眼神的变化都会让他觉得难受。所以我们待人接物的时候要注意，遇到气量狭小的人，可能我们在不知不觉中就会得罪他。我们常说得罪君子很难，因为君子心胸宽广，即便你直言批评他，他也不会在意，而气量很小的人，不要说你直接批评他了，甚至你的眼神有一丁点儿变化，他都会认为你在指责他，会承受不住，甚至心里会产生怨恨。另一种是真正气量大的状态，气量大的人超越了身体的需求，活着不是为了欲望的满足，还有此生的使命和责任。

我们要向圣人学。扪心自问，我们活着是不是为了身体的享受？如果为了去吃喝玩乐享受，造了很多"业"，实际上是给自己的人生增加了很多负担，我觉得是活得不值得。按老子的说法，我们要活得简单，不追求个人私欲，身体健康是为了更好地为社会打拼，为大众服务。我们应该倡导的价值观是为众生服务，为社会造福。这种价值观对每个人来说都特别重要。吃好穿暖，不只是为了身体，而是要超出身体，为天下人谋利益。我们把个人的生活或者追求融入为大众、为社会谋利益的大海里去，人生才真正有价值，才能获得永恒。

| 第十四章 |

把握规律，更易预见未来

> 视之不见名曰夷，听之不闻名曰希，搏之不得名曰微。此三者不可致诘，故混而为一。其上不皦，其下不昧，绳绳不可名，复归于无物，是谓无状之状，无物之象。是谓惚恍。迎之不见其首，随之不见其后。执古之道，以御今之有，能知古始，是谓道纪。

这一章主要对道的状态进行描述。大道很难用具体语言说清楚，但是，老子尽可能地把大道的状态给我们做了描述。

"视之不见名曰夷，听之不闻名曰希"，大道是无形的，宇宙规律没有具体的形状，也不能用言语来告诉你什么是道。**"搏之不得名曰微"**，你如果试图去抓住道，就会发现它并没有具体的形状能让你抓到。这都告诉我们，道很难用具体清晰的语言去描述，非得把道说清楚是做不到的，所以《老子》的第一章就说了，"道可道，非常道；名可名，非常名"。

"此三者不可致诘"，就是不要较真，不要非用具体的语言来描述它。**"故混而为一"**，所以我们就笼统地称它为道。道**"其上不皦，其下不昧"**，从上面看不是特别光芒四射、艳丽，从下面看也很昏暗。**"绳绳不可名"**，道古往今来一直存在，但我们很难给它起名。**"复归于无物"**，它也不是一个具体有形状的物。

"是谓无状之状，无物之象。是谓惚恍。" 大道没有形状，但它是存在的，任何有形状的东西都不能形容它。"无物之象"，是指道可以变成整个世界，但是又不能用具体的某个事物来表示，它是事物背后的规则或者规律。这种状态被称为"惚恍"，"惚恍"就是大道。**"迎之不见其首"**，从前面看没法看到道的头，**"随之不见其后"**，从后边看也不能看到道的尾。道是语言不可说的。

南朝梁武帝时有一个禅宗大师叫傅大士。有一次梁武帝请傅大士讲《金刚经》，傅大士上台之后拿着戒尺拍下去。别人问他："你怎么不讲啊？"他说讲完了。他为什么这么说？因为《金刚经》中的道理一旦用语言来说，就会越说越复杂，越复杂离本质越远。宇宙背后的规律，不是简单用语言能描述的，是你身心证悟到某个层次以后感受的境界，用语言去说就不是道了。

无论怎么形容，那都不是真实的道，只是用语言勉强形容出来的。道是自己在实践中体悟、真修真证的。一个人的身心证悟到了一定层次后，自然有对道的体悟。这个体悟是超越语言的，不论是中华文化还是西方文化，任何民族的文化最高妙的境界都是超越语言的。

"执古之道，以御今之有，能知古始，是谓道纪。" 这句话的意思是，古往今来，一直存在大道，我们如果了解道，对今天很多事都能看得明白。因为大道是规律。大家如果研究历史，不要以为历史是过去，其实历史的背后是道，对历史运行的规律有深切的把握，就是"执古之道"，你就可以对很多今天发生的或者还没有发生的事进行预见或者深刻的分析。规律可以让人变得睿智，让人变得有预见能力。我们为什么要学历史或者学道？其实就是想通过对道的把握，来知古知今，预见未来。

比如，很多人因为中国近代以来的短暂落后产生错觉，以为中国就会永远落后，甚至产生自卑心理。实际上如果你真正去探究历史，对整个历史的规律做研究的话，就会知道，中华民族是人类历史上最有原创精神的民族，而且我们这个民族的文化中蕴含着巨大的智慧，大一统带来强大的民族凝聚力，几千年来，我们战胜了很多困难和凶险。我们绵延不息走到今天，在困难的时候懂得自强不息，在发展好的时候懂得居安思危，在面对别人的优秀时懂得见贤思齐，这种智慧与博大的胸怀，是中华民族得以生机勃勃的力量源泉。懂得这一点，就知道虽然中国近代以来短暂落后，但只要我们重新把中国历史脉络中最精彩的东西整理出来，重新塑造民族精神，实现民族的伟大复兴没有任何问题。

懂得了规律，就可以对整个人类的历史或者宇宙的历史有非常好的预见和把握。

"能知古始，是谓道纪"，就是说我们领会了大道之后，不仅可以穿越时空去阅读历史，还可以望穿风云去预见未来，对人类的历史和宇宙的历史有比较全面的把握。因为道是规律，通过对大道的领悟，我们对历史、对人或者对宇宙的理解和把握都能上升到自觉的高度。

这一章对我们有两个启发。第一，对这种高妙的智慧不要纠结于用语言去描述。聪明的人眼睛一眨就懂了，聪明人和聪明人之间一点就透了，不需要说明白。因为有些高妙的智慧，很难用语言说明白。不要用具体的、有局限的语言去描述宇宙人道，那样会捉襟见肘，越说越糊涂。第二，我们通过对宇宙人道的把握，对历史看得明白，对当下看得清楚，对未来能够有所预见，这就增强了人生的自觉。如果我们每个人都懂得了道，或者理解了规律，就能更清醒地站在历史的洪流中，从而知道一生做什么最有意义，做什么最有价值，给自己的人生增光添彩。

| 第十五章 |

盛极则必衰，居安易思危

> 古之善为士者，微妙玄通，深不可识。夫唯不可识，故强为之容。豫焉若冬涉川，犹兮若畏四邻，俨兮其若容，涣兮若冰之将释，敦兮其若朴，旷兮其若谷，混兮其若浊。孰能浊以静之徐清？孰能安以久动之徐生？保此道者不欲盈，夫唯不盈，故能蔽不新成。

这一章讲的是一个有道的人是什么样的状态，在这个基础上升华我们对人生智慧的理解。

"古之善为士者"，这句有的版本是"古之善为道者"，是说古往今来，真正修道悟道的人或者有大智慧的人，**"微妙玄通，深不可识"**，这是形容这种人的状态很难用具象的东西去描述。"玄"是什么意思？不是用语言能形容的，不是用刻板的东西能形容的。"通"是通达。一个有智慧的人对宇宙和人生的很多事情都很通达。"深不可识"是说他的智慧很高远，有时候不是一般人能够体会得到的。

"夫唯不可识，故强为之容"，老子说正因为这种人很难用语言去描述，所以，他勉强用语言做一点形容。怎么形容呢？**"豫焉若冬涉川，犹兮若畏四邻"**，这种得道之人的状态，有时候就像冬天过大河一样。冬天河水结冰，冰下边是非常冷的水，我们走在冰上会非常谨慎，每走一步都小心翼翼，如果突然出现咔嚓咔嚓冰面将裂的声音，会感到非常担心，这种状态就叫"豫焉若冬涉川"。

"犹兮若畏四邻"是指仿佛自己周边有很多敌人或者有很多强大的对手，比如误入原始森林里，突然发现树林里卧着几只老虎，它们正在打盹，你一旦惊醒了它们，将会很危险，因此每一步都要小心翼翼。

"俨兮其若容，涣兮若冰之将释" 是说这种人参加宴会或者去非常严肃的场合参加会议，就会神态庄严，而一旦遇到该放松的时候，就会像冰慢慢融化一样。这里用冰将要融化的状态形容人自在的状态。

"敦兮其若朴，旷兮其若谷" 是指得道之人做人敦厚，非常淳朴，不加雕饰。《维摩诘经》里讲"直心是道场"，说的是很淳朴地由内而外自然而然地呈现。得道的人像山谷一样看不到底，智慧高远，博大空旷。这种人的智慧一旦用起来深不见底。

"孰能浊以静之徐清？孰能安以久动之徐生" 是讲了两种能力。一是在非常复杂的挑战面前，能当机立断，迅速将事情看得清清楚楚，这是一种重要能力。比如遇到非常具有挑战性的事，各种事像乱麻一样交织在一起，一般人脑袋都大了，不知道该怎么办，而有智慧的人高屋建瓴，能够当机立断，抓住关键，条理清晰，把事情办得井井有条。二是得道的人看起来非常安静，但又能在非常静谧的环境里赋予它强大的生机，勃勃的生机之相恰恰在安定的状态里呈现出来。

"保此道者不欲盈"，悟了道的人永远不会自满。一杯水满了就会溢出来，这叫水满则溢，月亮到满月之后就会变缺，叫月盈则亏。一个人一旦自满了，开始张狂飘飘然，就会急转直下走向衰落。我们读唐朝历史的时候会发现，唐玄宗是开元盛世的创造者，可是在他晚年却发生了安史之乱。为什么自满以后形势会急转直下呢？领导者如果自满了，就会肆无忌惮地去享受，那灾祸马上就来了。《易经》里泰卦之后是否卦，就是警告我们，人不可盈。有道的人永远不会自满，做事的时候，永远谦卑地看自己，尊敬地看别人。

"夫唯不盈，故能蔽不新成"，正因为有智慧的人永远不会自满，他们知道自己是谁，知道当下的客观条件和制约因素是什么，永远不会猖狂，不会飘飘然，所以他们才可以在接受各种挑战的时候开创新的成就，不会走向衰亡。反过来讲，如果不能蔽呢？那生机就没有了，衰落就开始了。面临新挑战的时候，恐怕他们的"麦城""滑铁卢"就会出现。那样，他们就没有能力面对新挑战，创造新成就了。

《老子》第十五章描述了觉悟者的状态，这种人是很难用精准的语言去形容的，只能从侧面勉强描述一下。

为什么有道的人走路的时候就像走在冰面上，唯恐冰突然裂开，非常小心翼翼呢？因为他们懂得一个道理：众缘和合，转瞬即逝。众缘和合就是佛教讲的因缘法，转瞬即逝就是《易经》讲的易。我们在做事的时候，也往往是期待了好久，各种条件一具备，立刻抓住时机去做，可是做事的过程中，很多机会是稍纵即逝的，如果不懂得珍惜或者自己处理不好，条件就会发生变化，这件事可能就做不成了。有道的人懂得局面一旦发生变化，自己会措手不及，怎么会张狂呢？

一个有智慧的人能够感觉到诸多掣肘力量，也就是懂得居安思危。比如某企业十多年前可谓做得风生水起，利润非常大，于是在决策的过程中有很多地方不够严谨，没感觉到有强大的对手在身边，结果优势转瞬即逝，短短几年该企业就风光不再。很多人出问题都出在骄纵大意甚至为人猖狂上，这是很可悲的。造成这种后果是因为这种人不懂得道，往往就会因为得意而做出愚蠢的陷自己于被动的决策，那就非常危险了。我觉得一个真正有智慧的人，能看清自己，也能看清世界，能在人生和世界的各种挑战面前，永远清醒，披荆斩棘，不断开拓出新的局面。

第十六章

致虚极，守静笃，慧眼观潮

> 致虚极，守静笃，万物并作，吾以观复。夫物芸芸，各复归其根。归根曰静，是谓复命。复命曰常，知常曰明。不知常，妄作，凶。知常容，容乃公，公乃王，王乃天，天乃道，道乃久。没身不殆。

这一章涉及修行的方法，并对在正确修行方法的指导下人证悟的境界和状态进行了描述。

"致虚极，守静笃" 是圣人修行的共同法门。"致虚极"就是一个人要把心空出来。《老子》里说"为学日益，为道日损"，"为道日损"就是说求道要做减法，减少心性上的灰尘，减去心中不断翻动的妄念。曾子说："知止而后有定，定而后能静，静而后能安，安而后能虑，虑而后能得"，孟子讲"不动心"，这些其实都是"致虚极"。就是一个人要把内心的杂念清掉，进入非常定的状态。

当然，我们说的"静"，不是躲在静处，无所事事，而是指人在万花世界里，不论面对什么诱惑，面对多少干扰，都不为所动。"虚极"就是说一个人"虚"到极点，是指一个人内心要一直净化下去，净化到极致。这是种修行的方法。

佛法里讲究戒定慧，定才能生慧，其实都是讲求静。有一个学佛的宣化上人，是禅宗大德。他说，人这一辈子各种修行中最宝贵的都不如一天静一会儿，把心里的杂念排除，安安静静，这是很好的修行状态。王阳明、曾国藩也都特别强调静。曾国藩说，每临大事有静气，越是遇到容易发脾气的时候，心越要静下来。"笃"是非常坚定的静，"守静笃"是不管面临多少干扰，都保持安静的状态。

儒、释、道三家，凡是修证讲道的圣人，都讲求静，内心净化到极致。一个人内心完全安定平静下来以后，万物的生灭就都不能干扰他了。这时候，**"万物并作"**，万物因缘合在一起的状态，用佛法来讲就是众缘和合。

我们的一举一动一念，都和宇宙发生关联。太阳辐射的变动，会对人类文明产生重大影响，月亮如果有什么变化，也会对人类产生重大影响，星星的影响比较细微，其能量变化虽然不会立即对人产生山呼海啸的影响，但也不容忽视。牛顿的万有引力定律，讲的也是万物之间的联系。

《老子》里讲的"并作"，就是众缘和合，是指各种力量互相影响、互相牵制、相互作用的关系。这时，一个人不受任何外在干扰地去观世界，就叫**"吾以观复"**。老子在宁静状态中观到了什么？

"夫物芸芸，各复归其根"，他发现各种宇宙能量纷纷纭纭，看起来是生生灭灭，实际上这些表象深处都有根。根就是佛教里讲的自性，所有生物的生灭法都是从自性上来的，用佛法来讲都是真如的显现。懂得这个道理了，我们就不要追逐生灭法了，因为生生灭灭不过是宇宙现象，找到其背后不生、不灭、不垢、不净、不增、不减的秘密，才找到了真正的智慧。

所以**"归根曰静"**，静是指大定力或者大智慧的状态。静和智慧是一体的，一个人如果真正找到了根，证悟了自性，那才算有了真正的大智慧。**"是谓复命"**，这才真正叫复命，就是找到了生命本来的样子。

禅宗里有一个故事，一个祖师爷悟了，有人问他悟了什么，他说摸到了自己的鼻孔。他说自己经历了累世累劫的修行，经过名师指点和自己苦修，终于悟了，才摸到自己的鼻孔。那鼻孔不是天天都可以摸吗？其实你摸的鼻孔和他说的是不一样的。实际上"复命"就是找到生命的本真，而我们普通人都只是在追逐各种生灭的现象，没有找到本真。

儒家认为那些杂七杂八的念头不是你的本心，所以告诉大家要修本心，也是一样的道理。

"复命曰常"，就是你找到生命的本真，证到的不生、不灭、不垢、不净、不增、不减的境界是常。不仅老子用"常"，佛陀也用。《涅槃经》里佛陀讲到成佛以后的境界，用了四个字：常、乐、我、净。什么是常？世界是生灭的，人活八九十年就会死。地球虽然寿命很长但也会生灭，这都不是常。不生、不灭、不垢、不净的自性才是常，你找到生命的本真，才叫常。

"知常曰明"，找到了不生、不灭、不垢、不净、不增、不减的自性，那才叫明。这种明，是明白了人生和宇宙的究竟。我们老说某个人是明白人，当然当明白人不容易，道家和佛家里真正的明白人是指大彻大悟的人，就是老子说的，"知人者智，自知者明"。

"不知常，妄作，凶"，如果一个人证不到不生、不灭、不垢、不净、不增、不减的境界，就不懂得道，不能领会道，就不懂得道法自然。领会了道才能按照道的要求去做，而且不会因为自己的主观欲望违背道。人类为什么犯错呢？因为总是带着主观的欲望、带着小我去阉割道，去违背道，那就叫妄作。因为你老是以自己的欲望来干扰道，最终的结果必然是凶。当然，你证出不生、不灭、不垢、不净、不增、不减的境界，你的心大定，任何外在的东西都搅不起你的妄念。这时道是什么你就是什么，道是什么你的心就是什么，心和道是一体的。这时你就是觉者。如果没达到这个境界，随着欲望想干吗干吗，那《老子》告诉你一个字——凶。你肯定会倒霉，会遇到重大挫折。

"**知常容，容乃公，公乃王，王乃天，天乃道，道乃久**"是讲人证悟以后的状态。"知常容"就是一个人证到真如境界，"容"可以理解为超越"小我"的境界。一个人如果只有"小我"，就会容不了别人。知常以后，能容天下，可以包容整个宇宙。天下是他，他的心里是天下。佛陀有句话叫"众生平等"，就是"知常容"。如果没这个境界，有时候甚至都容不了自己，连接受自己都很困难。真正证悟了自性的人是和宇宙一体的，他能容众生，能容天下。容天下就是公，所以《礼记》中说"大道之行也，天下为公"。天下为公，众生就是自己。

"容乃公，公乃王"，你有了容天下的气度、慈悲，就是王。这个王不是我们世俗讲的要指挥别人，要当领导，而是指一个人证悟了以后，才有能力去为众生服务，才可以称为"法王"。

"王乃天"，它符合天道。那什么是天道？比如夸一个人修得好，说他是德配天地。你吃的、喝的、穿的、住的，哪一样不是天地给你的？阴阳的力量都是天地给的，但是天地并没有收你的钱，太阳也没因为你是亿万富翁就照着你，因为你是穷光蛋就不管你，而是无私地把众生都照顾好，将光辉洒向众生。德配天地的人，没有小我，为众生服务是他的自觉和使命，这样的人方能做王。这种容天下的王和天道是一致的，都是全心全意为众生服务，不考虑自己的利益。

"天乃道"，天和大道是一体的。"道乃久"，道是永恒存在的，道在宇宙空间不生、不灭、不垢、不净、不增、不减。

"**没身不殆**"，如果你证道了，比如活到一百岁，肉体完成了此生的使命，身体死了，但你悟到的道是不殆的。孔子的肉体早没有了，可是到

第十六章 致虚极，守静笃，慧眼观潮

今天为止，我们哪个中国人没受到孔子的影响？全世界七十多亿人，有多少人受过孔子的影响？所以一个人真正永恒的并不是肉体，肉体是因缘生法，因缘到了也就没有了。人一辈子做自己该做的事，承担自己该承担的使命，肉体早晚会消失，真正永恒的是道，如果你证了道，心和道是一体的，即便肉体没有了，永恒的生命——你证的道也是永远存在的。

| 第十七章 |

功成事遂，海晏河清

> 太上，下知有之。其次，亲而誉之。其次，畏之。其次，侮之。信不足，焉有不信焉。悠兮其贵言。功成事遂，百姓皆谓我自然。

这一章对高明的社会管理是什么状态，不高明的社会管理是什么状态，都做了清晰的描述。

"太上，下知有之"，先讲了领导者的境界和状态。最高明的领导者是道的化身，有极高明的智慧，他能调和阴阳，提携天地，尊重规律，尊重真理。他在管理的时候，自主地按照大道去管理，仿佛什么刻意有为的事都不用做，但是整个社会也都管理好了，老百姓似乎感觉不到领导者的存在。这是高明的、得道的领导者，一切都顺道而为，在不知不觉中引领社会、引领大众走上顺应大道的道路，老百姓却一点也感觉不到领导者在刻意管理社会。整个社会海晏河清，四海升平。

"其次，亲而誉之"，稍微逊色的领导者就要"有为"，要不断亲民，给老百姓做事。他刻意给老百姓做好事、做善事，帮助老百姓，这时老百姓会亲近他，赞美他。这也非常伟大，但是，他的做法有痕迹，是刻意为之，与"道法自然"、让老百姓感觉不到领导者存在相比稍微差一点。

"**其次，畏之**"，再次一些的领导者，就要靠恐吓来管理人民了。老百姓不听话就抓起来，恐吓他们。这样的领导者，老百姓都怕他。老百姓恐惧的背后是与领导者离心离德，使领导者失去群众基础，甚至众叛亲离。

最差的领导者把老百姓欺负到一定程度后，老百姓公然反抗他，甚至斩木为兵，揭竿为旗，决定推翻他的统治。

老子在这里讲了政治管理的四种状态。最高明的领导者道法自然，毫无痕迹地把整个社会引上正轨，满街都是圣人，这是最理想的状态。居其次的领导者凡事亲力亲为，爱护老百姓，为老百姓服务，进而受到老百姓的爱戴，这也值得我们推崇。比较差的领导者就要耍威风了，恐吓老百姓，让老百姓怕他。最差的领导者欺负老百姓，在老百姓面前耀武扬威，到了一定程度后，老百姓忍无可忍就会反抗，推翻他的统治，这就非常危险了。

我觉得，后两种情况我们必须要警惕，否则社会就会很危险。领导者耍威风，让老百姓很恐惧，这是非常不健康的衰败之相，甚至是亡国之相。当老百姓惧怕领导者到了反抗的程度，领导者就悔之晚矣了。我觉得领导者至少要做到让人民群众觉得特别亲近，不断为众生谋福利，当然在这个基础上，如果领导者达到圣贤的境界，那就更好了。什么是圣贤境界呢？比如我给人布施，捐了点钱我老记着，这境界就差一些。如果我给别人捐了钱，捐了多少，捐给谁了，我一点都不关心，认为捐钱就是自己的义所当为，是自性的流露，不再记着这件事，那境界就高了。

"**信不足，焉有不信焉**"，如果领导者对老百姓不讲信用，老百姓就会不信任他，他说什么老百姓都不相信，都觉得是假的，他说不好的老百姓反而说好，他越说好的老百姓越嘲笑，这就非常危险了，叫失去了公信力。

领导者要诚心诚意对老百姓好，老百姓才会实心实意地拥护他。这才是好的因果。如果领导者对老百姓不讲信用，那后果会是老百姓不信任他，他失去公信力，这很危险。

"悠兮其贵言"，真正证悟的状态是什么样呢？"贵言"，话不多。孔子说，"巧言令色，鲜矣仁"，意思是能说会道的没多少好人。为什么圣人对话多并不是很赞赏？因为道是行出来、证出来的，不在于话的多少。孔子说，"夫人不言，言必有中"，就是有些话你不必多说，你的境界也不是靠说出来的，而是靠行出来的。真正能成为圣人的人，都不是靠嘴，而是靠实实在在的行动，所以不必说那么多。一个人只有全心全意为众生服务，才算达到了真正的境界。

大家读圣贤经典的时候一定要读清楚，圣人的想法具有共通性，就是全心全意为众生服务。孔子为什么去周游列国？是为了众生。佛陀三十多岁就彻悟了，他为什么讲法讲了四五十年？也是为了众生。道是在服务众生的过程中行出来的，光说没有用，做的事跟众生利益没多大关系也不行。

一个人实实在在地领会道、践行道、证悟道、推行道，整个社会按照自然的规矩运行，这就是**"功成事遂"**了。到了这时，**"百姓皆谓我自然"**。老百姓会怎么评价这样的领导者？老百姓说："我本来就生活得那么幸福啊。"有大智慧的领导者顺随道，不宣传自己的功绩，不标榜自己，全心全意为众生服务。老百姓过上了非常富裕幸福的生活，而且感觉不到领导者的存在，反而觉得自己的生活本来就是这样。其实老百姓幸福而美好的生活是领导者在道法自然、成全众生的过程中创造的。

在社会管理中，我们至少应该学习前两种方式。要实实在在行道，去为众生打拼，为众生服务，成全众生，道法自然，顺应大道。这时，国家海晏河清，四海升平，老百姓安居乐业，衣食无忧，领导者会功成事遂，完成使命。

第十八章

老子为什么批评"仁义"

大道废，有仁义；慧智出，有大伪；六亲不和，有孝慈；国家昏乱，有忠臣。

这一章容易引起误解，仿佛老子在批评"仁义"，但真实的含义并非如此。

"大道废，有仁义"，大道自然，就是人人都悟道行道，这时不需要标榜什么。如果一个社会人人都是好人，这时就没有必要组织学习英雄模范事迹，因为人人皆是英雄模范。社会如果堕落了，有的人善良，尊重大道，有的人内心险恶，违背良知，这时就需要大声疾呼仁义的价值。这里的"仁义"，有些人会以为是儒家讲的"仁义"，其实不是。这里的"仁义"是当社会堕落之后，为了维护社会正常秩序不得不提倡的社会价值，是对混乱或纲常败坏的社会、违背大道运行的状态进行的纠正。为什么这个状态要讲仁义呢？因为当时礼崩乐坏，人伦和纲常都被破坏了，老百姓生活在苦难中，只有把仁义提出来，来校正人们的失范行为，告诉违背大道的人应该怎么做，才可以让社会恢复到所谓的理想状态。理想的状态就是有道的状态，就是悟道和行道的状态。

"慧智出，有大伪"，讲的是当每个人都在大道的状态里时，人人都懂道，人人都在大智慧里，没有标榜智慧的必要。人人都按道来说话做事，当社会堕落的时候，就需要有大智慧的人对没有智慧的或者违背了道的人进行教育。可是当一个人、一个社会需要教育的时候，就会有"伪"。"伪"就是有人打着高尚的旗号帮助别人，暗地却包藏祸心，或者说用漂亮的语言来包装狡诈的心态。一个社会都在大道里，每个人的生活都是按照道进行的，不需要谁教育谁，大家都悟道。可是社会堕落了，有的人有智慧，有的人比较昏昧，这时有智慧的人就要对昏昧的人进行启发，以先知先觉来启发后知后觉。但是有的人教育别人的时候会很真诚，是出自真心的，出于道的责任和神圣的使命，对别人进行启发；而有的人是奸诈的小人，用漂亮的词语把欺诈的本质包装起来，这就是大伪。

"六亲不和，有孝慈" 又讲了什么呢？"六亲不和"是指人伦破坏，生活中父子、兄弟、夫妻等基本的伦理纲常被破坏以后，就需要有人提出"孝慈"来引导纲常礼教，使基本人伦恢复到正常状态。

"国家昏乱，有忠臣"，当每个人都守住自己的本分，君王把老百姓当成自己的父母，像圣人一样情系天下，大臣在君王的领导下，为官一任造福一方，"三过家门而不入"，放下小我为国家打拼，为民众造福的时候，那就不需要忠臣这个概念。可是，当国家混乱、遇到灾难的时候，就需要一些志士仁人用自己的生命去捍卫国家的秩序和老百姓的利益，这时就会有忠臣奸臣之分，忠臣会出来改变现状。

在这一章，老子讲了一种现象：社会的理想状态是内在人人都悟道，外在人人都行道，达到身心合一。当社会堕落时，有的人是领会了道的，他自然要按照道去捍卫道义，捍卫社会正常秩序，希望社会风清气正，国家海晏河清，人民安居乐业；但是也有很多人已经不懂得道了，他们带着自私狭隘奸诈的心为自己的利益打拼。这时，社会自然需要大呼仁义，需

第十八章 老子为什么批评"仁义"

要有智慧的人、有孝慈的人、忠臣来对混乱行为进行校正。

儒家讲仁义,是社会混乱或纲常败坏之后的必然。如果国家太平,老百姓安居乐业,人人都在礼仪之中守自己的本分,社会就会特别和谐。孔子最愿意过什么生活呢?《论语》有一个"曾点气象"的故事,曾皙说最希望过的生活是"莫春者,春服既成,冠者五六人,童子六七人,浴乎沂,风乎舞雩,咏而归"。如果暮春时节,能带着一帮朋友,跟大人小孩一起在沂水里游泳,在河边的高台上吹一吹风,唱一唱歌,就会特别高兴。这是很恬淡的生活,孔子听了以后特别感慨,说这种生活也是他特别向往的。但孔子为什么要周游列国?在当时礼崩乐坏、纲常败坏的情况下,他不出来承担责任谁来承担?所以孔子还有一句话:"求仁而得仁,有何怨?"他说自己经历那么多苦,讲仁义,立人伦,振纲常,很多人不理解他,有人还说他"累累若丧家之犬",他也不后悔,因为当时的社会需要他这样做。

在这一章,老子很客观地描述了两种状态:一个是大道的状态,人人在道里,人人悟道、行道,社会海晏河清,就是所谓的大同社会;另一个是社会堕落的状态,一部分人有道、一部分人没有道,这时就会有仁义、智慧、孝慈、忠臣的概念,也就出现了一些对立的概念,比如有忠臣就有奸臣,有孝慈的人就有忤逆的人等。实际在道里没有对立的概念,《维摩诘经》讲佛法是不二法,佛法的修行法门叫不二法门,不二虽然不是唯一,但至少不是对立的。所谓的阴阳、正义邪恶也是对立的概念,而真正在大道里是没有对立的。

生活中也有这样的问题,比如在企业里,如果企业家把客户当亲人,有社会责任,把为社会服务当成自己的责任,把每个员工当成自家人,那么,员工也会把企业当成家,对从事的工作、生产的产品像对待自己的孩子一样精心,每个人都恪守本分,这种状态应该是我们最期待的样子。如果哪一天，保安抓到一个员工想把企业的产品偷偷拿出去卖，企业得表扬保安，虽然不能说他是忠臣，至少说明他很敬业，值班认真，工作细致。可是，这其实说明企业已经出问题了，因为有小偷了。表扬保安忠于职守的时候，已经说明企业内部有很多人素质、修养不够，甚至要窃取公司财产了。

孝慈、忠臣都是好的，但是它们也告诉我们，正因为有很多不孝慈的人，所以才要提倡孝慈；国家有忠臣，是因为国家已经危在旦夕了，需要忠臣用生命去保卫国家，这是非常可悲的。如果国家非常强盛，国运昌隆，上下同心，众志成城，人人恪守本分，兢兢业业，也就无所谓忠臣了。

老子在这一章里给我们提了一个醒，就是我们期待的是人人都悟道、懂道、行道，知行合一的社会。可是在现实中，如果一个社会达不到这种状态，就会有对立的概念出现。

我们要从现实出发，要让社会、人类的文明重新通过教育、智慧的启迪，力争人人都是高素质的人。到那时，人人都是大智慧的化身，都是懂得道法自然的人，不用再强调正面的概念，那才是"大道之行也，天下为公"。

| 第十九章 |

启迪道心，开启内驱力

> 绝圣弃智，民利百倍；绝仁弃义，民复孝慈；绝巧弃利，盗贼无有。此三者，以为文不足，故令有所属，见素抱朴，少私寡欲。

这一章启示我们，怎么才能从纷乱社会里，从很多人已经违背大道的状态里往前走，恢复人人都领悟真理、人人都能按规律办事的状态。人类社会之所以出现对立，诸如正义和邪恶、阴和阳、好和坏、美和丑……很大程度上是由现实人性决定的。

如何超越社会上纷纷扰扰的对立？从完全理想的角度出发，第一，从社会治理角度，我们不需要再提圣人智慧、仁义、孝慈，如果社会都是由圣人组成的，每个人该做什么都"从心所欲不逾矩"，内心都像圣人一样干净。在这种状态下，再讲智慧、仁义、孝慈就没有意义了。人人都是圣人，人人内心都很清静，这就是老子所讲的**"绝圣弃智""绝仁弃义""绝巧弃利"**的含义，社会不需要再标榜什么仁义的口号。第二，从个人修为角度，社会是由人组成的，如果所有人的心都非常干净，没有杂质，就不需要用智慧、仁义、孝慈之类的概念去教育老百姓，因为人人都非常清静，都是圣人状态，这是最好的状态。

老子并非否定智慧、仁义、孝慈的价值和意义，而是想告诉我们，要从有和无、正义和邪恶、好和坏、美和丑、孝慈和忤逆等良莠杂陈的状态里跳出来。从个人角度，每个人的内心都非常清静，克服了贪、嗔、痴和人性的弱点。从社会角度，人人都是圣人，不需要再强调这些概念。

"**此三者，以为文不足，故令有所属**"，那种特别强调圣智、仁义、孝慈的人认为，平时对老百姓管得不够，还要通过"圣智""仁义""孝慈"等条条框框进一步禁锢和束缚老百姓。现实中也有这样的情况，一些领导者认为只要管住老百姓，用各种规章制度把老百姓管得死死的，用很多规矩像绳子一样把老百姓束缚住，社会就会变好。西方社会编织的严密的法律之网，就是突出表现。家长教育孩子的时候，也有这样的问题。有的家长立很多规矩，要求孩子几点钟起床、几点钟睡觉、必须做多少题、必须上多少辅导班等，似乎这样孩子就能变好了。这其实就是"以为文不足"，以为对他管得不够，以为对他的约束不够，所以想建立更多规矩。

对此，老子的回答就是八个字："**见素抱朴，少私寡欲**"。这既是修养的方法途径，也是社会治理的重要智慧。一个人最美好的状态是保持内在清静，"见素"是人没有任何干扰的真心的显现，如果一个人内心有各种缺点，自私、狭隘、有偏见，那就不是见素了，见的不是真心，而是受污染的心。"抱朴"也是守真，"见素抱朴"是说一个人真正美好的状态不是被规矩约束着，而是开启内在的清静，内心晶莹剔透，真心就显现出来了。假如人性的弱点都去掉了，内心光芒四射，必然少私寡欲。或者说，只有少私寡欲，才能不被外在干扰或污染，才能恢复真心。

有些家长教育孩子时立了很多规矩，以为把孩子约束住就好了，其实约束太多，得到的结果要么是坏行为反弹，要么是孩子抑郁。为什么说这样不好呢？如果真做到让孩子内心清静，有抱负，有担当，有智慧，有境界，有格局，内圣的力量就出来了，孩子就会懂得自己的使命是什么，担当是什么，情怀是什么，终其一生应该做什么，不该做什么，怎么约束自己，怎么自省，怎么不断自我净化、自我升华。这时，还需要家长立规矩吗？内驱力是孩子成长的基础。

真正的教育并不是让孩子提高点分数或者给孩子各种规矩约束，而是要让孩子清楚要做一个利国利民的人，终其一生做对国家有益的事。孩子怎么去读书，怎么发愤图强，其实他自己都很清楚。什么对他来说是诱惑，要把什么屏蔽掉让自己不受干扰，他也很清楚，不需要家长给他定规矩。如果孩子什么都需要你管，你又老是担心自己给他立的规矩不够，对他的约束不够，然后制定千万条绳索把他捆住，其实你的教育就已经失败了。

上升到国家治理的高度，真正理想的社会应该是公检法系统的同志每天都见不到案件，老百姓都像圣人一样，即使相互之间有一点冲突，也能通过德行和智慧化解，根本不会纠缠不休，甚至引发血案。

孔子说，"听讼，吾犹人也，必也使无讼乎"。他做过鲁国的大司寇，司寇是管刑罚的，而他最大的愿望就是闲起来，因为这代表老百姓都成了圣人，都很清楚该做什么不该做什么，即便偶尔发生冲突，道德的光辉和智慧也足以解决问题。

当然，理想的状态是一回事，现实又是一回事。从现实出发，我们今天要强调仁义、孝慈，强调给社会建立正确导向。这样社会有一个好的榜样，有好的前进方向。再往前一步，我们期望人人内心都很干净。希望每个人通过自我净化和人格的完善，把内心最智慧、最有德行的一面呈现出来，人人知道该做什么，有使命，有情怀，有担当，有操守，知道不该做什么。人人都能管好自己。即便偶尔有一些违反社会规则或者损害他人利益的行为，人们也能自我解决，这不就是我们所期待的海晏河清、国泰民安吗？

第二十章

觉悟者与普通人对聪明的理解不同

> 绝学无忧。唯之与阿,相去几何?善之与恶,相去若何?人之所畏,不可不畏。荒兮其未央哉!众人熙熙,如享太牢,如春登台。我独泊兮其未兆,如婴儿之未孩,儽儽兮若无所归。众人皆有余,而我独若遗。我愚人之心也哉!沌沌兮!俗人昭昭,我独昏昏;俗人察察,我独闷闷。澹兮其若海,飂兮若无止。众人皆有以,而我独顽似鄙。我独异于人,而贵食母。

这一章把普通人的状态和觉悟者的状态做了对比,描述了觉悟者的智慧和外在的表现是什么。这对我们的人生有很好的指导和借鉴意义。

"绝学无忧",这四个字非常厉害,就是讲一个人学了道、悟了道,证到了圣人的境界,那对整个世界、人生的理解还有什么忧呢?到了这个境界就没有小我,没有我执了,不会患得患失。"绝学"讲的是一个人得道的状态,一个人得道后,对整个世界、人生、宇宙的认知没有困惑,不患得患失,不考虑自己利益,那真是天地与我为一,万物与我并生,内外通达。

下面是站在圣人的视角来评价世俗百态。**"唯之与阿,相去几何?善之与恶,相去若何"**,这是说俗人的恭维与阿谀奉承,众人的赞美或者讨厌，它们之间究竟有什么差别呢？

举个例子，我们评价同样的一个人，有的人说他非常好，有的人说他不好。这不是相反的评价吗？其实每个人在评价别人的时候，都是从自我利益出发的。好比你向一个人借钱，他不借给你，你有困难了他不帮忙，这时你对他的评价是不好。如果你俩一起去旅游，门票等费用都是他付的，你大概就会说他好。对同样的一个人，无论你是说他好还是说他不好，本质上是一样的，都是从自己的利益出发，没有得到好处就说他不好，得到好处就说他好。所以世俗的好多评价，从真理的角度看往往是没有意义的，很多人不是从真理的角度做出评价，只是从自我利益出发，得到利益就赞美，得不到利益就否定。看起来观点和评价不一致，实际都是一样的。

"人之所畏，不可不畏"，如果我们与周围太格格不入，有时候也很难生活。比如我对足球不厌恶，也不特别喜欢，可是在国际足联世界杯举行期间，当身边的同事都在谈论球赛，甚至有人花钱到现场去看比赛的时候，我如果表现出很不屑的态度，说踢足球有什么好看的，可能会被孤立。在人家都在谈论足球的时候，至少要带着尊重人家的态度，甚至用欣赏的眼光看，偶尔附和一两句也好。否则，人家都在谈论这件事，就我显得跟人家格格不入，对我的工作和生活都不好。这就是"人之所畏，不可不畏"。

"荒兮其未央哉"，这句话是个概括。老子突然感慨地说，古往今来这种现象从来都没有停止。可是我们不免要问，是什么现象？往下看，**"众人熙熙，如享太牢，如春登台"**，讲的是得道的人和普通人之间的区别。意思是，普通人熙熙攘攘、热热闹闹，就像节日里去参加一个聚会，等待着品尝美食。太牢是古代重大祭祀时用的牛、羊、猪，这在当时是非常好的美味。古人生活水平较低，能吃到牛肉、羊肉、猪肉是很难得的。普通人高高兴兴，就像是要去参加重大节日庆典、吃到美味一样，这是形容普通人在追逐利益或者得到利益时那种欣喜和激动的状态。

但是得道的人"**我独泊兮其未兆，如婴儿之未孩，儽儽兮若无所归**"。他是淡泊宁静的，仿佛没有什么表情，似乎看不出情绪变化。道家讲到婴儿，是指还没有出生的孩子，他对外界的任何诱惑，财、色、名、食、睡都没有感触，他的身体内在机能没有受到外部任何欲望干扰，那时才是道法自然。

"儽儽兮若无所归"，是讲跟普通人在追逐自己利益时的喜悦激动不一样，得道的人仿佛内心有所戒惧，很谨慎，如履薄冰，生活很小心。

"**众人皆有余，而我独若遗**"，是指普通人一旦得到利益、升官发财了，就会呈现出那种志得意满、骄狂、飘飘然有余的状态，而得道的人是永远不自满的，是谦卑的，永远觉得自己有很多问题，觉得自己做得还不够，还有很多缺点需要改正。

"**我愚人之心也哉**"，相对俗人来讲，得道的人仿佛是愚人。真正有大智慧的人在特别会算计、会耍小心眼的人面前仿佛是愚人，其实是大智若愚。得道的人是什么状态呢？"**沌沌兮**"。"沌沌"是个形容词，指一个人真正得了道，有了大智慧，对外面的世界既了了分明，又不取境，他内心像镜子一样把世界照得清清楚楚，任何外在的东西都不可能干扰他、牵引他。孟子曾经在形容大丈夫的时候有个表述，"富贵不能淫，贫贱不能移，威武不能屈，此之谓大丈夫"，就是说一个人无论多有钱、多有条件可以骄奢淫逸，他都不动心。这在某种程度上是和"沌沌"相照的。有大智慧的人无论多富贵，面临多大的人性诱惑，都不会动心。

"**俗人昭昭，我独昏昏；俗人察察，我独闷闷**"，"昭昭"和"察察"就是指俗人对什么东西仿佛都分辨得非常清楚；圣人则是"昏昏""闷闷"的，看着仿佛不聪明。

第二十章　觉悟者与普通人对聪明的理解不同

如同枣子的成熟，九月的枣红红的特别甜，因为那是在该熟的季节熟的，枣是健康的、好吃的，倘若在不该熟的季节已经红了，我们称其为早熟，往往是因为被虫子爬过或者自身有病。这个道理用在人的身上也是一样的。

普通人所谓的"昭昭"和"察察"，看似很聪明，实际上不是真正有智慧，而"昏昏""闷闷"的人，看着仿佛不聪明，其实他们内心有智慧，只是不怎么在意外在诱惑，不被牵引。

内心了了分明，而对任何外在环境产生的诱惑和干扰，始终保持理智，什么东西都干扰不了他，这才是非常好的状态。

"澹兮其若海，飂兮若无止"，这又是形容得道的状态。得道之人内心的智慧深远，就像大海一样看不到底，用起来无穷无尽，这是从一动一静的角度来形容有智慧的人。

"众人皆有以，而我独顽似鄙。" 普通人带着有所求的心去追求升职、发财、出名，普通人都追求的东西叫"有以"，就是有所求，有所得到，而有大智慧的人对俗人感兴趣的都不感兴趣，不在乎名利，这在俗人看来就是"顽似鄙"。不理解的人会说这个人傻不傻？怎么不可理喻，别人都追求金钱，他为什么不追求？别人都想着升官发财，他怎么不想？俗人不理解圣人。其实是因为圣人会追求人生最有意义的东西，那才是最根本的，所以他怎么可能对世俗的东西用心呢？可是世俗的这些名利要不要呢？为了国家的需要，孔子也会投身社会贡献自己的精力，为国为民服务，从而获得名利，可是名利并不是他内心真正想追求的。所以很多人为国家做出贡献以后，会选择功成身退，因为他的志向是升华、净化自己，完善人格。

"我独异于人，而贵食母"，得道的人跟俗人是不一样的。俗人追求什么？司马迁的《史记》说"天下熙熙，皆为利来；天下攘攘，皆为利往"。

俗人追求的是财、色、名、食等等，得道的人怎么会追求这些东西呢？得道的人看透了一切，如此才能放下。佛家讲的自在，就是得道。人一辈子最值得追求的、最宝贵的其实是道，用心去悟道。"我独异于人"，我跟俗人追求梦幻泡影的东西不一样，"食母"是指在圣人看来，人一辈子最值得追求和领悟的是道，如果再有更高的追求就去弘道，这才是人应该以生死维护的使命。

第二十一章

道重在践行

> 孔德之容,惟道是从。道之为物,惟恍惟惚。惚兮恍兮,其中有象;恍兮惚兮,其中有物。窈兮冥兮,其中有精;其精甚真,其中有信。自古及今,其名不去,以阅众甫。吾何以知众甫之状哉?以此。

道很难用语言描述,原因何在?语言对它来讲是有限度的,在描述道的时候,语言会显得捉襟见肘,由于语言有局限性,老子特别想跟我们说明道是什么状态,但是说得很辛苦。虽然语言有局限性,但我们还是要尽可能地了解道,而且要从道的角度来解读人类社会的兴衰成败和人生的悲欢离合。

"孔德之容,惟道是从",孔德就是大德、高妙的道德或者说最高的道德。"孔德之容,惟道是从"是说真正高妙的道德或者博大的德行都是按照道来行的。

一个人按照道来做事,他就有德,有道的人必然有德,反过来讲有德的人也会悟道。按道家的说法,什么人修道能成呢?有德的人去修道叫道中之贤,是修道人中的贤人,没有德的人如果去修道,终会成魔。无论是儒家、道家还是佛家,所有有成就者必是有德的人。有道的人是无我的人，一个人无我，才能和大道相应，一定会全心全意为众生打拼。这就叫"圣人无常心，以百姓之心为心"。所以我们说一个人修得好，德配天地，是说他的德行可以和天地相比。"以其不自生，故能长生"，天地不为自己着想，德配天地就是全心全意为众生服务。一个人悟了道以后，会做一个全心全意为众生服务的人。这就是大德，就是"孔德之容，惟道是从"。

老子说真正有道的人一定是大德的人，那我们就要问了，道是什么东西？

"道之为物"，如果把道形容为一个物，是没法形容的，任何对道的形容都是勉强为之，是什么状态呢？**"惟恍惟惚"**，"恍"是光亮，"惚"是讲的生灭，转瞬即逝。也就是说，如果拿物来比喻道，它有光，光能够展现出相，让你看得到，但它又不是恒定的，是转瞬即逝的。佛法里讲的"无常"就是道的现象，一旦显露为外物，外物的状态就不是恒定的了，就是无常。中国人的第一部经叫《易经》，"易"也是变化的意思。

"惚兮恍兮，其中有象"，讲的是道的显现虽然是无常的，它还是有相展现给我们的，并非不可捉摸。我们可以把道理解为内在的规律或者规则，它总是通过外在的物、运行轨迹来表现的。通过外在的表象我们可以体会道、展现道。

"窈兮冥兮，其中有精"，这是从哪个角度讲呢？是说大道深远，不可捉摸。"其中有精"怎么理解呢？就是大道在运行的时候看起来纷繁复杂、波谲云诡，实际上整个运行背后有非常精练的规律、有恒常的内容。

《易经》的"易"字其中一个含义就是易简，世间万物的变化看起来纷繁复杂，但其实可以归结为非常凝练的几条规律。世间万象，宇宙复杂，人类社会复杂，水满则溢，月盈则亏，整个世界变化无常，如果用一个字来概括，那就是"易"。这其实就是大道的显现，如果你悟了无常，懂得了阴阳之理，你已经不是一般人了。

第二十一章 道重在践行

精就是非常凝练，**"其精甚真"**。从纷繁复杂的宇宙中总结的那几条规律很真，而且**"其中有信"**，值得你信任，大道运行的几个极简练的规则值得我们信任，因为它很真实。比如"水满则溢，月盈则亏"，人类的文明史什么时候不是按照这条规律演化的？无论是一个团体还是一个朝代，开始的时候都有很多人用心尽力，往往起步快，可是到了事业高峰，在一片欢呼之声中就隐伏着巨大的危机，往往有了骄奢淫逸、贪污腐败……各种毛病开始积累，民风开始不好。社会的积弊到了一定程度，旧的朝代就要被取代了。宇宙也是一样，万物发展到一定程度以后，生命力会萎缩，开始消亡，然后再呈现出新的状态。人的身体也是，小的时候精力旺盛得不得了，到了二十多岁达到极致，像花一样，花开的时候最美，花开之后，种子就开始为下一个轮回做准备了。

宇宙和社会的变化看起来纷繁复杂，但其背后有着非常简单的规则。万法无常，我们看到的世界是无常世界的片段和幻影，多少人错把眼睛看到的当作真实。

《红楼梦》开篇讲到，青埂峰下，女娲娘娘补天剩下的石头由于沾了女娲娘娘的灵气，对人间有了感受，看了几千年人间的富贵温柔就动心了。它不懂得世界是无常的，觉得富贵温柔非常好。空空道人知道，小石头已经陷到对富贵温柔的喜悦和执着里去了，干脆让它走一遭，感受一下。于是，石头随着贾宝玉一起出生于富贵温柔之乡。你不是认为富贵温柔很好吗？我告诉你这是梦幻泡影，你不相信，那就让你感受一下，你真正经历了四大家族大厦将倾，小姑娘们香消玉殒，就知道万法无常，富贵温柔只是浮云而已。所以最后贾宝玉出家了。出的是无常的家、烦恼的家，去找不生、不灭、不垢、不净、不增、不减的真秘密了。

老子用各种语言去形容道，将道总结成非常凝练的几个规则，让我们去理解，还怕我们不信，特别告诉我们"其精甚真，其中有信"。

"自古及今，其名不去，以阅众甫"，古往今来，甚至从宇宙诞生就有这个道理。宇宙的"成、住、坏、空"，人类社会的兴衰成败，人生的悲欢离合，其背后都是道在起作用。以道观之，都是可以理解的。

最后老子说，**"吾何以知众甫之状哉？以此"**。我怎么会知道人类社会的兴衰成败与众生的悲欢离合呢？我站在大道的角度，这些都好理解。世间的兴衰成败都是道，朝代兴是因为它行了道，每当国破民穷的时候，会有志士仁人以三尺剑安天下，带着老百姓推翻残暴的统治，恢复社会秩序，建立下一个强大的王朝，这就是道的显现。有使命有修为的人，一定是为众生打拼的人，他们在国破民穷的时候以身家性命去为天下众生求一个太平，因此他们能建立王朝。他们的后世子孙如果骄奢淫逸，不懂得老百姓的疾苦，背离了道，王朝就会走向衰落，走向灭亡，被取代也是必然的。以自己的肩膀扛起天下黎民苍生，为天下众生去打拼的人都是真正的英雄，也能成就一番事业，反过来讲，如果王朝的统治者只顾自己吃喝玩乐，就从根本上违背了道，一定会被推翻，一定会被历史踩在脚下，被淹没。

我们学《老子》，一定要懂得尊重真理，拿着道去解读历史，就会懂得什么叫大英雄。为什么有的人事业兴旺发达，有的人事业走向衰落？其行不行道是根本原因。从个人角度来讲，什么叫有道的人？我们很难用语言去描述高深的境界，也说不清楚，悟道的人就是无我利他。一个人心里无我，就会有众生，想着为社会打拼、为众生服务，这种人天天念兹在兹的就是为民众谋福利，为大众谋福田，这就是悟道。那些政治家、思想家、科学家等，无一不是把自己的身家性命放下，为人类创造福田的人，他们在这个过程中成人成己，成全别人，也成全自己。

| 第二十二章 |

有智慧的人总是恰当地做事

> 曲则全，枉则直，洼则盈，敝则新，少则得，多则惑。是以圣人抱一，为天下式。不自见故明，不自是故彰，不自伐故有功，不自矜故长。夫唯不争，故天下莫能与之争。古之所谓曲则全者，岂虚言哉！诚全而归之。

我们学《老子》，很重要的目的是做一个有智慧的人。用有智慧的方法做事做人，会少很多挫折，能够更顺利一些。

"**曲则全，枉则直**"，看起来矛盾，曲怎么全呢？枉才能直，洼才能盈，敝才能新，这几句话看似矛盾，恰恰讲了非常深刻的道理。

这是说有智慧的人在做事的时候，会拿捏分寸，会用最恰当的方式达成目标，而不是直来直去。

"**洼则盈**"是说一个人如果知道自己有缺点，他就懂得"吾日三省吾身"，会经常反省自己、升华自己，这样他每天都在进步。如果他老觉得自己天下第一，比谁都高明，刚愎自用，一般就会遭遇重大损失。他就不会进步，反而会自寻死路。项羽就是谁的话都听不进去，觉得自己最高明，最后失败了。

"**敝则新**"，我们只有知道自己哪里不好才会去革新，知道自己哪个方面落伍了,才能奋发赶上,比如我当老师,最初听我课的人是"80后",现在是"00后",如果我觉得面对不同群体,我原有的认知结构是不够的,这就是"敝",知道有缺陷,我肯定会努力与时俱进,在认知、语言表达方面要日新又新。如果我认为自己很优秀,那我会永远停留在原来的水平上,几十年过去总是用同样的讲法,讲同样的故事,不懂得及时更新我的知识储备和讲课方法,也没有考虑到学生的不同,那我就会被淘汰。

"少则得,多则惑",讲一个人内心的欲望越少越能得到更多,如果欲望多了,会患得患失。一个人的欲望很少,内在充盈,智慧自然而然显现。对外在诱惑根本不动心的人才能把心用到一个地方,就像打井一样,认准了地方就往下钻,一直钻下去,他就会有成就,这就是"少则得"。如果一个人欲望特别大,比如一个知识分子又想评教授又想当官,还想做艺术大家,如此等等,在各种名闻利养里追来追去,结果患得患失,这个没得到就伤感,那个得到了就狂喜,最终内在的智慧没有提高多少,名片上写了很多头衔,就是没有真东西,这就是"多则惑"。

"是以圣人抱一,为天下式",是说圣人悟了道以后,看天下事、做天下事的时候,就能够把握规律,驾驭外在事物。"抱一"是指得道的状态。修得好的人,比如能够功成身退的人,张良、范蠡是怎么做的呢?战乱频繁,老百姓需要和平、国家需要稳定的时候,他们就披肝沥胆;当天下太平,武将功臣掌握着大量兵马会对皇权产生威胁,不利于天下稳定时,他们就把军权交上去,一方面消除了君王的猜忌之心,另一方面对社会的稳定也有非常大的积极意义。懂得了道,就能够按照道的规则去治理天下,比如秦朝刑法非常残酷,老百姓造反了。刘邦建立大汉王朝后,怎么治理?休养生息。他知道老百姓经过多年战乱,内心特别希望安定。所以解放奴婢,让士兵解甲归田,给他们土地发展生产。当时国家的强大需要人口,所以他颁布了一些政策,为人口的繁衍和国力的强盛打下基础,顺应了民心。圣人懂得了道就用道，顺道而为，道法自然，做事没有不成功的，当然如果背道而行，那必遭挫折。

"不自见故明"，就是一个人内心不固守己见，不刻意彰显自己，才能把事情看得清楚。有智慧的领导的心就像一面镜子，没有先入为主的成见，下属发表意见的时候，领导的内心像水一样安静，像镜子一样清明，没有故意倾向谁或者打击谁。他把所有人的观点都听完了，再去判断谁讲得好，谁讲得全面，谁讲得不好。如果他内心里有了成见，判断就会失误。所以我们听人汇报工作的时候，一定不要先入为主。

"不自是故彰" 是指一个人不固守自己，不自以为是，才会声名远扬。你越觉得自己了不起，越没有见识，越会被历史淘汰。真正有博大智慧的人从来不觉得自己特别伟大，越是这种人才越会名垂千古。孔子那么了不起，他却说"三人行，必有我师焉"，非常谦卑，反而万古流芳。越有智慧的人越谦卑，越能够看到自己的不足，越会被人民缅怀。

"不自伐故有功"，一个人千万不要觉得自己很伟大，只有觉得自己做得非常不够，还有很多遗憾，还能做得更好，才更有功。如果有了一点功劳，老觉得领导对不起自己，自己功劳特别大，就越没有功。

"不自矜故长"，人看重自己就会更矜持，觉得自己了不起，事业或智慧就不会长远，更不会被历史永远记住。"不自矜"就是从来不高看自己，也不觉得自己伟大。正因为有智慧，能看到自己的不足，才从来不觉得自己伟大，不觉得自己了不起，不会张狂，反过来，张狂、飘飘然都是灭亡的前奏，很多人倒霉就倒在这一点上。

"夫唯不争，故天下莫能与之争"，真正有道、无我的人，没有争的心。一个人如果内心有黎民苍生，他争什么呀？这种人只干一件事——追求人格的完满，力所能及地为社会、人民创造实实在在的福利。这种人"天下莫能与之争"，他符合道，天下也不负他，历代开国帝王、一代雄主都以天下兴亡为己任，最后才能得天下。有的企业家只想自己赚钱，而有的企业家就想满足社会需要，让老百姓生活得更幸福、更方便，带着这种初心去研发产品，开发服务模式，最终造福了社会大众，也赚得盆满钵满。

"**古之所谓曲则全者，岂虚言哉**"，是说历代有智慧的人都懂得曲径通幽，采取最恰当的方式做事。比如有人说，企业家不就是为了赚钱的吗？其实有很多企业家就不谈钱，反而谈怎么给社会造福，这类企业家最终也取得了成功。反过来讲，一个人整天谈钱，把利益挂在嘴上，大家都警惕他，远离他，他最终反而赚不到钱，因为谁也不敢跟他打交道。无我的人才能成就大我。

"**诚全而归之**"，真正有智慧的人最终是内外圆满，既实现了自己智慧的圆满，也干成了一番利国利民的事业。真正懂道的人应该既把自己修成有道的人，又利国利民，全心全意为众生谋福利，做万古流芳的大好事。

| 第二十三章 |

众缘和合更利于成功

> 希言自然。故飘风不终朝,骤雨不终日。孰为此者?天地。天地尚不能久,而况于人乎?故从事于道者,道者同于道,德者同于德,失者同于失。同于道者,道亦乐得之;同于德者,德亦乐得之;同于失者,失亦乐得之。信不足,焉有不信焉。

这一章讲了人生的几种状态。**"希言自然"**,"希言"就是很少说话,这句话的意思是大自然行不言之教,它不用说话,没有语言,但是它背后运行的都是道的显现。道在哪里?道在一草一木、山河大地间,我们到哪里寻道?要用一颗智慧的心去自然界或者各种状态里领会道理或者学习智慧。

"故飘风不终朝,骤雨不终日",大自然怎么体现道呢?如果风刮得特别大,可能一个早晨就停了,不会刮很长时间。那种特别迅猛的大雨可能下不了很长时间,往往绵绵细雨下的时间会更长一些。大自然告诉我们,越是狂风骤雨,持续的时间反而越短。这个世界是无常的,始终在变化。明白了这一点,你就懂得了身边的美好也好,烦恼也好,都是不终朝、不终日的,无非是人生的一种风景,都会随风而去。

这一段告诉我们，要善于从自然界的生灭变化中体会人生的道理，如果你有智慧的眼睛和善于学习的心态，你就会明白生活的点点滴滴背后都是道，哪里都有大道的显现。关键在于你有没有智慧能看清。

"孰为此者？天地"，为什么世界无常呢？为什么世界是变化的呢？天地为什么是天地？法尔如是，所以我们要活出一个觉悟来，这是个变化的世界，也是个无常的世界，我们看到的现象都不是永恒的，都是人生某一种风景的展现。

这告诉我们要善于从自然界学习，而且自然界是变化无常的。我们内心要懂得，不要迷恋自然界的现象。如果我们认为某些现象是永恒的，当现象随风而去的时候必然会痛苦。

"天地尚不能久，而况于人乎"，天地间很多现象，比如阴天晴天、花开花落，是没有永恒的，花开得再美也会凋落。当你风华正茂的时候，其实岁月的痕迹就已经出现了。这就是自然规律，各种现象都无法永恒，人更是这样。所以，我们说人生如白驹过隙，时光易逝，青春易老。在中国古典诗词里，有特别多感慨人生易老、人生况味的句子，大家可以去品味一下。

"故从事于道者，道者同于道"，如果你修到了得道的状态，道和你就是一体的。真心修道的人，把自己的一切都放下而去修道，道和他是一体的。

"德者同于德"，把万缘放下去修德的人，德和他是一体的。道和德看起来是不一样的，层次稍微有点区别。我们可以理解为人心完全清澈明亮的时候，道在心田自然涌现，人就和道是一体的。德的层次比道稍微低一点，有一点刻意为之。

"失者同于失"，如果你背离了道和德，那你的因果也一定是缺德缺道的。"道者同于道，德者同于德，失者同于失"，讲了人生的三种状态：真正求道的人内心一片澄明，和道融为一体，境界最高；有德的人，尽管有些刻意为之，也非常伟大；背道失德，追求什么样的因，就有什么样的果，是自然而然的。这告诉我们每个人做事或者采取某种行动的时候，一定要把其中的因果律想清楚。老子希望我们做觉者，做符合大道的人，那样人生很多不必要的坎坷和波折就不会出现。说白了就是实际上很多事都是人自找的，不是本来就有的。

"同于道者，道亦乐得之"，这是个形象的说法，就是如果我去追求大道，道也自然和真心求道的我是一体的。我真心求德，德也自然和我是一体的。如果我是一个背道离德的人，那我也必须承担违背道和德的果报。像孔子这样的人，一辈子追求仁义道德的境界，"求仁得仁，又何怨"，最后就进入了内心仁义道德的境界。

"同于德者，德亦乐得之"，一个人本来应该有道和德，要用国家的公权力为人民服务，为大众谋利，如果他拿着公权力为自己谋私利，那就是背道离德，最后做出违法乱纪的事，也必须承担相应的后果。

有一句话叫"菩萨畏因，凡夫畏果"，意思是有智慧的人做事的时候，知道种下了因以后，果是什么，这种人就是觉悟者。我看过一个报道，警察抓到了一个惯偷，问他为什么这样做，他说不偷就不舒服，甚至觉得偷东西是很快乐的事情，可到商场里偷东西被警察抓到了，甚至要坐牢，他又痛哭流涕，表现得很可怜。他在起心动念想偷的时候，不去约束自己，在需要承担后果的时候，又难过得不行，这就是在因上没有注意，到了要承担后果时，后悔也没有用。所以，这几句话给我们很明确的指导，我们做事的时候要注意，要清楚自己追求的人生境界是什么。

"信不足，焉有不信焉"，这句话的意思是，如果你不怎么讲诚信，那别人恐怕很难信任你。比如公信力是大家对政府机关的信任，如果政府言必信行必果，对老百姓的承诺都实实在在做到了，老百姓慢慢就会建立对政府的信任。出现谣言了，政府辟谣，政府说什么老百姓都觉得政府说得对。因为一直以来，政府对老百姓都是讲信用的，老百姓自然信任它。可是如果政府对老百姓许诺了很多，却又做不到，轻诺寡信，说得多做得少，后面当他们再给老百姓做出承诺时，即便是真心想去做的，老百姓都会发笑，因为他们已经不信任政府了。当一个政府没有公信力的时候，说什么老百姓都怀疑甚至嘲笑的时候，那就岌岌可危了。因为政府的力量来自民众的支持和信任。

这对我们今天做人做事都是特别有启发的，包括朋友之间的相处。如果你对朋友特别好，生意伙伴都认为你是特别讲诚信的人，你说出的话大家都信任，就是信足。如果你在跟朋友打交道时，有时候话说得很满，实际上做不到，慢慢你就会失去朋友的信任，这就是信不足。这会让大家认为，你是一个不讲信用的人。如果哪一天你有了好的商业机会，真需要别人跟你合作，恐怕连合作伙伴都找不到，这是你平时不讲诚信累积的后果。这个后果就很可怕了，孤军奋战是很难成功的。

这一章告诉我们，要提高自己的境界，同时在为人处世方面要讲信用，只有讲信用，别人才能信任我们。尤其在今天这个时代，一定要众缘和合，大家团结起来才能干成一番事业。可是靠什么来团结？靠德行、诚信，让人觉得你是个可靠的人特别重要，得到别人的信任才会有真正的好朋友团结在你身边，从而干成一番事业。

第二十四章

修道者当有赤子之心

企者不立，跨者不行，自见者不明，自是者不彰，自伐者无功，自矜者不长。其在道也，曰余食赘行。物或恶之，故有道者不处。

做任何事都要符合规律。欲速则不达，操之过急，违背真理，结果往往事与愿违。

"企者不立，跨者不行"，企者想站得高，恨不得踮着脚。你本来是身高一米六的人，要跟身高一米八的人站在一起，恨不得脚尖都直立起来，这就是"企者不立"。因为你的身高本来就不高，没办法跟身高很高的人相比。有的人走路贪图快，一步当作三步，别人走路迈一步一米，他恨不得一步走两米，腿筋都要拉断了，这叫"跨者不行"。这其实讲的是什么呢？如果大家读了《老子》就知道，那种急功近利的人，主观欲望都特别强，违背了大道的规律，老子明确说了这样不行，每个人都要遵循道。

"自见者不明，自是者不彰，自伐者无功，自矜者不长"，讲的都是违背道的人，没有智慧的人的表现。

"自见者不明"是老显摆自己聪明，比如在大家吃饭、交朋友时，会发现饭桌上有些人喜欢插话，唯恐别人看不到他聪明，故意显示自己聪明。越是这样做的人越只是小聪明，甚至不聪明，总是找机会显示自己多聪明，其实表露出来的都不是聪明。

"自见者不明，自是者不彰"，有的人老是想突出自己，肯定自己，想通过说自己的功劳得到别人的赞赏。其实，你肯定自己，表彰自己，别人不认可也没有用。在待人接物过程中，老是显摆自己聪明、说自己多了不起的人，是最让人讨厌的。

"自伐者无功"，这种人唯恐别人淹没他的成绩，翻来覆去向别人介绍自己有多大功劳。他们也许有一点功劳，但是自己说多了以后，那点功劳都会让别人觉得讨厌。老是在别人面前显示自己做了多大贡献的人，反而无功。我观察生活中有些人，他们确实是善良的人，也确实帮了别人，别人也真的对他们心存感激，但是他们这辈子就帮了别人一两件事，却天天把自己那点功劳挂在嘴边，翻来覆去地说，让所有人都知道他们帮了人，结果是他们本来有点功德，别人也看不起他们，认为他们讨厌。

"自矜者不长"，矜是自夸，自己夸耀自己，越是这样做，别人越不会觉得你了不起，反而会看不起你。

自见者、自是者、自伐者、自矜者，都是智慧不够的人，他们的行为都与大道相背离。老子说，如果一个人领会了大道，真正有智慧，**"其在道也，曰余食赘行"**，就像是本来吃饱了，多吃一口都对身体有害。"赘行"就是画蛇添足。对于得道者来说，多余的东西永远都不要有，画蛇添足反而是一种病态。

真正有智慧的人从来不夸奖自己，不说自己的功劳，也不会觉得自己了不起。地位如何，历史对你的评价如何，大家对你是否认可，其实并不由你说了算，这取决于你给社会做了多少贡献，给别人创造了多少价值。

有一位禅宗大德虚云老和尚，特别了不起。他给母亲祈福，从普陀山起香，三步一拜，一直拜到五台山。他说要把所有朝山的功德回馈给母亲，三年时间，经历酷暑隆冬，他都没有违背承诺。后来在高旻寺打禅的时候他开悟了，还自己写诗描述境界。当时他在"打禅七"，做"护七"的一位师父给他倒水，他拿杯子去接水，结果那位师父把热水倒在他手上了。他吃痛，杯子失手落地，碎了。他脱口而出："杯子扑落地，响声明沥沥。虚空粉碎也，狂心当下息。"这几句话的意思就是，虚空粉碎，大地平沉，生死的事就在这个地方了了。他开悟了。他总是很谦卑地说自己是山僧，是住在山里的一个很普通的僧人，说自己没修没证，也没有什么智慧，只是多活了几年，多吃了几年饭。

看到这种话我非常感动，因为他是中国禅宗史上几百年才出一位的大德高僧。我多年以前读到他的故事，深受影响。他证悟的境界及做出的表率，可以成为世间很多人学习的典范，给中国禅宗文化做出的贡献也是划时代的，做到了这些，不用他自己说，历史自然会给他一个公正的评价。

人的地位是由大道的规律决定的，道很公平，你给社会做了什么，因果是有公论的。一味表现自己，夸耀自己，故意彰显聪明，恰恰证明修得非常不够。所有学科里自称大师的人，请一定多加留心。我这一辈子不吹捧自己，也绝不允许别人吹捧我。但凡自己走向神坛或者被别人吹捧走向神坛的人，后果都不太好。每个人老老实实尽自己的本分，在家里孝敬父母，作为人民对国家忠诚，作为知识分子对祖国文化担负起使命，把自己的角色做好就行，至于历史怎么评价、别人怎么评价，就交给历史，交给别人，千万不能自以为是，自我夸耀。

老子讲了自我表扬、自我夸耀那种人，**"物或恶之"**，让人讨厌。所以**"有道者不处"**，真正有智慧的人不这么做。

自见者、自是者、自伐者、自矜者，都是内心有小我的人，他们也许做了一点贡献，但是并不是真心为了别人好，只是为了彰显自我价值，彰显自我尊严。我们老说不管你做什么，骨子里是为了自己，那就是自私，在道德上是不足称道的。

一个人无论做的事大小，发自内心想帮别人就好。山东有一位企业家现在做得不错。三四十年前，他家里特别困难的时候，他从山东到河北去讨饭，很多人家里有狗，他不敢进去。有一家没有狗，他又累又饿，倒在人家门口。那一家也很穷，他醒过来后，这家的老妈妈给了他玉米粥和几块红薯，又送了他几块红薯让他带走。红薯是很普通的东西，可是这位老妈妈在自己很困难的时候能把红薯拿出来去救活别人，这就是有德，这就是有道。后来这位企业家赚钱了，经济条件好了，他每年都拿着几万元钱专门去感谢那位老人家。他说，那几块红薯救了他的命，他这辈子无论赚钱多少，永远会把老人家当成自己的妈妈来看待，在他最困难的时候，那几块红薯比多少钱都宝贵。知恩感恩，这才是有德行的体现。

还有一则故事值得思考。古代有一个商人，到处去做生意，还到寺院里供养大德高僧，想要换一颗佛珠，挂在身上保平安。高僧告诉他，你妈妈给你做的坎肩比我的佛珠还要有力量。他不理解，问：真那么神奇吗？高僧说，你妈妈给你做坎肩的时候，一针一线都寄托了妈妈对儿子的爱，和祈求你平安归来的心愿，那力量比我给的佛珠的力量大。

看到这个故事的时候，我内心很受触动。人这一生中，什么是伟大？不在于钱多少，不在于行为怎样，而在于赤子之心。那些善良的人给我们的帮助，身边亲人给我们的帮助，不是为了他们自己。这种赤子之心，善良、无私，永远值得我们感恩和学习。

这一章给我们讲了人应该有的状态，那就是要遵循道，种什么因就有什么果，千万不能急功近利。我们没有足够的奉献，没有踏踏实实学习安身立命的真本事，没有肝脑涂地给国家服务，就想过得好，想有尊严，那都是痴心妄想。踮着脚想一步走三步远，也是不可能的事，饭是一口一吃的，路要一步一步走，要遵循规律。我们给别人、给社会创造了足够的价值以后，才能得到认可。真正有道的人内心是没有自己的，他为别人做的事，对别人做出的奉献都不是为了自己，不是为了彰显自己的价值，不是为了彰显自己的伟大，不过是诚心诚意地帮别人而已。

第二十五章

行道者，不忘初心

> 有物混成，先天地生，寂兮寥兮，独立不改，周行而不殆，可以为天下母。吾不知其名，字之曰道，强为之名曰大。大曰逝，逝曰远，远曰反。故道大，天大，地大，王亦大。域中有四大，而王居其一焉。人法地，地法天，天法道，道法自然。

这一章对道做了概括性的描述。

"**有物混成，先天地生，寂兮寥兮，独立不改，周行而不殆，可以为天下母。吾不知其名，字之曰道，强为之名曰大**"。老子通过修证，体悟到宇宙万象背后有一个运行规律，这就是道。下文对道与我们生活的世界的关系做了描述，"**大曰逝，逝曰远，远曰反。故道大，天大，地大，王亦大**"。老子将大道运行概括为四个方面：天、地、人、道，"**域中有四大，而王居其一焉**"，人为其中一个方面。对这几者的关系，老子概括为："**人法地，地法天，天法道，道法自然**"。

这一章可以说是《老子》思想的浓缩，所以格外重要。

先看老子证到的境界，"**有物混成**"，道不可以用一个很清晰的，像物理学、化学、生物学一样的自然科学概念去准确描述，"混成"是老子通过修证感觉到宇宙万象的背后是有规律的，而这又不能用很具体清晰的语言来描述。道是"先天地生"，宇宙背后的道和我们看到的天地是什么关系？我们看到的只是当下的宇宙。现代宇宙学中有一个代表性理论，认为现在的宇宙是大爆炸产生的。这一理论的创始人之一埃德温·哈勃发现，用望远镜观测天体的时候，远处的星系正急速远去，而近处的星系在向我们靠近，也就是说宇宙在不断膨胀，科学家们由此推测一百多亿年前宇宙只是一个点，后来产生了大爆炸。

宇宙产生之前就有道。道是宇宙背后的规律，永远存在，旧的宇宙消亡，新的宇宙产生。新的宇宙经过成、住、坏、空，或者用哲学语言来说是产生、发展、消亡，消亡之后又有新的宇宙。在生生灭灭的过程中，道永远存在。

"先天地生"，也就是说，现在看到的宇宙不过是大道运行的具体体现，在宇宙形成之前就有道了。"寂兮寥兮"是讲大道不动声色，无边广远。道不露声色就可以"随风潜入夜，润物细无声"，隐含在广阔辽远的宇宙之中，无处不在，无时不有。

"独立不改"，道生成的运作规律无人能改，它自己运行，没有人能操纵道。没有外界力量施加给道，这就是"独立不改，周行而不殆"。宇宙的任何空间都有道在起作用，而且道永远不会消亡。"可以为天下母"，就是所有宇宙的运行规则都要遵循道。

老子通过自己的修证体会到，在无边无际、广大辽远的宇宙产生之前还有宇宙，宇宙背后运行的规则就是道。我们看到的天地宇宙，之所以是现在这个样子，背后的规则同样是道。

之后自然就要下定义，但老子说"吾不知其名"，我也不好给它起个名字，"字之曰道"，那就给它起名叫道。道有什么特点？我们走的路叫道路，如果哪个地方险象环生，有的人偏不走正道，要走邪路，结果就死。道就是规律，每个生命按照规律走是最安全的，所以有个词叫康庄大道。如果违背了规律，不仅会身败名裂，甚至会有生命危险。

道在宇宙空间无处不在、无时不有，所以"强为之名曰大"，就是形容道无边无际，辽远广阔。无边无际到什么程度？"大曰逝"，逝是流动的状态。孔子对"逝"这个字做了最精彩的说明，他有一次在河边看着奔腾不息的河水说，"逝者如斯夫"，奔腾不息的流动状态就叫逝。道的第一个状态不是静止的，道的力量决定着、归置着宇宙的力量，它是生生不息的，随时都在运动。伏羲给这种随时变动的状态起了一个名字叫"易"。

古希腊哲学家赫拉克利特曾经对宇宙做出描述，说我们生活的宇宙是永恒地按照一定规则燃烧的一团火，火苗忽高忽低。所以东方和西方的哲人，对背后操纵和归置宇宙的力量都有一定的认识。

"逝曰远"，远是讲力量，它遍布宇宙的每个角落。这个能量就是关系着宇宙运动的力量，存在于宇宙空间的任何角落。

"远曰反"，任何事物发展到极致的时候都会往相反的方向发展。水满则溢，月盈则亏，物极必反。为什么说人要谦卑呢？一个人张狂到一定程度，危险就到了，这是铁律。任何国家发展到一定程度，如果不懂得居安思危，不懂得不断反省和海纳百川，就很难继续往前发展了。我们不过多评价其他国家，可以对自己国家的历史进行反思。在人类文明史上，中华文明应该说在绝大多数时间是先进的、领先的。可是到了清朝，统治者把一顶"天朝上国"的帽子戴到了自己头上，这就预示着要开始走下坡路了。我们学中国传统文化的人，一定要懂得对自己的文明进行深刻的反思。"天朝上国"自以为是人类文明史上最先进的国家，有了这种想法，目光就会变得非常短浅，面对比我们更先进的知识，会丧失学习的动力，面对不同文明的巨大的威胁，会丧失警惕性。所以中华民族给自己酿了一杯苦酒。1840年的鸦片战争，隆隆炮声打开了我们的国门，带来了一百多年的苦难与血泪。当然,对帝国主义的侵略行径,我们还是要强烈谴责,可是,从反思的角度,我们要知道清人在把"天朝上国"的帽子戴在头上时,已经有大难临头的前兆了,物极必反。

讲文化的时候,经常有人问我,我们这个民族能不能复兴?我说以人类历史发展的规律来看,中华民族伟大复兴是谁都挡不住的。但是我们更应该思考,复兴之后怎么做。如果说我们这个民族经过一百多年的苦难和血泪,之后发愤图强,很快走上了发展的快车道,在物质文明和精神文明方面都取得一定成就,这恐怕不是很难。关键是我们以后不能再走老路,不要发展到了一定程度后又开始骄狂、飘飘然,又开始走封闭僵化的老路。如果因此而造成中华民族再次经受血泪和苦难,那就太可悲了。

孔子曾经评价颜回"不贰过",就是同样的错误颜回不会犯第二次。"天朝上国"的迷梦,封闭、僵化、作茧自缚、故步自封带来的灾难,我们要吸取教训,以后不管发展得多好,要记得永远保持清醒、谦卑,知道自己还有很多缺点需要克服,永远能够张开怀抱去拥抱和学习其他民族的文明。我们一定要能承担这个责任和使命。

如果你是一个企业家,取得了一点成就,千万不能有一丁点儿的张狂,要不忘初心。赚的钱越多越应该有敬畏之心,敬畏时代,敬畏国家,敬畏人民,应该尽更多的社会责任,将所得利益与社会分享。

老子对道做的描述:逝,生生不息;远,无边辽阔;反,物极必反。我们生活的宇宙,道大、天大、地大、人亦大。宇宙背后的力量是道,人站在地上看天,是无边广阔的寰宇。天、地、人背后的力量都是道。道的运行,生生不息的力量,贯穿、渗透和体现在天、地、人中。老子对道、天、地、人做了总结,说"域中有四大",我们生活的空间,人居其一。为什么老子把人看得那么重要呢?宇宙间有各种力量,人和其他力量相比最大的不同是人能"自觉",能通过觉悟领会道。

从这个意义上,老子单独把人从宇宙中拎出来,与道、天、地并列。人是万物之灵,心性中有一种天生的能力——对宇宙背后的道进行证悟。老子对天、地、人、道四者的关系做了经典概括。"人法地",每个人都出现在特定的坐标里,受制于时空,比如在这个时空里,现在是秋天,北风一刮,温度就下降,你再穿着夏天的短裤,就可能感冒。再往后到了冬天,你更得用羽绒服把自己包裹起来。"人法地",法是遵循、效法,人生活在时空里,必须遵循大地的时节变化,生活起居和生活规律必须和时节保持一致,否则活不下去。"地法天",大地运行的规则效法和遵循的是天道,比如地球围着太阳转时,有固定的轨道,如果不遵循轨道,大地也是没法存在的。"法"还有更深的层次,"天法道",天背后的运行法则是道,要效法和遵循道。

老子首先从最小的人讲起,人生活在地上,所以要效法、遵循地,地的坐标在宇宙空间,它要遵循天,而天要遵循整个宇宙背后的运行力量——道,最后,老子对道做了描述。谁给了道力量?中国人把一切运行背后的力量叫道,道的力量来自谁?"道法自然"。道为什么这么运作?没有任何神秘力量赋予道这种力量,道自然就这样,道自身能量就是这么运转的。中国文化的认识,应该说相当深刻。是谁让孔子成为圣人的?是他母亲吗?是他父亲吗?是神秘的力量吗?不是,孔子成为圣人,是他自己选择的,是他自己通过生命证出来、行出来的。

佛陀十九岁时出去寻求解决人类生老病死的规律,是有人让他去的吗?是他自己在青少年时期看到的、听到的,闻思修,他自己思考的问题,他自己决定的人生。

"道法自然",自然而然,这个力量非常大。我们常说有人迷信,迷信是你自己迷失了,你找不到力量,找不到生命的出口,找不到活这一辈子的意义和价值。你不知道生命该怎么安排，进而祈求外在的东西能够救赎自己。觉是什么？真正的觉一定是自觉，知道自己的生命该怎么安排，知道一生活着的意义，是自己活一个大写的人，而不是外在力量让你怎么活。在对生命、对国家、对老百姓做交代时，也不受任何外在力量的逼迫，而是自动做出选择和安排。

自觉，是中西方哲学中最伟大的力量。中华民族的文化最尊重人的尊严，抛除一切外在神秘的力量对人的干涉，主张每个人都要活出人的尊严，安排自己的人生，决定自己人生的意义和选择，活出终极价值。

这一章特别特别重要。我觉得，用所有外在的力量启发、教育人，其最终目标是要让每个人做个自觉的人，让他自己觉悟到生命的意义和价值，决心用自己一生的时光活出人生的意义，安排自己的一生，做一个利国利民的人。这时，真正的教育就完成了，所以无论是家庭教育、学校教育还是社会教育，最终的目的都在于自我教育，简称为"自觉"。

是谁给了道力量？老子非常清楚地告诉我们，没有任何力量给道力量，道之所以这样运行，是它自己决定的，本来如此，法尔如是。

| 第二十六章 |

智者圆融看待世事

> 重为轻根,静为躁君,是以圣人终日行不离辎重。虽有荣观,燕处超然,奈何万乘之主,而以身轻天下?轻则失本,躁则失君。

凡事都有轻重缓急,智慧的背后,必有根本。

"重为轻根",这四个字是告诉我们做任何事一定要按重要性把次序分出来,什么对我们是最根本的,什么对我们不那么重要,一定要清楚。我们这一辈子精力有限,有时候,面临的是多重选择或者多重方案,如何取舍,考验的是一个人的智慧。所以有数学老师说,要做好人生的加减乘除。这是有智慧的人说的话,减就意味着在面临多重选择,但精力有限的时候要减去对自己最不重要的选择,选择对自己最重要的,并把它做好。人生也要分出轻重次序,面临多重选择的时候,要懂得把最重要的根本抓住,其他不那么重要的问题会随着局面的打开而得到解决。

比如年轻人上中学的时候最重要的是成长,要拼命扎根去吸收营养,营养越好根系越深,枝干长得越好,吸收阳光能量的机会也就越多,这样结的果实最丰满、最丰硕。

懂得这样做的学生就抓住了人生的重点。

"静为躁君" 讲的是定能生慧。静就是定力，人一辈子所有智慧都来自静，来自定力。我们说一个人聪明，实际上是因为他有定力，从而生了智慧。人要培养定力，在面对诱惑的时候不为所动，心浮气躁就容易让自己犯错误，被情绪控制。

这八个字既告诉了我们什么叫轻重、根本，又告诉了我们定能生慧。

接着老子又告诉我们圣人的状态：**"是以圣人终日行不离辎重"**，圣人悟了这个道理，每时每刻都能把这个道理落实在行动中。"辎重"就是道、智慧，真正悟了的人言谈举止的每个细节都体现了道，会用智慧来指导人生。

有智慧的人的状态是**"虽有荣观"**，"荣观"就是繁华，有很多诱惑，一个人在花花世界，面对声色犬马，要**"燕处超然"**。"超然"是《金刚经》里讲的"对境不生心"，面对灯红酒绿，众多诱惑时，身处其中，但是不为所动。

"奈何万乘之主，而以身轻天下"，这句话讲的是轻和重的关系。"万乘"，在古代，一个国家能有上万的车马就是大国了，用今天的标准来看就是有几亿人口的大国。我们可以这样理解：大国的国君就是万乘之主。老子说"而以身轻天下"，是指一个大国的国君喜欢吃喝玩乐，喜欢自己享受，结果忘了为天下人服务，这就错在把根本丢了。老百姓是根，江山社稷是根。国君要为江山社稷着想，为老百姓着想，让江山社稷万古长青，让老百姓幸福安康，而不能只想着自己吃喝玩乐。古代很多皇帝后宫佳丽成百上千，纵情声色，结果不仅消耗精力，也把为江山社稷和老百姓服务的责任丢了，这就是"而以身轻天下"，最后国家会迅速衰败。

唐朝的"开元盛世"可以说是最昌盛的时候，杜甫诗中说"忆昔开元全盛日，小邑犹藏万家室"，讲的就是开元盛世时一个普通家庭的米都吃不完。古代农耕社会普通家庭达到粮食吃不完的富裕程度，完全可以表明国力充实。国君的职责是要为天下黎民苍生谋福祉，不能把大多数时间放在声色犬马上。结果安禄山兵变，大唐盛世急转直下。"国破山河在，城春草木深。感时花溅泪，恨别鸟惊心"，讲的就是安史之乱时老百姓在战乱和血腥之中惶惶不可终日的情景。天宝三载（744）唐朝人口有6300多万，安史之乱后人口为1690万（《资治通鉴》记载，唐代宗广德二年，即764年安史之乱平息一年后数据），这是多让人难过的悲剧，是由累累白骨和老百姓的血泪铸成的教训。

如果当时唐玄宗能够将时间和精力用在全心全意治国安邦上，用在为老百姓谋福利上，少一点吃喝玩乐，国家也许就是另外一个局面了。这告诉我们，"万乘之主"如果分不清轻重，不知道什么是对自己最重要的，是多可悲的事。

每个人都要懂得轻重，比如很多小孩沉迷于游戏，把最重要的学业丢了，把人生事业和大好青春时光浪费了，这不就是分不清轻重吗？

最后老子告诉我们，如果做了最不该做的事，对不该珍惜的格外珍惜，该做的事反而没有做，最该珍惜的没有珍惜，颠倒了轻重，则会付出沉重的代价，有时甚至会把命赔进去。一个人心浮气躁，遇到诱惑就怦然心动，遇到外部干扰就把持不住，不仅会把智慧丢了，甚至该做什么、不该做什么也分不清楚，这不就是个糊涂人吗？失去了正确把握自己的能力，就叫**"轻则失本，躁则失君"**。

这一章特别重要，它告诉我们圆融的智慧：一定要分清轻重。我们不可能把人生的所有事情都处理好，也不可能把所有机会都把握好。这本来就是个残缺的、不圆满的世界，我们要能分清轻重。在有限的时间里把最重要的、最根本的事抓住。这样，人生的局面就能打开了，虽然会有点小遗憾，但是整体不会出大问题。我们面对干扰和诱惑的时候，要尽可能不为所动。保持定力再看花花世界时，就有一份清醒的智慧，就能把握得住自己，否则就会让自己置身于不利境地。知道轻重，保持定力，这是我们一辈子的功课。

| 第二十七章 |

天生万物皆有用

> 善行无辙迹，善言无瑕谪，善数不用筹策，善闭无关楗而不可开，善结无绳约而不可解。是以圣人常善救人，故无弃人；常善救物，故无弃物，是谓袭明。故善人者，不善人之师；不善人者，善人之资。不贵其师，不爱其资，虽智大迷，是谓要妙。

有大智慧的人，面对种种问题，总是有各种办法。

老子先对社会中一些聪明人的行为做了一个概括，之后引出他想说的话。"**善行无辙迹**"，就是善于行走的人或者善于驾车的人，没有辙迹。怎么理解呢？下雨之后，土地有一些松软，这时驾着车或者推着车走在路上，如果已经有人走过这条路，把泥土轧得很结实了，你的车再经过时就会很轻松；如果还没有人走过，你第一个走，车辖辘会深深轧进泥土，前行起来会很费力气。所以，聪明人会选择该走的路。

"**善言无瑕谪**"，非常会说话的人、有智慧的人，说话很少有瑕疵。孔子有句话，"攻乎异端，斯害也已"，一个人说话的时候讲一些偏激的话，最终会把自己害了。一个人说话非常偏激，容易把问题的某一方面推到极致上去，他的话必有很多毛病，被人家指责或者抓住把柄，最后给自己找麻烦,甚至会有牢狱之灾。

我们国家有几千年的历史传统,有非常厚重的文化底蕴,还有14亿可爱的人民,众志成城,这都是优点。但也有一些值得我们反思和改进的问题,几千年历史里还有很多需要清理的污垢。这么说算是做了比较客观全面的概括。如果不"善言",有的人只抓住某些社会问题不放,把中华民族的伟大置于一旁,对国家的可爱之处只字不提,只攻击国家的问题,那他看问题就太偏激了。反过来讲,如果只看到国家的优势,忽视了问题,也是危险的,因为这会让人陷入蒙昧而不自警的境地。

"**善数不用筹策**","筹策"是什么呢?就是古代算数的时候用的竹签。你有3根竹签,他有10根竹签,加起来共13根竹签,这种计算方式是很低层次的,特别会运算的人不需要摆竹签,心中就算出来了,这就叫"善数不用筹策",就是不用借助外在工具,有很强的运算能力。

"**善闭无关楗而不可开**","关"和"楗"是古代门上用来固定门的装置。古人造木门都有机关,能非常机巧地把门关上。能工巧匠就有这个本事。

"**善结无绳约而不可解**",善于结扣的人不需要专门的绳子,甚至不用打明显的结,就可以让你解不开。这说的是能工巧匠的技能。

《老子》讲了善行、善言、善数、善闭、善结这几类人,我们可以把他们总结为能工巧匠,或者非常聪明的人,他们做事很周全,很有方法。

说完这些人的情况之后,又引出老子想说的话,圣人是"**常善救人,故无弃人**"。有的老师说,有些学生简直不知道应该怎么教育,其实孩子都有各自的特点,如同每一把锁都有能打开它的钥匙。圣人的眼里,人人可教,关键是能否找到适合的方法。《中庸》里就有"天之生物,必因其材而笃焉"之句,上天生养的万物都有独特的本事和作用。如果没有办法开发和利用,只能说明自己的智慧不够,没找到打开这把锁的钥匙,没有找到帮助启发这个孩子或者让这个孩子变成有用之才的方法。圣人智慧广大，能救人，可以根据不同人的特点，找到让他们发挥作用的办法。

战国时期有个人叫公孙龙，特别会咬文嚼字，特别讲究逻辑。传闻所有跟他交朋友的或者追随他的人必须有一技之长。有一天来了一个人说要追随公孙龙，公孙龙就问他有什么本事。这个人说他嗓门大。公孙龙其实内心并没觉得这个人有多大本事，但是他很尊重人，就问身边的人，追随自己的哪个人嗓门大？那些人说他们嗓门都一般。公孙龙说既然如此，嗓门大也算优势，就把那人留下了。公孙龙有一次带着学生出游到了河边，河水白茫茫一片，没有船。大嗓门的人站在河边大喊了几声，喊声方圆几里都听得非常清楚，不一会儿一艘船就摇过来了。一般人以为嗓门大没有什么好处，这是没有把人家的长处用在该用的地方。

鸡鸣狗盗的故事讲的也是这个道理。孟尝君要抓紧时间出城，城门要到鸡叫的时候才开，会鸡叫的人模仿了鸡叫，结果城里的公鸡也都叫了，城门提前打开。圣人有智慧，能够发现每个人的长处，把每个人的长处用在最该用的位置。

我当大学老师的时候，曾经带过一个学生，他特别喜欢上网。相信我们每个人都有上网的习惯，只是这个学生有点过分，他有网瘾，有时候通宵上网。他家里人知道了这个情况很着急。这事对我来讲也是个烦恼——批评这个学生，他会忏悔自责，但是忏悔自责完，照样去上网。后来我跟他进行了一次长谈。

我问他为什么这样做，他就哭，说控制不住自己。我说光自责不行，得想一下将来是不是可以往这个方向去找工作，他说自己倒是特别愿意跟网络打交道，如果能找一个和网络相关的工作，那真的是太好了。我问有哪些工作岗位与网络相关，他说有工程师、游戏开发师，还有网管，等等。我又问他以他现在的能力能干什么，他说能干网管，而且他特别会打游戏，打游戏的人出现的技术问题他都能处理。后来我告诉他，千万不要再夜不归宿，上课之余他可以去当网管。这样既解决了他上网成瘾的问题，又能发挥他打游戏积累的长处。后来，他过得比较舒心，也能来听课了，每门课都能考及格了。事后我也思考过，如果一味批评他，告诉他上网不对，只是指责他，而没有给他找到一条出路，他会过得非常苦，那种指责也没有用。

我们要学圣人，不要被固定的思维方式限制，老是拿着一种模式去教育孩子，认为有些孩子可能没救了。比如有些家长喜欢说，孩子考上公务员，进了事业单位，才有出息，其他工作仿佛就是不务正业，这种观念非常害人。有的孩子坚决不进体制内，就是要去创业，如果你抱着老观念不放，认为这种孩子没有出息，那就大错特错了，其实人家不是一般的有出息，还可能特别有出息。我们不要被固定的思维方式束缚，只要孩子做的事不伤害自己，不伤害别人，说得积极一点能够利国利民，我认为都是好的。

在圣人眼里，每个生命都应该得到尊重，每个人就像一把锁，总能够找到与之相配的钥匙。每个人总会找到适合自己施展才能、做利国利民的事的机会。

"常善救物，故无弃物"，就是说在圣人眼里，天下万物都是有用的。有人认为这种事物没有用，那是他的智慧还不够，没有发现人家的使用方法。

有一种草叫蒺藜，如果你光着脚被它扎到，会马上出血；如果你骑着自行车轧上它，车轮胎就会被扎坏。所以一般人都讨厌蒺藜。其实蒺藜也是一味中药。断肠草有毒性，但它也是一味中药，还具有很好的拔毒功能。毒蛇的毒液提取的血清也可以救人，而且对风湿病有效，能把人体内的湿寒逼出去。

第二十七章 天生万物皆有用

圣人的智慧广大，能看到天下万物的用处。把事物用到不该用的地方，它看起来仿佛就是废物，用在该用的地方就不会这样。上天让任何生命生长，都必有它的用处。

一句话，我们要向圣人学习，找到每个事物能够很好地发挥作用的地方。《庄子》里有一个故事：惠施说他种了一个葫芦，有好几米长，可是有什么用呢？庄子听了以后告诉惠施说，怎么能说没用呢，这么大的一个葫芦，把它切开了当小船多好，可以漂在河里。读了这个故事，我就想起"圣人常善救物，故无弃物"。你觉得这个事物没用，只能说明你的智慧比较浅薄，还没有找到让事物发挥作用的地方。

我们要找到让每个人发挥作用的方式，找到适合每个事物发挥作用的地方，如果有这个智慧，就可以称为**"是谓袭明"**。袭是弥漫，明是智慧，是说一个人的智慧弥漫开来。那就意味着这个人拥有了大智慧，他为人处事的每个细节里、举手投足间，都充满智慧。

"善人者，不善人之师"，上天生养了那么多有智慧、有德行的人，他们天生的责任就是把智慧推广开来，用德行去感召和教化更多的人，让更多人有智慧、有德行，从而让人间变成净土，变成更加美好的乐园。所以我觉得企业家、政治家、思想家等人，责任重大，他们应该以自己的聪明、德行和智慧去造福社会，影响别人，引导更多人提高修为、德行、智慧。

那么，德行和智慧不太高的人，像我这样的普通人的作用是什么呢？有德行、有智慧的人是怎么成为圣贤的？就是因为有普通人的存在。觉悟者是怎么觉悟的？正是踏踏实实认认真真为众生服务，为大众谋福利，才修炼出胸怀、格局、境界和智慧。所以**"不善人者，善人之资"**，没有众生，就没有佛陀、圣贤，没有普通人，也就没有所谓的英雄。

这反映了中国人一个非常伟大的智慧——宇宙空间中所有生命是一休

的，圣贤正是在全心全意为大众造福的过程中才成为圣贤的，一个人不要空说境界高、德行高，检验的方式只有一种，就是能否在为众生服务的过程中全心全意给大众谋利益。

中华文化把所有生命都看作一体，给普通人造福才能成就善人，成就伟人的德行和功业。因为众生一体，可见"人类命运共同体"的概念是何等智慧。全世界70多亿人都过得好，都享受着和平和安宁，我们才有安全和福利，全世界都是战乱，我们也好不到哪里去。中国的哲学认为没有优先，如果你想让别人都不好，只有自己好，那我敢断言你绝不会好。比如我是一个企业的领导人，我们的产品和服务能够让客户好，企业才会好，如果我们不能让客户好，不能让社会好，企业一定好不了，大家好才是真的好。

中华文化的这种智慧可以说是全世界最高妙的把问题看到实处的智慧之一，学了中华文化以后拥有了智慧，就会知道人不能自私。自私和愚蠢在某种程度上是一体的。我们拥有智慧以后会希望身边人好，希望单位好，希望国家好，希望世界好，希望众生好，我们生活在美好的世界里，人人守望相助，我们也不会差到哪里去。

"不贵其师，不爱其资"，是说那些不觉悟的、没有智慧的人，不懂得对有成就者予以尊重。孔子、佛陀、老子等人都是有成就者，这些成就者是非常值得我们尊重的，如果没有成就者启发我们，我们恐怕无法找到自己心中的宝藏。如果不读《老子》，很多道理也许我们一辈子都悟不到，所以我们要敬重人类文明史上的圣贤智者，懂得"贵其师"。**"不贵其师，虽智大迷"**，"虽智大迷"就是表面上很聪明，其实是个糊涂蛋。如果我们不懂得尊重历史上有智慧的人，不是自绝于人类文明大道吗？正是在先知先觉者的启发下，读了《老子》《论语》和佛经，读了人类历史上那么多好书，我们的智慧才得以开启。

不仅要尊重这些有智慧的人，还得"爱其资"，就是爱众生。没有众生何来的觉悟者？

"要妙"就是人生的秘密和妙诀所在。万物都有它的用途，要把它用到该用的地方去造福人类。有德行、有智慧的人要通过自己的德行和智慧去给人类造福，为人民服务。普通人在某种程度上恰恰成全了智者和贤者。所以无论一个人地位多高，都得好好爱老百姓，为老百姓服务，没有老百姓的成全，一个人的伟大无从谈起。

第二十八章

大成就者利苍生

> 知其雄,守其雌,为天下溪。为天下溪,常德不离,复归于婴儿。知其白,守其黑,为天下式。为天下式,常德不忒,复归于无极。知其荣,守其辱,为天下谷。为天下谷,常德乃足,复归于朴。朴散则为器,圣人用之则为官长。故大制不割。

这一章告诉我们修行的几种状态,这几种状态是递进的。

先看第一种修行状态。**"知其雄,守其雌,为天下溪"**,雄和雌是指人生的两种状态。"雄"意味着一个人昂扬奋进,积极进取,想要有一番作为,雄心勃勃去追逐欲望,当然也可以理解为追逐自己的理想。"雌"意味着一个人看破世间很多欲望,对表象的东西不再生出兴趣,即相当程度上已经放下,能够守着自己内在的智慧。"知其雄,守其雌",意思是一个人既知道什么是雄心勃勃,积极进取地去成就一番事业,实现自己的理想,但是他恰恰又能够看破和放下,能够成全别人。比如在一个单位里,很多人要做出一番事业来证明自己,这就是"雄"的状态。有的人懂这个状态,但是他超越了这个状态,没有一定要证明自己有多优秀、要争多高的级别的想法,他能够成全别人,给别人建功立业的机会。这种人超越个人的名利，不与别人争名夺利，能够默默无闻去成全别人，一般会更受人尊重。跟别人抢机会，再严重一点，为了成功不择手段，为了得到机会甚至用一些不正当的手段，这种人一旦被人看破，容易让人讨厌，品质也让人怀疑。

"溪"代表的是低洼的地方，所以水都往那里汇聚。这也是人生的一种状态，不去跟别人争抢，谦卑随和。下了雨之后，水都会往小溪里汇聚，这种人在生活中容易得到别人的认可和尊重。如果非得去争去抢，就容易与人结仇结怨，别人就不会往你这里汇聚了。一个管理者，如果认为所有机会都是自己的，不替下属着想，下属会愿意追随他吗？反过来，作为领导，他不断给下属争取利益，给下属争取机会，让下属看到希望，是不是会赢得越来越多的下属的拥护呢？因为能成全别人，替别人着想，他反而能吸引更多人围在身边，去完成一番事业。到了这种状态就会**"常德不离"**，人的德行是比较高的。能够替别人着想，成全别人，给别人建功立业的机会，不去和别人争名夺利，这种状态是**"复归于婴儿"**，天生的能量带领着他生存，他没有追逐名利的想法，没有那么多后天的欲望。

"知其白，守其黑"，更进一步，"白"可以理解为繁华、光亮。好比我们看一场演出，其实几个月前就开始有人搭台子，有人联系相关人员，有人做服装、道具，而真正演出的时候，这些辛苦付出的幕后人员，人们都看不到，人们只能看到演员们站在聚光灯下。聚光灯下就是"白"，幕后默默无闻提供支持的、以平凡身份做着平凡事业的人是大厦的根基，是"黑"。这句话是说一个人要修到什么状态呢？就是他知道站在聚光灯下会引起万众欢呼，会得到鲜花掌声，会得到名利，但是他不去追逐，他要到最平凡的、最不被人注意的、最默默无闻的岗位上去奉献自己。这很了不起，这种人没有任何为自己争取功名利禄的想法，只想着责任，想着奉献自己。这种人**"为天下式"**，"式"是表率、典范。

很多人都想成为了不起的人，不想做平凡人。谁不想出人头地，站在聚光灯下接受万人掌声，把名利都放在自己身上？可是我要说句实话，一个人成为平凡人的可能性有百分之九十九，成为聚光灯下的人的可能性甚至不到百分之一。那作为一个平凡的人是不是就没有意义了？恰恰相反，如果悟透了"知其白，守其黑"的道理，就会在最平凡的岗位上奉献，把本职工作做到极致。在平凡的岗位上做到极致，那就是不平凡，就是天下人的典范。

雷锋只是一名战士，但是他把普通的事做到了极致，现在人人学雷锋。焦裕禄的级别也不是很高，但是他没有只想着自己的级别，而是把每一滴汗水和血液都融入为人民奉献的大潮里去，最终他成为典范，名垂青史。岳飞把将军保家卫国的使命发挥到了极致，他就不是普通的将军了，已经成为天下军人的表率。

一个人能够默默无闻，不求名利，在平凡的岗位上把工作做到极致，叫**"常德不忒"**，就是德行不会出差错，比"常德不离"更加有德行。这个状态叫**"复归于无极"**。无极是什么状态呢？就是一个人对待世间万物时不看重职务、名利，没有分别心。别人职务高了，我职务低了，我就难受；别人工资高了，我工资低了，我就嫉妒；别人名声大了，我名声小了，我就羡慕，如此等等。这都是觉悟低的表现。普通人活在虚荣和攀比中，自己比别人强了就有点张狂，有点骄傲。有些家长认为孩子高考比别人考得好，气势上就比人家高一点；如果成绩不如别人，气势上便矮人半截。没必要这样，人要用一生的时间来证明自己，大学只是人生的一个阶段而已。

"知其荣，守其辱，为天下谷"，能够名利双收就是荣，辱是类似于地藏菩萨的境界。地藏菩萨说："我不入地狱，谁入地狱"，把天下苦难众生的责任和使命都扛在肩上，用自己的人生去为天下众生背业，忍辱负重，这种境界就更高了。这是真正的大德。一个人修到能用自己的生命和鲜血为众生做贡献是极其伟大的，这就放下了自己的荣华富贵，丝毫不追求生活中的富裕，只想用生命扛起众生的苦难，这真是极其博大的精神。这种人生叫作"为天下谷"。谷是低洼的，是说这种人极其谦卑，绝对不高高在上。下大雨的时候，水流都往谷里汇聚，说明谷的境界很高。

为天下苦难众生谋太平的人可以做国主，他能得到天下人对他的拥护。所以，江河处下而为百谷王，一个人如果能为天下谷，能够用生命扛起众生的责任，他的德行就圆满了。

这里《老子》和佛教相通了。什么人能成佛？有人说佛是两足尊，福德和智慧都得圆满。无论是道家、佛家还是儒家，都认为真正的大成就者能够用自己的生命去扛下天下的责任，为众生服务，只有在这个过程中才能积累福德因缘，才有取得成就的可能性。

圆满之后，就超越了小我，这种状态《老子》叫**"复归于朴"**。"朴"就是人生的枝枝蔓蔓都没有了，回归生命最原初的真心。一句话，把人性里最圆满的智慧活出来了就是朴。朴就是人性、德行和智慧的圆满。

"朴散则为器"，德行和智慧圆满的人是什么状态呢？孔子、佛陀、老子都是这样的人。德行、智慧的圆满表现在人生的任何场景里，比如从政、经商、做老师、做管理，在任何具体岗位上都能把工作做好，这才能证明他的德行和智慧是圆满的。比如组织部选拔干部，评判某个干部是否称职，光说是不行的，只有看他能否在这个岗位上做出非常好的成绩。

"圣人用之则为官长"。在道家看来，圣人修得德行和智慧圆满，才能真正做官长。这个道理很简单，国主具备什么样的智慧和德行才能治理好国家？官长的一举一动都关系着黎民苍生，关系着国家的长治久安。如果官长的德行有亏，比较自私，他将很难管好国家。官长自私就会用人不公，处处为自己着想，己不正何以正人？

"故大制不割"，指一个人要想承担大的使命和责任，或者掌管某个国家或地区，他必须是各方面能力都具备的人，不能只为"器"。孔子讲"君子不器"，如果一个人只有某一种才能，他就没办法站在较高的管理岗位上把方方面面的工作都处理好。所以担当大任的人必须有圆满的德行和智慧，也就是说，面临考验的时候，总是有能力和智慧处理好，为天下苍生造福。如果只具备某一方面的能力，那他可以做个部门负责人，却做不了总揽全局、协调各方的人。国主要管经济、政治、文化、军事、农业等各个方面，就要各方面能力都具备，这与孔子强调的"君子不器"有共同之处。

真正称职的领导者，不仅德行和修为经得起考验，能够真正为人民服务；同时他的能力也是全方位的，能够把自己该承担的责任很好地承担起来。否则，领导者德才不能兼备，往往会误人误己。

| 第二十九章 |

芸芸众生皆需遵守规律

> 将欲取天下而为之，吾见其不得已。天下神器，不可为也。为者败之，执者失之。故物或行或随，或歔或吹，或强或羸，或挫或隳。是以圣人去甚，去奢，去泰。

人和道是什么关系呢？一句话，人一定要顺道而为。道作为人类社会和宇宙空间的规则，有规制性力量。我们只有体会道、遵循道，按规律办事，才能够取得成功。背道而驰必遭惩罚，因为大道运行的规律是任何人都改变不了的，人只能认识和顺应它。比如生老病死，肉体到了一定时候就会死亡，这就是大道运行的规律。我懂得这个规律，就做好养生，但是身体机能衰退以后还是会死。中国历史上很多皇帝为了长生，吃了很多丹药，有的反而因为吃丹药，死得更快。人要顺道而为，而不是背道而驰。如果总是带着各种欲望、妄求，希望外在事物符合自己想法，这就大错特错了。

"**将欲取天下而为之，吾见其不得已**"，一个人想成为天下的领袖，带着有为之心去争去抢，那么，他几乎不会有好下场。这背后有规律。一个社会是不是各种矛盾显现，是不是到了该亡的时候，这由不得你我，它有它的客观规律。一个新生社会有没有存在的可能性，或者是不是具备存在

109

的条件，不是由任何人说了算的。真正有智慧的人会顺应社会规律，而不是让社会强行符合自己的想法。

像刘邦、朱元璋这样的人，为什么能够建立新朝代呢？是因为他们当时顺应了民心和社会大道。比如刘邦，秦统一六国后，没有真正爱惜民力，反而对老百姓施加严酷的刑罚，而且大兴土木，劳民伤财，闹得民怨沸腾。应该说，秦朝末年，社会怨声载道，王朝已经没有存在下去的可能性了，想救也救不了，到了这样的历史关口，刘邦来结束旧朝代，建立新朝代顺理成章。而且，刘邦占领了咸阳以后，把军粮、牛羊分给老百姓，咸阳老百姓对他感恩戴德。秦朝是怎么灭亡的，刘邦很清楚，他建立的新朝代一定要尽可能吸取教训。汉初，刘邦实行休养生息政策，解放奴婢、发展生产，尽可能不折腾老百姓。他顺应了秦朝末年人心思变的形势，才能有一番作为，如果一个朝代正生机勃勃，老百姓安居乐业，某个人就想造反，那恐怕是要被诛灭九族的。

不要带着有为的心做事，社会客观规律到了什么阶段，社会提供了什么样的客观情况，让我们做什么，我们再承担什么样的责任。不是我们扭曲时代，让国家成为什么样，而是我们在客观条件允许的情况下，尽可能推着国家走，这才叫道法自然。

"天下神器，不可为也"，"神器"可以理解为道，也可以理解为国家政权，道不是人为创造的，是自然而然存在的。国家权力也不是谁想得到就能得到的。人不要主观去扭曲规律、改造规律，不要与规律硬碰。蚂蚁撼树谈何易？螳臂当车最后会被碾得粉碎。

"为者败之，执者失之"，不认识规律、不懂得随顺规律，强行要求世界符合自己的期待，企图人为改造规律，结果是会失败的。而且由于违背了规律，越想抓住什么越抓不住，事与愿违。

比如有些人想赚钱，就得懂得赚钱的道。赚钱的前提是能为社会民众服务，当企业真正为客户服务，提供的产品让客户满意，提供的服务方式是老百姓所需的时候，就会有越来越多的人来买企业的产品和服务，企业自然而然就赚到钱了。有些人看不到这背后的道理，一味追求钱，生产假冒伪劣产品，偷税漏税，最终不会有好下场。做事情，一定要懂得主观要符合客观，绝不可以带着主观愿望和企图扭曲道。

"故物或行或随，或歔或吹，或强或羸，或挫或隳"，事物的发展要么在前边，要么在后边，要么力量大，要么力量小，要么强，要么弱，要么是成全，要么是毁掉。事物的发展是由规律决定的，人不可以主观扭曲和改造规律。

事物发展的背后都有规律，不是我们想怎么样就怎么样的，所以人不要用主观的愿望去苛求道，有些事情强求不来。

既然这个世界是有规律的，我们应该怎么生活？人在规律面前，最正确的做法是什么？人最容易出现的毛病是企图让道符合自己的想法，这是大错特错的。道不可能迎合任何人，它是客观存在的规律，相反，人应该放下自己的欲望，放下贪、嗔、痴、慢、疑，去正确理解道、体悟道、遵循道、践行道。

"去甚""去奢""去泰"，不要极端，不要有那么多欲望，不要张狂。人类只有把自己的心打扫得干干净净，才能认识道、体悟道、践行道、遵循道。

有的孩子具有成为徐悲鸿、齐白石这样的艺术家的天赋。如果家长给孩子创造条件，尽可能结合家庭实际，让孩子在艺术的道路上发光发热，造福社会，成就人生，是完全可以的。可是有些家长，非得让孩子去学别的，最后搞得孩子也很痛苦，也许艺术界也少了个天才，其他行业多了个庸才。家长强行扭曲了孩子发展的规律和轨迹，非得让孩子的发展符合家长的愿望，这其实是在泯灭天性。

我们做任何事的时候，都要体会事物的规律，体会事物的道，把自己主观欲望放下，学会去遵循规律，在此基础上把事情做好，把人做好，这才是我们应该追求的目标。如何让主观符合客观，尊重真理和规律，是我们一辈子的功课。

| 第三十章 |

不自大者，生生不息

> 以道佐人主者，不以兵强天下，其事好还。师之所处，荆棘生焉。大军之后，必有凶年。善有果而已，不敢以取强。果而勿矜，果而勿伐，果而勿骄，果而不得已，果而勿强。物壮则老，是谓不道，不道早已。

"以道佐人主者，不以兵强天下"，真正有大智慧或得道的人，在辅佐人君的时候，不会过多地强调用武力来争强好胜。一个国家综合国力的真正强大，军事的重要性毋庸置疑。如果不能在军事上保护国家安全和人民的尊严，那国家必出问题，但是一个国家要真正得到别人的尊重和认可，除了军事强大之外，更重要的在于文化的高远和价值观引领。一个国家如果单纯靠军事强大耀武扬威，恐怕不会长久，也没办法得到别人尊重。现在有个词叫"软实力"，就是文化的力量、人道的力量，与别人友好相处，在道义和价值观上占了制高点而得到别人的尊重和钦佩，比单纯的军事强大重要得多。

一个真正有大智慧的人，在辅佐人君的时候，不单要强调兵强马壮，更要强调国家的综合国力，强调治国之道，强调价值观和理念的力量。公正、对老百姓的仁爱之心、与其他国家的友好相处，这些软实力有时候比单纯的军事力量重要得多。

"**其事好还**"讲的是如果一个人、一个国家仗着自己兵力强大去欺负别人，必有报应。日本就是一个很好的例子，近代以来，亚洲国家现代化整体起步晚，而日本起步比较早。明治维新以后，日本国力迅速上升，之后其仗着自己兵力强大，对后发展国家进行霸凌，最后战败，自食苦果。这种例子历史上比比皆是。

"**师之所处，荆棘生焉**"，率领几十万兵马去打仗的时候，往往大军经过的地方满目荒凉，"白骨露于野，千里无鸡鸣"。

《孙子兵法》里说，最迫不得已之时才会采用战争的方式解决问题。不要一开始就用战争来解决问题，穷兵黩武没有好下场，大军过后必有凶年。因为经过重大战争之后，想让人心迅速稳下来并不容易，解决问题靠对抗的思维方式在百姓心里还是有遗留的，历史的惯性也不是一夜就能消失的。所以，表面上社会是稳定下来了，可是人心里对抗与杀戮的力量还在，还会引发一系列社会动荡。要经过几十年的社会教化，才能有安居乐业的局面。

"**善有果而已，不敢以取强**"，就是不得已去打仗的时候，也要为了善的目标。在老子看来，万不得已打仗一定是要为了保境安民，出于正当的目的。比如近代的中国，当列强欺负我们的时候，我们不得不出兵迎战，那就是善，不是我们要打仗，是不得不打，打仗的目的是正义的，达到目的以后就可以停战了，而不是一直打下去，导致国力消耗过大，生灵涂炭。

"**果而勿矜**"，就是取得了成就但要注意不能自大。"**果而勿伐**"，就是不要仗着自己武力的强大而耀武扬威。"**果而勿骄**"，就是自己军事上再强大，也绝对不能骄傲，骄傲之后容易大祸临头，所以说"满招损"。

"**果而不得已**"，是说我们为了维护正义而发动战争，并不是多想打仗。

"果而勿强"，我们不得已用战争来解决问题，绝对不是为了争强好胜。

"物壮则老，是谓不道"，为什么老子用了那么长的篇幅告诉我们一定不要夸耀，一定不要自大，一定不要争强好胜？他讲了个规律。任何事物发展壮大的时候，就跟太阳一样，到中午之后就会偏西；一个小孩老想着长大，可是他到了中年之后就会慢慢走下坡路。一件事情到了看起来最繁华的时候就会走向落幕，繁华过后成一梦，这个道理是道家特别希望告诉我们的。事物发展到了顶端以后会走向衰亡，这是客观规律，不以人的意志为转移，那么，怎么才能长久呢？只要我们永远不要自满，永远谦卑，永远善于学习，永远能够反思自己，那就不会走下坡路。

我们中国人为什么强调谦卑？《易经》里的谦卦为什么会受到重视？就是因为"物壮则老"。一个人无论做什么，千万不要飘飘然，更不可因为有一点成就就张狂，因为那样往往就会滑向下坡路。不懂得大道的人一旦开始自我夸耀，甚至得意忘形，就会走向死路，遭遇险境。不懂得这个道理，就会**"不道早已"**，必然会过早走向死亡。

老子生活在春秋末期，诸侯国之间经常发生各种征战。作为一个伟大的思想家和哲人，他很了解战争所带来的痛苦，他看到生灵涂炭，应该是非常心疼，也非常痛苦的。所以他一再告诉我们，真正伟大的人在辅佐君王的时候，千万不要强调兵力的强大。客观地说，国家必须重视军事力量，维护军人尊严，必须大力发展国防科技，因为这是保家卫国的基础，但是不要炫耀武力，不要迷信武力。

通过这一章，我们可以看出老子对老百姓的爱护，以及他对战争所带来的后果的担忧。他还告诉我们，事物一旦发展到了顶端，往往会走向灭亡。每个人在为人处世中，不管自己发展得多好，永远要有谦卑之心，要懂得反思自己，知道自己的弱点，不断成长，不断学习，海纳百川，永远保持进取的状态，这样才能持续发展。

| 第三十一章 |

行战争者，当为和平

> 夫佳兵者，不祥之器。物或恶之，故有道者不处。君子居则贵左，用兵则贵右。兵者，不祥之器，非君子之器。不得已而用之，恬淡为上，胜而不美。而美之者，是乐杀人。夫乐杀人者，则不可以得志于天下矣。吉事尚左，凶事尚右。偏将军居左，上将军居右，言以丧礼处之。杀人之众，以哀悲泣之。战胜，以丧礼处之。

这一章和上一章的共同之处，都在于表达了老子对战争的厌恶。春秋时期，诸侯征战，牵连到很多老百姓，给社会带来太多痛苦，很多家庭妻离子散，很多人命丧疆场。老子对战争的态度非常明确，他觉得不得已进行战争是无奈之举，但是从主观上来讲，绝对不能穷兵黩武。

"夫佳兵者，不祥之器"，战争对国家来讲是最不得已而进行的事。如果一个国家轻易发动战争，那是灾难。什么是人生的福报？如果一个人的一生，大多数时间不经历战争，国家能处在一个和平的环境里，那是莫大的幸运。我们国家这几十年平平安安，我格外珍惜，格外感恩。

"物或恶之，故有道者不处"，任何血肉之躯都厌恶杀戮，真正有觉悟的人都是内心讨厌战争的，所以有大智慧的人绝对不炫耀武力。

"君子居则贵左，用兵则贵右"，古代一般以左为上，君子平时的居处以左为尊，打仗的时候正好相反，用兵是以右侧为尊。

"**兵者，非君子之器**"，是说一旦用兵，必将有杀戮，劳民伤财。战争不仅会有人伤亡，而且消耗了大量财富，那些钱如果用在医疗、住房、基础设施建设上，用在老百姓的生活上，该是一件多好的事情。老子一再强调，不得已时才可以用战争的方式来解决问题。

"**恬淡为上，胜而不美**"，是说君主治国的态度。君主不会为了满足自己的欲望驱使老百姓，不会为了自己的脸面、虚荣折腾老百姓，甚至发动战争。给人民做事，给时代造福，这是君主应该有的心态和胸怀。就算不得已发动战争，哪怕在战场上把敌人打败了，他也不会觉得这件事多值得炫耀，因为战争会死那么多人，胜而不美。

"**而美之者，是乐杀人**"，是说如果一个人在战场上杀了人，反而感到非常高兴，那么他的心性就像禽兽一样，乐杀人，杀人还要比赛，嗜血成性，可谓丧尽天良。"**乐杀人者，则不可以得志于天下**"，以杀人为乐的人一定不会得到天下人的尊重，也不可能得到别人的佩服，这种人不符合道义，一定会走向灭亡。

"**吉事尚左，凶事尚右**"，意思是我们处理吉祥的事的时候，左边是上方，右边是下方，可是处理凶事的时候，就正好相反，右边是上方了。在军事上，"**偏将军居左，上将军居右**"。是说打仗的时候，地位高的将军在右，地位低的将军在左，这意味着，古人是把打仗这件事当作丧礼来处置的，很不吉祥。因为战争背后会有无辜的人死于非命，有仁爱之心的仁君，对战争是慎之又慎的。

"**杀人之众，以哀悲泣之**"，在战争过程中杀人众多，要以哀痛的心情去对待，哪怕打了胜仗，也要"**以丧礼处之**"，不要觉得很喜悦。战争中死的每个人都是鲜活的生命，父母把他带到这个世界，抚养他长大是很不容易的。这样看待战争、看待死亡，是有德行的君主应该做的。

春秋时期是乱世，经常有战争，老子不喜欢看到生灵涂炭，对每个人的生命都发自内心去爱护和尊重，所以他对战争的总体态度是不喜欢也不主张的。战争应该成为保家卫国、维护国家尊严和人民福祉的方式。我们要保持国力强大，军队攻无不克、战无不胜，但是不轻言战争，尽可能用和平的方式解决问题。当然如果和平的方式不能解决问题，国家的尊严被践踏，国家被分裂了，那必须发动战争。但在战争的过程中，内心应该是感到悲痛和怜悯的。

结合当今现实，我们不主张战争，但必须有战之必胜的能力。我们不鼓吹战争，但任何来犯之敌，必须予以歼灭，确保国家的尊严和人民的福祉不受侵犯。

| 第三十二章 |

知边界者，能融大道

> 道常无名，朴虽小，天下莫能臣也。侯王若能守之，万物将自宾。天地相合以降甘露，民莫之令而自均。始制有名，名亦既有，夫亦将知止。知止可以不殆。譬道之在天下，犹川谷之于江海。

这一章是对道进行描述，对道的内涵和功能做了阐发。

"道常无名"，道没办法用文字进行描述，这在第一章已经说过了。宇宙的终极真理没办法用文字来说明，文字都只是从一个侧面去说，说的也不是道的真正内涵。

道是什么，怎么形容呢？**"朴"**，可以用这个字去描述道，是说大道在运行的时候，不要用任何力量去干涉它。道是自然而然显现的，外在力量不能去干涉，也没有能力干涉。一句话，道的能量或者运转是自然本身的力量，不是外在的力量。

《易经》对这种状态也有描述。天地运行，是道的显现，是谁在让天地运行呢？西方人总是想要找到天地之外的力量，仿佛是天地之外的力量让天地运行的。中国文化不这么认为，我们认为"天行健"，天地之所以这样运行，不是别的力量促成的，是自然而然形成的。**"虽小"**，不是大小的小，而是指你用眼睛是看不到的，是很微妙的。道并不是一个有形物件，它是万事万物内在的力量，是看不见、摸不到、没有形的东西，它很微妙。**"天下莫能臣也"**，任何人都不能驱使道，反过来讲，任何事物都受道的规制，万事万物背后都有道，道的力量规制着万事万物的运行变化。

"侯王若能守之，万物将自宾"，这里的"宾"是服从的意思，真正的大英雄如果悟了道，天下万物就会服从于他。是不是因为大英雄特别伟大，能把万物都发动起来？表面上看是这样的，其实不是，万物发动源自道的力量。大英雄悟了道，把握了道的力量，万物才能服从于他。

有人想成为大企业家，有人想成为大思想家，有人想成为杰出的人物造福国家，如果悟了道、行了道，就能驱万物为自己所用，成为真正的大英雄。

中国历史的规律就是道。分封制把国家分裂成不同的诸侯国，不符合规律，所以始皇帝干了一件惊天地的大事业——大一统，建立一个统一的国家，中央集权，统一文字，统一度量衡，统一交通轨道。这使中华民族从四分五裂变成了统一的国家，对民族的发展起到了很大的作用。大一统奠定了基本的政治版图和地理版图，也是中国几千年来，每每面临大挑战都能迅速组织抵抗力量的根本。

秦朝灭亡后，项羽和刘邦是怎么做的？项羽在占领咸阳之后火烧了阿房宫，又把大一统的国家给割裂了，他做了楚霸王。项羽当时总共分封了二十多个王。刘邦也被分封为汉王，所以后来刘邦建立的王朝叫汉朝。国家统一成为大趋势时，分封就是背道而驰，这也成为他后来四面楚歌，乌江自刎，退出历史舞台的重要原因之一。刘邦建立汉朝之后，也想分封，张良告诉他不能分封，要大一统，要中央集权。当然刘邦还是封了几个刘姓的王，比如淮南王，后来"七王之乱"出现了。汉武帝时，实行推恩令，把分封的诸侯国慢慢瓦解了，重新实现了大一统。

第三十二章 知边界者，能融大道

想成为大思想家、大政治家的人，一定要懂得道，这样，制定的政策才能顺应历史潮流，得到老百姓衷心的拥护和服从。

近代，中华民族受到西方列强的欺负，当时中国决心要把列强赶出去，要建立独立自主的国家，要让民众活得有尊严。中国共产党就是在为中华民族谋复兴，党带领中国人民把列强赶了出去，让中国人民活得有尊严。周总理说"为中华之崛起而读书"，毛主席提出"推翻三座大山，建立民族独立的国家"，得到了千千万万劳动人民的衷心拥护。他们才能站在历史的前台，做历史规律的体现者和推动者。

想做大事，一定要顺应道，把握住社会规律和社会发展的趋势，绝对不能背道而驰，这样才能得到人民群众的衷心拥护，做出一番事业。

"天地相合以降甘露，民莫之令而自均"，意思是顺应道，不打破天地的规律，就会风调雨顺。

有一次我到南方给一家企业讲课。我跟企业领导人说，前几天有台风我没赶上，预报又要有台风了，我正好讲完课要回去了，中间这几天晴天正好我在讲课。我特别感谢老天，就这么个空隙让我赶上了。企业领导人说："郭老师，台风对我们很重要，沿海有台风其实也是好事。你看天气多热，台风必带来降雨，一场台风过后，天气马上变得特别清凉，而且降水能滋润大地，隔一段时间就有一场台风，这是大自然调节的表现。"

这话非常有道理，天旱了要降雨，该刮风的时候刮风。这是宇宙天地运行的道，不能破坏，一旦人类的行为破坏了天地运行的规律，人为因素干涉了自然运行的规律，天气就会变化。比如二氧化碳排放量超标了，会引起温室效应，使温度升高，自然规律变了，天地就不相合了，风调雨顺的局面就改变了。

有一年北京暖冬，一个冬天几乎见不到降雪。冬天北方的降雪对防治病虫等都有好处。该降雪的时候没有降雪，就和温室效应有关。因为人类的行为对自然界运行的规律有所影响和干涉，气候才会出现变化。所以我们人类一定要尊重自然，爱护自然，顺应自然。

"民莫之令而自均"，意思是大道对每个人都是平等的。一个人为什么发展得好？因为他顺道而为。一个人为什么倒霉？因为他不尊重道，背道而驰。所以发展不顺不是因为有谁害你，是你自己没有按照道的要求去做。

"**始制有名，名亦既有，夫亦将知止。**""始制有名"就是万物在生发的时候自然会有名字，比如猎户星座、大熊星座，包括萝卜、白菜，都是它们出现之后被命名的。万事万物都要有边界，这个边界就是知止。地球围着太阳转，离开了这个边界，地球恐怕就极其危险，很难存在了。人也是一样，比如别人看我是个知识分子，我的边界就已经出来了，我既然是个知识分子，就不能干违背知识分子身份的事，如果我讲课胡说八道，就违背了知识分子应该承担的使命和责任，污染了别人的心灵，让别人学坏，这就是不知止。我必须知止，守住边界，努力把人类历史上最好的智慧讲出来、传下去。

学生学了知识以后还得有创造性，整天死背知识而没有生发能力也没有用。我经常告诉学生，不要光学死知识。死知识是一杯水，水干了就没了，你不仅要从别人那里接水，还得有自己造水的能力，用朱熹的话说就是"问渠那得清如许？为有源头活水来"。如果你在上学的时候不好好读书，没有真才实学，走向社会后没有真本事，那也没人会尊重你。这就是你不知道处在学生阶段时应该做什么，超越了边界的结果。

如果每个人都超越了边界，社会就乱了。反之，每个人都能把自己的边界想清楚，该干什么干得漂漂亮亮的，不该干的事尽可能不做，社会才会井然有序。

"**知止可以不殆**"，是说一个人如果知道了自己的边界，知道什么该做什么不该做，他才"不殆"。"殆"是死亡，不死亡就意味着他有生机，能继续发展。比如一个干部，从做普通科员时候开始，他就不贪污、不浪费，不骄奢淫逸，坚持把本职工作做好，对人民群众好，用国家的公权力给老百姓造福，守住边界，做的都是堂堂正正的公务员该做的事，这样的人往往会受到重用和提拔，就是不殆。反过来，如果他不懂守边界，以权谋私，贪赃枉法，那发展就必然会受阻。我们每个人都要知道自己的身份，清楚自己的使命，知道自己应该做什么，不该做什么。

"譬道之在天下，犹川谷之于江海"，这里打了个比方，道在天下是什么状态呢？所有河水都往海里流，用这个比喻来说明天下万事万物都得顺应道，不能违背道。道是整个宇宙内在运行的规则和力量，懂得道，顺着道走，就会生机勃勃，不顺着道，人就会走向衰败，事物就会走向灭亡。每个人最终要走的都应该是悟道、行道、证道的方向，这也是修行人的最终方向。

道家修行修得好的人，我们会称其为得道高人。孔子七十岁的时候，说自己"从心所欲不逾矩"。很多人问我，这到底是个什么状态？其实就是说，此时道就是孔子，孔子就是道，把所有让他不能悟道的障碍都排除了，他就和大道融为一体了。这个过程就是得道的过程，也是儒、释、道各家追求的终极目标。

| 第三十三章 |

知足者富，战胜自己才是真英雄

> 知人者智，自知者明。胜人者有力，自胜者强。知足者富，强行者有志，不失其所者久，死而不亡者寿。

这一章对有大智慧者的状态做了描述，讲了几个特别重要的概念，比如什么叫智，什么叫力，什么叫真正的强，什么叫富，什么叫志，什么叫久，什么是真正的寿。这些概念都是对觉悟者、大智慧的描述。**"知人者智"**，真正的智应该是能把人了解透，这种能力很难得，历史上了不起的人，他们的智慧往往就体现在知人上。有个词叫"知人善用"，很多人是在做事的时候出了问题，比如诸葛亮选马谡去守街亭，结果街亭失守，我们总结出的教训是诸葛亮在对人的了解和选用方面出了问题。

伟大的人物在做事的时候，很清楚每个岗位的性质是什么，需要什么样的人，而且能够对人做出准确的判断，清楚这个人的性情、底蕴、品格、习气，能把人用到该用的地方，人尽其才，这就是智。

一个人不聪明或者学习不好、学历不高，是不是就是没用的人？不是。《中庸》里说，"天之生物，必因其材而笃"，是说上天生人的时候，一定会给人一个长处，让其做个有用的人。哪怕是历史上的鸡鸣狗盗之徒，不管其技能多么不入流，在特定的情况下都能发挥作用。每个人活在世界上都有用，有的人成绩不好，但可能为人处世的能力特别强；有的人为人处世的能力很差，但是钻研问题很透彻；有的人不是特别机灵，但是非常踏实。领导者要知人，并把他摆在正确的位置上，使其更好地发挥作用，这就是智，是用人的艺术。领导者需要全方位的素质，其中怎么用人能起到关键性作用，这就叫"知人者智"。

"自知者明"，什么是明？自知。知人是向外的，看别人看得很清楚，可是对自己够了解吗？所以，做人不仅要做手电筒照别人，还要做灯笼，也照亮自己。"自知者明"告诉我们要向内看，不仅要了解别人，更要了解自己，把自己的弱点、长处，方方面面都看透。修行人一定要自知，知道怎么消除弱点，怎么实现人性的升华。不能把自己看明白，是要栽跟头的。比如项羽，力拔山兮气盖世，不愧为大英雄，但是他刚愎自用，听不进别人的意见，最后败给了自己，最终自刎于乌江。

有的年轻人有很多痛苦，为什么？因为他不自知，没有结合自己的身份能力树立理想。我们虽然提倡人要有远大的理想抱负，可是有的人只具备做个糕点师的能力，却偏偏想要成为像乔布斯那样改变世界的人，这就属于没有自知之明了，理想严重超出自己的实际情况，力小任重，智小谋大，不仅力不从心，而且还会带来灾难。好比让小羊去拉火车，最终小羊会心力交瘁，痛苦无穷，这是自己为难自己。把自己的缺点看清楚，然后不断弥补缺点，不断向前走，这是修行人需要知道的，也是我们每个人正确认识自己之后才能有的准确定位。

"胜人者有力"，什么是有力量？把别人打败了就是有力量，能够战胜别人就叫有力。这个世界上有很多有力的人，比如跑步得到第一名的人、打了胜仗的将军等。力更多表现的是胜人，是对外在的征服，但真正的强是什么呢？**"自胜者强"**，战胜自己才算是强者。历史上的很多英雄可以征服别人，但往往败在自己的弱点上。英雄是对外征服，圣人是对自我的超越，假如一个人不贪财好色了，克服和超越自己人性的弱点，那才是真正的强。

"知足者富"，真正的富有不是你拥有多少财富，而是知足。我曾经见过有些农民，家里有一个小院子，也不值多少钱，房子很旧，过着很普通的生活。但是你问他是否幸福，他会说，我觉得这一辈子最好的生活就是现在这个样子。这就是真正的富足。我见过很多普通人，他们感恩时代，感恩国家，感恩当下，这是知足的幸福。

有的人有几套房子，工资也不少，职务也不低，但还不满足，贪得无厌。外在的财富再多，内心的贪欲还是不能满足，这都不是富足。真正的富，当然包括物质财富，但内心满足尤为重要，就像一个人辛苦劳作，但特别感恩，那么他也是内心富足的人，并因为这种内心的富足而感到幸福。有的人即使有再多的财富，但贪心无止境，都只有无边无尽的痛苦，根源在于不知足。

我们每个人都希望过得好，有钱，那我想问，有多少钱是多？有人希望房子大一点，那多大的房子算大？如果是一个贪得无厌的人，永远不知足，那再多的房子都嫌少，再大的房子都嫌小，再多的工资都嫌不够，这种人一生苦海无边。那怎么回头是岸？要做一个知足者。

"强行者有志"，我们老说做一个有志气的人，这里我要对年轻人嘱咐几句。立了志之后，不可能马上就会得到一个圆满的结果，在实现志向的过程中，会有无数艰难险阻。当考验到来的时候，自己还能坚守志向吗？志向如果是正确的，一旦确立，要一往无前，百折不挠，这才是真正的有志。

玄奘法师立了志：远绍如来成佛作祖，近学大乘弘扬佛法。他要把印度的佛学文化和书籍拿到中国来，进行文化传播。在一千多年前，没有现代化交通工具，这一路要经历无数艰难险阻，甚至可能死在路上，玄奘仍然去做了。《大唐西域记》中说在莫贺延碛沙漠，玄奘把水袋给丢了，真是死亡在眼前，他根本不知道路在何方，但他说宁可死在路上，也绝不东还一步。

很多年轻人想干出一番事业，这就是有志，可是，世界是很公平的，一个人有多大的志就要吃多大的苦。要救天下人，那必将是九死觅得一生，自己撑得下来吗？当无数艰难险阻来到面前的时候，自己能不能撑住？有的年轻人往往轻率地说出一个理想，结果遇到困难就哭鼻子去抱怨，这根本不是有志的人。在实现志的时候会经历无数困难坎坷、挫败，困难到来的时候，要勇往直前，愈挫愈勇。遇到一点困难就打退堂鼓那叫一时冲动。

"不失其所者久"，我们做一件事情总是希望它能长长久久，比如企业家希望企业是百年老店，要怎么做？就是要不忘初心。我曾经看过一个案例，一个日本大学生在城市里做白领，收入比较高，父母经营着一家小餐馆，餐馆已经有上百年历史了。后来他父母年纪大了，叫他从大城市里回来子承父业，于是他辞职来经营餐馆。餐馆不赚多少钱，只是他们祖上所发的愿就是做一个好餐馆，炒几个拿手菜，方便乡亲和旅客。他们一直坚守着这个初心。如果孩子把这个初心给丢了，小店没有人继承，就没法延续了。

有些企业发愿要做一件事，结果没做多长时间，被一时的胜利或者财富冲昏头脑，把自己的初心丢了，根本和立足点都丢了，企业最终就死了。我作为一个普通的老师，我的根本立足点是什么？就是我读了中华经典，我要把中华民族历史上最精彩的智慧回报给社会，这是我作为一个知识分子的责任。我建议年轻人或者企业家，先了解自己的根本是什么。无论面对多少诱惑，可以不失这个本，永远不忘初心，砥砺前行，这样人生和事业才能长长久久。

"死而不亡者寿"，我们都希望长寿，死了不消亡的才是真正的寿。孔子、佛陀、老子、庄子、李白、杜甫这些人都做到了这一点，比如孔子已经去世两千多年了，每个时代的人还都在学习儒家思想，我内心也把孔子的精神当作人生向导，我愿意做孔子精神的继承者。当然我的修为还不够，那是我个人的事情，但我是这么想的，无数的人不断地学习孔子，那么孔子就永远活着。因为他的精神品格构成了一个民族的精神内核，每个时代都有人去学习传承，这是真正的寿。

一个人的长寿不光是要靠吃保健品，注重养生，当然这也很重要，我们希望天下的老人都长寿，每个人都长寿。可是肉体总有生命周期，就算活到一百多岁，最终的结局也还是从世界上消失，因为物质的代谢始终是有限的，而真正无限、不消亡的是精神、品格、智慧。

在中国历史上或者人类思想史上，每个证道的人、悟道的人、行道的人、弘道的人，内心都是警戒的，他们领会到了宇宙空间永恒的智慧：有形的生命完成使命后，其境界和智慧万古流芳，永远不会消亡。精神、品格、智慧、德行，会永远传承下去，薪火相传，滋养一代代人。

| 第三十四章 |

成就之道，在于服务众生

> 大道泛兮，其可左右。万物恃之而生而不辞，功成不名有，衣养万物而不为主。常无欲，可名于小；万物归焉而不为主，可名为大。以其终不自为大，故能成其大。

"大道泛兮，其可左右"，大道在宇宙任何空间中无处不在，所以你要问道在什么地方，道就是宇宙背后运行的规律，我们生活的任何地方都有道的影子，或者都是大道运行的显现，无处没有道。

万物的生长变化背后的根据是什么？比如为什么有生老病死？为什么一个朝代有兴衰成败？为什么一个人或者一个集体有荣辱得失？为什么地球围着太阳转？为什么宇宙在不断膨胀？这背后的根据都是道。**"万物恃之"**，宇宙空间的任何物体的运行之所以是这个样子，其背后都是道在起作用。但是道**"生而不辞"**，它任劳任怨，只愿意去成全，这讲的是大道的状态，道生养和成全万物，万事万物的兴衰成败、生老病死、成住坏空，背后都是道在起作用，但是道只愿意去成全万物，从不凸显自己。

"常无欲，可名于小"，"无欲"用佛家的话来说就是没有我执，"小"就是隐于无形。宇宙中都是有形的东西，这些东西背后运行的规则是道，但是道不彰显自己，它隐在万事万物背后，这就是"可名于小"。

"万物归焉而不为主"，万事万物运行的背后都是道在起作用，但是道又说自己不是主宰。"道"自然地成全万物，而没有自我的主张。

"以其终不自为大，故能成其大"，其实文眼就在这里，秘密也在这里。道成全万物，可是从来不彰显自己，这才能真正"成其大"。所有有觉悟的人都把道当作最高的追求，一个人水平的高低很大程度上取决于他对道的领悟程度高低。孔子说，"朝闻道，夕死可矣"。道家也在求道，西方其他宗教在讲道，佛家也讲得道高僧，都在讲道。道从来不彰显自己，正因为这样，它才成为所有生命追求的最高价值。这对我们为人处世有非常重要的启发。

人们在读马克思著作的时候，会了解到马克思的判断：真正的无产者才能承担解救人类的责任。真正的无产者不是指身上没有财产的人，而是指内心里没有私有观念的人，大公无私的人。内心无我的人能够把所有财富、名声和利益都放下，要从这个意义上理解无产者。这种人不求名不求利，能把所有财富都放下，是大觉者，这样的人才能承担拯救全人类的责任。

人类历史上那些伟大的人，尤其是被称为圣人、永远被我们缅怀、学习和敬仰的人，他们都不觉得自己了不起，他们不是为自己打拼，不为自己求安乐，只为众生得离苦。比如周总理，他说要"为中华之崛起而读书"。有了这种胸怀之后，他们放下了自己，超越了自己，为众生奉献服务，也正因为他们心中没有自己，才被写在历史中，成为人类的路标和丰碑，永远值得我们学习。

| 第三十五章 |

大道无形，顺之者生

> 执大象，天下往；往而不害，安平太。乐与饵，过客止。道之出口，淡乎其无味，视之不足见，听之不足闻，用之不足既。

"大象"指的是道，大象无形，它是道的代名词。拥有了真理或者证悟了道，拥有大智慧的状态就叫**"执大象"**。拥有大智慧的人会**"天下往"**，天下人自然而然会尊重他、爱护他、拥戴他。因为他顺应历史潮流，提出的观点总是老百姓最想听、最需要的。这样，人民就会拥戴他、支持他。

秦朝末年乱世，老百姓生活很苦。刘邦领会了时代的特点，提出"约法三章"，杀人者死，伤人及盗抵罪，这把当时老百姓最想听的话、最想做的事都说出来了。《史记·高祖本纪》里记载，刘邦提出"约法三章"之后，老百姓拿着牛羊和酒专门去迎接他。就像孟子讲的"箪食壶浆而迎王师"，这就是"执大象，天下往"，顺应历史潮流，颁布人民最想要的政策，得到人民的拥护。

"往而不害"，当人民拥戴他的时候，他不搞个人崇拜。他不对自己盲目迷信，因为他很清醒，有大智慧，他制定的政策始终顺应历史潮流，为人民服务，这个状态是**"安平太"**，这样就可以天下太平，没有战争。社会各界的群众或者各个层次的人民互相爱护、互相交流、互相体谅、互相尊重，欣欣向荣。

"乐"是勾引人欲望的享乐，"饵"是诱惑，**"乐与饵"**是刺激人感官欲望的东西，比如色情、酒、美食等，平常人遇到诱惑了，是什么状态呢？**"过客止"**，被欲望征服而走不动了。比如喜欢美食的人看到美食，就控制不住自己。这里表达的是各种诱惑一旦把人的欲望勾起来，人的智慧就丢了。智慧是太阳，欲望是乌云，欲望一旦产生，乌云就遮住了太阳。庄子说"其嗜欲深者，其天机浅"，意思是欲望很大的人多半悟性不高。因为欲望大，人的智慧就被蒙蔽了。生活中，小人害人的时候，基本都是利用人的欲望，把人制服了。有人骂小人太坏了，总是利用别人的弱点。的确，小人是可恶，可是你的弱点就摆在那里，跟裂了壳的鸡蛋一样，发臭了就会引来苍蝇。所以一个人一旦被人勾起了欲望，往往会大祸临头。

真正得道的人恰恰会让欲望淡下去，我们每个人都要提高自己的修养，脱离低级趣味。毛泽东在《纪念白求恩》里面曾写道："一个脱离了低级趣味的人，一个有益于人民的人"。纵情声色犬马是非常低级的趣味，脱离了低级趣味去领会大道，欲望的乌云才能散去，阳光才能高照。

"用之不足既"，大道的作用是无穷无尽的。道有形状吗？道是无形无相的，人们听不到看不到，但是拥有大道的人，在任何场合任何境地都知道怎么用智慧。

王阳明一介书生为什么仗打得那么漂亮呢？因为开了大智慧的人，不会背死的教条，他能非常灵活地在每个场合选择该用的办法。整天读教材，背条条框框的方式，可以应付考试，却不能应付生活中的问题。书呆子只能拘泥于书本，面对鲜活的实际问题，往往会束手无策。我们在生活中面对的情况随时会发生变化，即使学得再多，也不足以应对现实中的千变万化。有智慧的人不教条，出现什么情况都能立即拿出好办法，这就是智慧的显现。遇到情况就去翻教材，那不就成了赵括吗？只会纸上谈兵，最后一败涂地。

读书是要培养智慧、净化心灵的，要让智慧的光芒照出来，这样，遇到困难和挫折时，才知道怎么处理。

这一章告诉我们，一个有智慧的人懂得顺应历史的潮流，从而得到天下人的拥戴，但是绝不骄傲，不被光环迷惑，他会制定老百姓最想要的政策，让人们心安，天下太平，各阶层欣欣向荣。普通人容易被美色钱财诱惑，一个人的低级欲望被勾起来，就丢了智慧，容易说错话办错事，甚至身陷牢狱，家破人亡。真正的大道无形无相，可以让人降低欲望，留下干干净净的大智慧，无论遇到什么问题都能找到办法解决。

| 第三十六章 |

鱼不可脱于渊，国之利器不可以示人

> 将欲歙之，必固张之；将欲弱之，必固强之；将欲废之，必固兴之；将欲夺之，必固与之，是谓微明。柔弱胜刚强。鱼不可脱于渊，国之利器不可以示人。

很多人对这一章有误解，有些人甚至把这一章当作老子搞阴谋的证明。这是因为无知而得出的结论。这一章讲的是世界的运行规律，以及我们在生活中应该怎么应用这个规律。这一章重点讲述大道的显和用，即大道是怎么体现的，对我们的生活有哪些指导作用。当然，有用的前提是为了正义，为国为民，还要将其用于善良或者正确的方向，如果是用于阴谋诡计，那就是权谋了，那不是圣人所提倡的。圣人提倡的方法策略，为的是让利国利民的好事能够落实下来。

"将欲歙之，必固张之"，歙是收，张是往外推，这两种力量是相反的。想收一个力量恰恰要先张开。射箭的时候怎么才能射得远呢？需要用弓弦把箭给推出去，弓弦的歙力越大，箭射得越远。想要得到歙力，必先把弓拉开。把弓拉得越开，箭射得越远。

"将欲弱之，必固强之"讲的是什么呢？一个人很坏，如果想消灭他，必先让他疯狂。一个人在疯狂噍瑟的时候，已经埋下了走向死亡的伏笔。

第三十六章 鱼不可脱于渊，国之利器不可以示人

人类历史上有很多这样的案例，比如一方想把另一方灭掉，往往给他骄纵、张狂的机会，这就给他走向灭亡埋下了伏笔。比如《郑伯克段于鄢》这个故事讲的是兄弟之间用计谋来争权夺利，这固然不好，他们用的方法其实就是"将欲弱之，必固强之"。

"将欲废之，必固兴之" 讲的是什么呢？比如中医治病时，有时候想让人体内潜在的毒发出来，通过吃药，以毒攻毒，让毒气发出来，更容易把毒彻底解决。

"将欲夺之，必固与之"，夺是据为己有，与是给，这不是正好相反吗？智慧就在这里。与是奉献，不断去奉献，包括在物质方面、精神方面的付出，但是不要把这种方式当成计谋。如果是为了私心杂念，那就违背了圣人的意愿，圣人说出这个规律，是为了利国利民，为了正道或者正义。

老子很智慧、慈悲地告诉我们，这些东西本来不能说，说了怕人误解，用来耍计谋，这不是违背了圣人善良的心愿吗？**"是谓微明"** 就是不能把它说清楚，也不好把它说清楚。

"柔弱胜刚强"，新生事物是弱还是强？很弱，可是嫩芽是最有生命力的，快死的枯枝看似很刚强，其实它的生命力已经萎缩了。

有史料记载了这样一个故事。有一次，老子向他的老师请教。也有一种说法是有人向老子请教，问应该怎么做。老子说，我的舌头还在吗？你活到九十岁、一百岁的时候舌头还在，牙齿还在吗？牙齿更硬，但是它不能用了，很多老年人的牙齿早就掉了。舌头柔软，但是到了九十岁、一百岁仍然能用。在生活中观察，如果树枝是活的，你把它拿到墙上戳一下，它会弯折一下，但不会折断。如果树枝是死的，你用它在墙上戳一下，它就折断了。枯枝是刚强的，活的枝条是柔弱的。新生的事物有勃勃生机，往往是柔弱的，因为它在生长。如果一个事物即将走向死亡，它已经没有

能力去适应各种环境，就是挺直的状态。人也是这样的，活人动一动手没有问题，一旦生命结束了，肉体会变得僵硬。

"鱼不可脱于渊"，这个智慧对年轻人和做事业的人特别有帮助。鱼在渊里才能活，如果从渊里跳出来，跳到沙漠里，它能活吗？每个人都有自己的渊，每个人都有自己的本。我虽然有各种社会上的事务性工作，但是我的渊是中华文化的学习传承和弘扬，我要好好读中国历史、中国哲学、中华经典等，如果哪天我离开了我的渊，没有了真正的体会，就很难给人民做贡献了，就像鱼离开了水，生机就没有了。我希望每个人都能找到自己的渊，这样才会众志成城，有抱成团干成一番事业的力量，离开自己的渊则会被淹没在芸芸众生里，什么事都干不成。对于中国人来说，中国就是我们每一个人的渊。国家强大，才能托起每一个中国人的福祉；国家衰败，人民必然受苦，文明必然蒙尘。这是我们永远要汲取的教训，要发自内心地希望国家好，人民幸福。

"国之利器不可以示人"，比如我们中国的高精尖武器到底有多少，技术到底到了什么程度，民众不知道，外国情报机关更不能知道，因为这是国之利器。外国不敢欺负我们，是因为我们有国之利器，他们不知道我们的撒手锏是什么。如果你的家底被人家看得清清楚楚，你就没有秘密，被人掌控了，那样你很容易被人家玩弄于股掌之间，很难自主自立。

每个人都要有自己的"利器"，当然，我说得再深入一点，真正的"利器"不是有形的，而应该是你得道的状态，那才是源头活水。人一辈子不管做啥事，不管经历什么样的挑战，源头活水总能让你有智慧处理得周到、圆融。我希望每个人，尤其年轻人，一定要找到自己能够做成一番事业的本。一个人、一个国家的真本事不能让人知道，否则容易受制于人。找到智慧的源头就拥有自性的智慧，我们就能够处理各种难题，迎接各种挑战。

| 第三十六章 | 鱼不可脱于渊，国之利器不可以示人

我们要正确看待这一章，老子教的这些方法、策略，绝不是用来耍阴谋的，他是希望我们把这些方法用在利国利民的事业上，用在造福人类的事业上。要阴谋诡计、危害别人的人最终也会危害到自己。懂得这个道理，我们就能踏实成长，发展自己，做利国利民的事业，造福国家，也成就自己。

| 第三十七章 |

无为而无不为，顺势而行

> 道常无为而无不为，侯王若能守之，万物将自化。化而欲作，吾将镇之以无名之朴。无名之朴，夫亦将无欲。不欲以静，天下将自定。

"道常无为而无不为"，这句话点出了得道的状态。一个有道的人或者境界内证到了得道状态的人，他不会妄作，不受自己情绪的干扰，心和真理是在一起的，人和道是一体的。用今天的话来讲就是他能认识到真理，而且他和真理是一体的。世界的发展态势是什么，规律是什么，他就顺着走，尊重真理，按规律办事，这样他做什么都能成功。如果一个人不是得道的状态，容易因为情绪妄动而干扰对真理的体悟，带着有为之心做事，就会扰动事物本来的发展轨迹和道路。

比如培养孩子，家长无为，心和孩子的心是一体的，不会因为自己的妄动和偏爱而扭曲孩子的天性，凡事顺应孩子的天性，是最容易成功的。因为没有外在扰动，孩子做什么事都能够积极主动。假如孩子在芯片研发方面有天赋，但是家长有妄动，有自己的偏爱，非要孩子读经，希望孩子将来弘法利生，这就没顺从孩子的天性。家长带着有为之心，人为干涉孩子，把孩子本来的发展轨迹和道路给扰动了。有为也会干扰家长的智慧判断，最终让孩子非常痛苦，家长也非常痛苦，因为孩子怎么努力都达不到家长的要求。所以我们做事的时候，要减少妄动，减少偏爱，内心真实反映世界的规律，按照规律做事最容易成功。

"侯王若能守之，万物将自化"，领导者如果懂得这个道理，不因为自己的偏爱去折腾老百姓，那么世间万物按照各自的规律生灭、发展、演进，往往可以四海升平、海晏河清。因为万事万物各自的发展轨迹都得到了尊重，每个事物都在轨道上运行，领导者不因为自己的偏爱、妄动，去扰动规律，这时社会秩序是最好的。

"化而欲作，吾将镇之以无名之朴"，万物自化的过程中，虽然我们内心本来很平静，能够认识到规律，但无论是内心的欲望还是外在的干扰，难免会有扰动，这就是"欲作"。生活本来挺好的，如果有人没事找事，非得折腾出事来，就是"化而欲作"。那怎么办呢？说得直白一点，就像汤，人越搅，汤越浑，越搅越乱，本来安静的时候清的部分在上面，浊的部分在下面。得道的人或者有智慧的人不是随着事物变，而是让事物回归道。"无名之朴"是道，"镇之"就是用道让万物从扰动的状态静下来，千万不要随着扰动而躁动，越动越麻烦。

我们说时间是人生最好的药，随着时间的流逝，很多事情慢慢就被忘掉了，不要老是搅动它，彼此折磨，让自己越来越痛苦。一段时间以后，心就静下来了。

这一段讲了一个大道理，万物在运作的时候，如果忽然被扰动，不要随着扰动走，那样事情会越来越糟。要用道让自己静下来。

"无名之朴，夫亦将无欲"，用道去教化的时候，被扰动的状态就消解了，万物又将回归没有干扰的、按照规律发展和生灭的轨迹，这才是我们希望的状态。

"不欲以静"，人生最幸福的时刻是宁静的，宇宙空间、整个人生，没有是是非非，看云卷云舒、花开花落，那是最美的生活。所以我们会说享清福，清就是清静，福是世界上最好的状态。今天这件事明天那件事，会搞得自己心神不安，情绪起起伏伏，对身体也不好。人清静下来以后，万事万物就不受扰动了，比如领导者不因为自己的欲望而违背规律去折腾百姓；企业家不因为自己的好恶对员工指手画脚，胡乱管理；家长也不强迫孩子按照自己的偏好成长，孩子的成长有自己的道，家长可以引导，可以塑造，但不要去扭曲。万物的生长各有各的规律，在各自的轨道上生活，井然有序，则天下太平。

人们最容易犯的错误是以自己的主观去泯灭客观，以自己的好恶强行扭曲客观世界，最终害人害己，陷于被动。尊重真理，从事实出发，顺应规律，这是成就事业的基础。

| 第三十八章 |

去掉浮华，净化内心

> 上德不德，是以有德；下德不失德，是以无德。上德无为而无以为，下德为之而有以为。上仁为之而无以为，上义为之而有以为，上礼为之而莫之应，则攘臂而扔之。故失道而后德，失德而后仁，失仁而后义，失义而后礼。夫礼者，忠信之薄而乱之首。前识者，道之华而愚之始。是以大丈夫处其厚，不居其薄；处其实，不居其华。故去彼取此。

这一章内容非常丰富，而且是分了不同层次。我们常说人有三六九等，在老子眼里，不同层次的人有什么表现？请看他的阐述。

"**上德不德，是以有德**"，"上德"就是最有道德的人，最有道德的人从来不显露有道德这个相，意味着真正有道德的人，从来不刻意觉得自己多高尚。一个人有赤子之心，从来不标榜自己，也不觉得自己有多高尚，认为这是自然而然的行为，这叫"上德不德"。如果一个人读过《金刚经》，就可以知道，"上德不德"是没相的人内心达到了圣人的境界，没有圣人的相。《金刚经》说最好的布施是"三轮体空"，比如有德的人给别人一千万元做布施，帮完就过去了，不会念念不忘。上德的人的境界和宇宙大道是一体的，全善纯美，全心全意给众生、社会服务，内心没有一点自我标榜的意思。

"下德不失德，是以无德"，"下德"就是道德没有那么高了，这种人做一点好事就念念不忘。今天请别人吃一顿饭，记在小账本上，想着别人啥时候能还。给别人帮点忙，也记在自己的功劳簿上，给社会做点事，唯恐人民、社会忘记，加一点班如果老总不表扬，心里就很失落、很痛苦，这就是"下德不失德"。当然这种人也做好事，也值得我们学习。社会上任何人，只要做了好事都应该鼓掌，但是和上德的人相比，层次就往下降了一些。

"上德无为而无以为"，就是上德的人和道是一体的，内心已经完全领会了大道，不受外物干扰，没有个人欲望，没有七情六欲，顺应规律，所以什么事都能做成。

"下德为之而有以为"，下德的人做完事之后，往往有很多主观祈求。假如一个学生准备考历史系，因为家庭困难，学费不够，上德的人给他付了学费，他想学什么专业都可以。下德的人给他付学费，之后会讲条件，要求他必须学某个专业，或者将来给予什么回报，下德的人做事是带着自己内心的欲求的。

上德的人做事是无我的，下德的人做事是有我的。带着要求去做好事，就会人为干涉规律，干涉自然界和社会正常发展，干涉别人的意愿。我们主张帮助了别人以后，让别人在自己的成长轨迹上自然而然地发展，将来做一个利国利民的人就好了，不能做一点好事就强迫别人必须怎么样。

"上仁"指仁的最高境界，是"为之而无以为"，跟上德的人一样，上仁的人做事也只是单纯去成全别人，为社会服务，没有要得到什么，乞求什么。"上义为之而有以为"，这种境界就差一点，"上义"就是带着刻意为之的心态做利国利民的事。"上礼"的境界就更差一些，这个境界的人"为之而莫之应，则攘臂而扔之"，意思是做一点事就要求别人必须回应，

| 第三十八章 | 去掉浮华，净化内心

如果不按照他的期待给出回应，他会让别人必须按照他的要求来。就像一个孩子迷路了，我把孩子送回家了，如果我是上仁或者上德的人，孩子安全，我就回去了，把这事忘掉了。如果我是上礼的人，孩子的父母必须写表扬信送到我单位，如果家长没有这么做，我就强迫家长必须写，必须表扬我。上礼的人做一点好事都带着非常强烈的自私念头，目的是得到表扬。在老子看来，这个境界很差了。从做事的角度，上礼值得称赞；从内心境界角度，上礼需要不断提升自我。

德、仁、义、礼，人的道德层次和修为境界在逐渐往下走，到了礼这个层次，尽管也做好事，但那只是表面功夫，其实是自私，是为了让别人表扬自己，让别人对自己歌功颂德。

"故失道而后德"，一个人如果证悟了大道，是境界最高的。德这个境界已经低一点了。大道境界是最高的，往下是德，**"失德而后仁"**，德这个境界如果再往下落，就到了仁，仁再往下就降到了义，如果一个人达不到义的境界，那就是礼。所以**"夫礼者，忠信之薄而乱之首"**，"忠信之薄"就是内在全心全意为大众服务的意愿很小，不过是装样子给人看的。有些学国学的人穿得漂漂亮亮的，见了人鞠躬行礼，那其实只是形式。一个学国学的人，内心是否真正有了提升，有没有全心全意为人民服务的想法？有没有孝敬父母，对家庭好、对同事好？有没有甘于奉献？这才是最重要的。行礼只是表面文章，不能代表一个人内在的境界。

"前识者"就是"礼者"，只搞表面文章而内在境界比较低的人，会产生好多追名逐利的行为，就叫**"道之华而愚之始"**。这句话的意思是只注重虚华、外在，内在境界不够。所以老子的结论是**"是以大丈夫处其厚，不居其薄"**，真正的大丈夫要落实践行道和德，而不是搞形式。有修为的人不看重形式，而是看一个人内在的境界。比如济公禅师，他鞋破帽破，但他是一位大祖师，内心一尘不染。真正的大丈夫更要注重内证的境界，注重内心的净化，而不要光搞形式，花言巧语，装装样子。

好多学国学的人更注重形式，所以有人问我学国学的效果，我说如果用老百姓都听得懂的话来说，应该是优点越来越多，缺点越来越少，从身边做起，对孩子好，对父母好，对领导好，对工作兢兢业业，有人需要帮助就能够提供帮助，内在的修为实实在在。表面上客客气气、给人行礼虽然也重要，但不能因此忽略了内在真实的修为。

这一章的结论是**"去彼取此"**，把浮华去掉，少搞表面文章，扎扎实实提高内在境界，达到内证境界。所谓内证的境界，真实的修为，就是我们学国学以后，心灵得到净化，越来越风清气正，烦恼越来越少。越来越有创造幸福和快乐的能力。如果一个人修得再好一些，修到了无我境界，内心都是社会、人民，越来越愿意为社会做事，为别人奉献，这是更高层次的追求。我们学《老子》，也要懂得少搞一点表面文章，踏踏实实提高自己的修为，多给社会做好事，诸恶莫作，众善奉行，这是努力的方向。

| 第三十九章 |

贵以贱为本，人以谦让为尊

> 昔之得一者，天得一以清，地得一以宁，神得一以灵，谷得一以盈，万物得一以生，侯王得一以为天下贞。其致之。天无以清将恐裂，地无以宁将恐发，神无以灵将恐歇，谷无以盈将恐竭，万物无以生将恐灭，侯王无以贵高将恐蹶。故贵以贱为本，高以下为基。是以侯王自谓孤寡不谷。此非以贱为本邪？非乎？故致数舆无舆。不欲琭琭如玉，珞珞如石。

"昔之得一者"，就是指多少年来凡是证得"一"（也可以称为"得道"）的人。"一"是个模糊的概念，其实就是规律。规律在不同领域、不同行业或者不同身份上的显现是不一样的，比如治国的规律、天地演化的规律、为官的规律、经商的规律，虽然都叫规律，但是显现并不一样，这些规律统一起来就是"一"，也称为真理、规律、道。

能顺从规律的人是什么状态呢？**"天得一以清"**，天可以理解为大自然，是我们生活的客观世界，人类和大自然打交道，如果遵循规律，就会少一些极端的自然现象。**"地得一以宁"**，如果人类活动遵循大地的规律，就会安宁，几乎不会由人为原因引发地质灾害。**"神得一以灵"**，神可以理解为精神，也可以理解为特别的、有生命力的存在，神如果遵循规律，就会对整个宇宙的感知非常敏感、准确。我们说一个人机灵、灵通，就是这个灵，表现为有大智慧。**"谷得一以盈"**，谷可以理解为谷物、庄稼，如果我们种庄稼遵循规律，那就会获得大丰收。**"万物得一以生"**，万物如果遵循各自的成长规律，就会生生不息。

"侯王得一以为天下贞"，领导者如果遵循管理的道，遵循治国的道，天下人都会向你学习。就像《论语》中说的"不能正其身，如正人何"，领导者自己的行为堂堂正正，会引起天下人效仿，受天下人尊重和拥护。如果侯王能遵循治国之道，他就可以治理好国家，率领天下人做出一番事业。

"其致之"，更进一步说，如果我们不遵循规律会怎么样？前文已经正说"得一"是什么状态，现在准备反说如果不遵循规律，不按照大道去做事，结果是什么。

"天无以清将恐裂"，我们和自然界打交道，如果不按照自然界的规律，就没有清澈的天，会山崩地裂，出现非常极端的天气，从而给人类带来极大的威胁。

"地无以宁将恐发"，我们和大地打交道的时候，如果没有遵循规律，破坏了自然，可能会毁掉自己的家园。比如山上长了好多植物，植物根系对山是一种保护，能在一定程度上避免下大雨的时候山体滑坡，如果我们为了赚钱把植物砍掉，就是不遵循规律，破坏自然，一旦下大雨，很可能会造成泥石流。郊区原来是一望无际的田野，现在变成了各种工地，经过建筑材料浇灌后，哪一天我们缺粮食了，再想种庄稼，土地恐怕已经不具备生长庄稼的条件了。

"神无以灵将恐歇"，如果我们的心神不遵循规律，不懂得养道心、置心一处，就会胡思乱想，内心会有很多挂碍，灵光就无法闪现了。我们说一个人"歇菜了"，就是他没有正确的判断能力和认知能力了，失去了对世界的准确理解和感知能力。

"谷无以盈将恐竭",种庄稼如果不遵循规律,粮食产量会越来越低,甚至会颗粒无收。种庄稼要注意什么时候播种,生长周期是多长,什么时候除草……无论是种玉米还是种蔬菜,都要遵循节气,这就是规律,如果不按照规律去做,结果就是枯竭。

"万物无以生将恐灭",自然界中的万物是休戚与共、相互联系、相互滋生的,如果万物之间的关联被打破了,万物生长的规律被打破了,生命就会灭绝。比如有人说,六千多万年前小行星撞击地球,导致恐龙灭绝了。因为地球上的生态环境休戚与共,是相互联系的,外来的力量把生物圈破坏了,万物都难以生存。我们人类和自然界打交道,千万不能破坏与我们休戚与共的生物圈,否则只能自我毁灭。

"侯王无以贵高将恐蹶",管理国家是有大道的,必须遵循大道,尊重规律。经济有经济的规律,政治有政治的规律,商业有商业的规律,文化有文化的规律,比如"扶正固本邪不可干"。弘扬正气,就是文化的规律。如果管理国家的时候不遵循规律,会栽大跟头,说得更严重一点,统治可能会被推翻。所以管理国家的人得兢兢业业遵循治国之道,民众才能信服他、尊重他、拥戴他。

介绍完遵循规律是什么状态,不遵循规律是什么状态,下文进行了总结,"故贵以贱为本,高以下为基",这非常值得我们思考。高贵的、特别尊贵的力量,要通过平凡体现出来。这是极大的智慧。如果国君说自己是最高贵的,其他人都不值一提,这对其统治来说将是非常危险的。

领导者不管有多少财富都得清楚,自己是为员工服务的,最该做的是力争给员工的生产经营创造最好的条件,为员工的发展提供好的条件。领导者放低姿态全心全意为员工的成长和才能发挥创造条件,恰恰可以衬托出他的"贵",这样才能让员工团结起来,共同为企业打拼,最终让企业发展得生机勃勃。

"高以下为基",一个人的事业无论发展得有多好,基础一定要打牢。《华严经》里讲佛菩萨为什么能成为佛菩萨,是因为众生。如果佛菩萨不给众生服务,就永远成不了佛。

在社会治理上,我觉得任何人都不能轻视人民,不能轻视老百姓,地位越高越要把身段放下来,全心全意为人民做事,越有钱越不能骄奢淫逸,反而应该老老实实为社会服务,这才是真正有智慧的人。

古代侯王自称"孤寡不谷",这是很谦卑的词,他们位置很高,说话却很谦卑,说自己德行不够,修为不够,越是谦卑越能得到人民的尊重。这里有一个心理学秘密:一个人的身份已经很高了,特别有权力、特别有钱,别人会怎么看他?他们其实心里是希望他从高高的位置上降下来,站得跟他们一样高,甚至比他们还低,心理才会平衡。所以一个人如果握着人民的手说老百姓才是我的父母,老百姓心里会更认可他。如果骄横跋扈大手一挥说"我最厉害,你们算什么",轻视老百姓,那一定没有好下场。

学了这一章以后,我们要知道无论自己位置有多高,都要谦卑地站到人民中间,踏踏实实,真心实意地给老百姓做事,这才是有智慧。

所以"致数舆无舆",有两种意思。第一种意思是别人吹捧你,给你最高的荣誉,但那不是荣誉,有时候会把你推到火坑中。当一个人被吹捧到无以复加的位置的时候,就只剩下接受批评和指责了,往往就会走下坡路。另一种意思是最高的荣誉是不露声色、不显山露水地为人民服务,功成不必在我。这两种意思都非常值得我们学习。第一种意思启示我们,不要接受别人的吹捧,要永远保持清醒,保持谦卑,始终有自知之明,这样才是安全的。第二种意思启示我们,应该不求名、不求利,不露声色地为人民服务。

我们要有"功成不必在我"的觉悟和担当,不是做什么事都要捞个名。即便是尽到了为国为民的责任，人民没有记住我们，史书上没有记载我们，我们仍然不露声色地把事做了，这是非常高的觉悟，体现了很高的人生境界。

"不欲琭琭如玉，珞珞如石"，是说我们不要老是追求得到多大的名声，多被人关注。为人民服务，为社会做事，不是非得有新闻宣传。有人也问过我，弘扬中国文化，给社会做事，教育部知道不知道？有没有上级部门表扬？其实我只是想作为一名最普通的公民去弘扬中国文化，推广优秀的文化产品，造福社会，润泽社会，我觉得这是我应尽的义务，是我作为一个中国人应当担负的责任，跟别人是否表扬、是否认可没有任何关系。

我们一辈子平平安安、力所能及地尽一个知识分子对国家的责任和义务，就已经很好了。

| 第四十章 |

体会有形世界的无形规律

> 反者,道之动;弱者,道之用。天下万物生于有,有生于无。

这一章的内容虽然很短,但是它把大道怎么显现和万物生长的规律说清楚了。

"反者,道之动;弱者,道之用",讲的是大道的运行状态。"反者,道之动"就是大道在运行时候的一个特点:任何事物运行到一定程度以后就会朝相反的方向走。阴极阳生,阳极阴生。一个人的事业发展到了顶端以后就会走下坡路,一个人倒霉到山穷水尽的时候可能会"柳暗花明又一村"。

有一个成语叫"居安思危",一个人发展得非常顺利的时候,内心要很谦卑,知道自己有缺点,永远不自满,让人生状态一直是上升的。如果一个人发展得比较快,到三四十岁时觉得自己了不起,仿佛可以藐视天下,必然带来灾祸,这种例子比比皆是。

如果我们走背运,或者事业非常不顺,也不要气馁,因为在经历苦难挫败的时候,反思痛苦,总结成长的经验教训,痛苦到极点就会反弹了。

| 第四十章 | 体会有形世界的无形规律

而且往往是在失败的时候经历多少痛苦和磨难,在磨难中产生多少反思,将来反弹的力量就会有多大。有一句话说,上天对你关上一扇门,就会给你打开一扇窗,关键是自己有没有发现和创造机会的能力。这是有道理的话,因为发展到极致,无论是好还是坏,都会往相反的方向转化,这是大道运行的规律。纵览历史,可以发现任何一个朝代刚建立的时候都是生机勃勃的,达到鼎盛之后往往会走下坡路。我们中华民族的伟大复兴,要吸取历史的教训,民族精神不要倦怠,否则国家将会有大波折,甚至灾难。我们中华民族需要永不张狂,永远谦卑,知道困难很多、问题很多,如履薄冰,如临深渊,不断前行,才能够行稳致远。

"反者,道之动;弱者,道之用"是说得道之人的状态。有道之人要在为人处世、做事业的过程中,把得道的境界和智慧用出来。真正有大智慧的人在万物面前不要求别人怎么做,因为万事万物各有各的规律,如果一个人非得以主观去对抗万事万物的规律,那无异于"蚂蚁缘槐夸大国,蚍蜉撼树谈何易",螳臂当车,以主观对抗客观规律,会被历史的车轮蹍过。

有道的人应该怎么办呢?避免主观,不带着强烈的主观意愿去指挥别人。和万物打交道的时候,总是随着万物的规律,滋养万物、成全他者、顺随世界。外人看了,会觉得这个人不强势。

得道的人能够正确认识外界事物的规律,从而尊重规律,顺从规律。比如,人到了八九十岁会衰老是客观规律,一般就不会去参加马拉松比赛等剧烈活动了,这时候就得把主观意愿去掉,不是想怎么样就怎么样,而是能做的事就做,不能做的事就不勉强,否则会引来灾祸。如果你八九十岁了还不服老,不服输,仍然去参加过于剧烈的活动,那就会有危险。比如参加马拉松比赛需要经过系统训练,而且身体没有隐性疾病,没有急症,否则,脑子一热就报名参赛,那不叫强者,那叫一时冲动,是会招来大祸的。

"万物生于有，有生于无"，天下万物都从有中显现出来，比如植物从泥土里生长出来。有从哪里来呢？"有生于无"。"无"可以理解为能量、自性，在不同角度有不同的理解。物理学角度的"有生于无"，指能量是看不见的，能量可以变化成质量，而质量是有形的。如果从佛法角度来理解，"无"就是自性，心生万法的过程，类似于"有生于无"的过程。根据人们自己的认识、体悟从哪个角度理解都可以。"有生于无"也可以理解为规律、大道。每个人通过看得见的东西领会其背后的规律，往往有时候看不见的规律作为内在力量支配着看得见的事物发展。

我们这一生，应该善于在有形的世界背后体会看不见的规律，然后去遵循规律。在人生、社会、自然宇宙中掌握主动，让人类少走弯路，让人民生活更加安康吉祥，这是我们学习经典的一个目的。

| 第四十一章 |

道隐无名，道在万事万物中

> 上士闻道，勤而行之；中士闻道，若存若亡；下士闻道，大笑之，不笑不足以为道。故建言有之：明道若昧，进道若退，夷道若颣。上德若谷，大白若辱，广德若不足，建德若偷，质真若渝。大方无隅，大器晚成，大音希声，大象无形。道隐无名，夫唯道善贷且成。

这一章总体是讲怎么形容有道的人、证悟了大道的人是什么状态，再扩大一点，是讲众生面对道时表现得有什么不同。

开头三句话讲了不同的人在面对大道的时候的状态。"**上士闻道**"，大众中最聪明的一类人——这个聪明是说智慧，不是小聪明——听闻了大道之后，"**勤而行之**"。资质最高的人听闻了真理之后，马上知道这是好东西，明白这对自己的生命意味着什么，对自己的未来意味着什么，他就知道这一生应该往哪个方向走。听闻大道以后，他人生的疑惑和人生应该追求的终极目标都解决了，真理要求怎么做，他马上去做，立即去证道、行道。大道解决了他安身立命的问题。

"**中士闻道**"，中士是资质一般的人，不是特别出色，但也不是很差。他们听闻了真理之后，"**若存若亡**"，一方面觉得很好，另一方面又在想是这样吗？信任又不完全信，有点患得患失，优柔寡断。

"下士闻道，大笑之"，下士是资质最差或者缺乏智慧的人。这批人闻道以后哈哈大笑，这个笑是嘲笑，他们为什么要嘲笑？很多智慧不够的人或者层次比较低的人，不仅不会尊重道，而且会嘲笑讲大道的人。因为大道的高妙智慧，远超出资质比较差的人的理解能力，他们理解不了，甚至认为有大道的人可能有问题，所以才会嘲笑。

"不笑不足以为道"，这句话很有意思，一个真正证悟了大道的人有一天去给大众讲道，如果资质很差的人不嘲笑他，那还证明不了他真正得道了。这是老子一个比喻的说法，其实他想表达的是资质比较差的人或者没有智慧的人听闻了大道以后，不仅不能认识到这是真理，是值得用一生去证悟追求的东西，而且由于脑子里可能都是名利、金钱等很现实的概念，让他超越层次去理解大道是不可能的，所以他还会以自己的见识去嘲笑得道的人。

老子揭示了众生中不同的人以不同的状态在面对得道之人的表现，刻画描述得非常形象。我们可以对照看看自己处在哪个层次。如果你推心置腹地给一个人讲特别好的道理，他聪明，一听就知道这是好话，马上就会照做。如果他对你讲的道理有所怀疑，那他的层次就稍微低一些。给层次比较低的人推心置腹地讲非常高妙的道理，你得到的不是真诚的回报和尊重，反而是嘲笑，他认为你在说谎、在骗他。恰恰是因为层次低的人嘲笑，反而证明你说得真有道理。

"故建言有之"，是说古往今来立功、立德、立言的人都是这么说的，可以解释为"真正有智慧的话是这样说的"。

"明道若昧，进道若退，夷道若类。上德若谷，大白若辱，广德若不足，建德若偷，质真若渝。""若"是一种比喻，用来说明真正有道的人、境界和智慧比较高的人，是什么状态。

"明道若昧"，他内心清清楚楚，可是如果用语言和逻辑来表述，会发现捉襟见肘。因为道是内在证悟的境界，单纯用文字和语言很难描述。语言并不能完全把道的状态清晰呈现出来。"进道若退"，真正悟道的人，人生是往前走的。领会了大道的人和普通人相比，境界已经超出普通人了，但是在普通人看来，修道的人、证道的人仿佛很消极，他们的生活没有那么多追求。其实这恰恰是因为真正证悟了道的人知道什么值得追求，什么应该追求。有了这个觉悟以后，他们已经不追求声色犬马、纸醉金迷了。这时，在普通人看来他是退、消极、没有追求，但是这种退步恰恰是向前，人家已经风驰电掣般往修道的方向、追求真理的方向大踏步前进了。

"夷道若类"讲的是面对平坦的大道，如果你真去修证的话，仿佛会有很多崎岖、很多考验。人这一辈子最应该走的是觉悟人生的路，可是真正走在觉悟人生的路上的时候，就会发现这条路绝不是一帆风顺的。任何成就都不是敲锣打鼓送上门来的，中间都有无数考验，为什么有那么多考验呢？宇宙的能量是平衡的，只有经历无数艰难考验，才能悟道。孔子周游列国，佛陀既在雪山里苦行过，也在森林里跟着苦行的人修证过，都吃过大苦。

"上德若谷"的"上德"可以理解为最高妙的道德，谷代表谦卑，海纳百川，还包含了把万事万物包容起来，把自己奉献出来的含义。真正有德行的人能容纳天地，甚至愿意把自己舍出去为众生做事。

"大白若辱"的"若辱"是仿佛有缺陷。一个人修到一定程度以后就像没有污点，这是什么状态呢？他不杀生，爱惜天下万物。一般人会认为这个人不够勇敢，不够洒脱，做事的时候患得患失。老百姓不能理解没有污点的人的想法，以自己普通人的角度去考虑，觉得这种人跟别人发生争议的时候只会一味忍让退缩，真是没有勇气没有担当。"若辱"不是真正的辱，而是内心没有污点的人做事的时候明因识果，不盛气凌人。

"广德若不足"讲的是一个人德行广大，他恰恰处在内省的状态，德行越广大越觉得自己缺点多，待人接物就越谦卑，经常自省自己哪里做得不够好，这种状态在普通人看来就是不足了。因为德行广大，所以他处处用高的标准要求自己，待人接物的时候唯恐伤害别人，唯恐自己哪里做得不好，留有遗憾。

"建德若偷"指真正有德行的人的内在状态是积极有为的，外在的表现为"若偷"，就是懒惰懈怠。实际是有德行的人看事情长远，做事不鲁莽。有些事情一定要担当，有些事情一定要做，但做的时候考虑周全。有德行的人是有选择地做事，不像莽夫一样盲打莽撞，把事情弄得不可收拾。这种状态在一般人看来是懈怠懒惰、畏首畏尾，不敢像大丈夫一样大刀阔斧去做。实际上，真正有德行的人考虑事情跟普通人是不一样的。

"质真若渝"的"质真"是纯朴，一个人修到一定程度就把杂质去掉了，把普通人经常有的算计别人的心理去掉了。"渝"是混沌，类似《金刚经》里讲的没有分别。很淳朴的人待人接物的时候，天真无邪，没有普通人的分别心、势利心、攀缘心，以真诚、善良、友善的态度去对待别人。在普通人看来，仿佛这个人没有开化、心眼少，其实他是修到了一定程度，以纯朴的心对待所有人。

从"明道若昧"到"质真若渝"，都讲的是一个人证悟了大道之后的状态，普通人往往会对其产生误解。其实是普通人证悟不到那个层次，没办法理解或者不容易理解。

"大方无隅，大器晚成，大音希声，大象无形。" 这是对大道的形容。大方，是没有边界的真正的大。比如你的房子有多大？不管是两百平方米还是三千平方米，都有边界。只要有边界，就不够大，真正的大是没有边界的。类似孔子讲的"君子不器"，是说有大智慧的人有真正的自由，任何东西都限制不了他。"大方无隅"讲的是一个人真正开了大智慧以后，任何东西都束缚不了他的智慧，不像一般人学了西方哲学对中国哲学就不理解，学了西医就满脑子西医，对中医不理解，这都是缺少智慧的表现。没有边界，任何东西都不会对自己造成控制，就是智慧通达的标识。

我们经常用"大器晚成"形容一个人一开始发展得不太好，后来做成了一番事业，实际上背后是有深刻的道理的。成就一番伟业是需要各种条件累积的，要求二十多岁的人就能做出惊天地泣鬼神、扭转乾坤的事，基本不现实。一个人真正做出一番大事业，需要具备各种条件，经受各种历练，经历各种艰难曲折的探索。有的小孩由于有天赋，参加比赛一举成名，得了很多奖，赚了很多钱，但他不是"大器"，他生命的历练和阅历还远远不够。也就是说，面对人生和事业的无数考验和困难，他还没有驾驭能力。这个孩子忽然有了很多钱，变得有名，鲜花和掌声突然来到面前，他后来可能会很苦，因为他的资质和能力还不能驾驭这些。就好比你的能力只够骑自行车，突然让你开一辆超级跑车，这是好事吗？很可能会车毁人亡。

"大器晚成"有非常深刻的道理，真正做成一番大事业的人，需要具备各种条件，尤其是他们的心智、德行、能力、境界、胸怀等都要达到一定程度，这是需要时间历练的。这里我特别给年轻人说几句，多在基层、小事上历练，积累驾驭能力、组织能力、胸怀、格局、沟通能力、人脉等，积累到一定程度后，无论面对多大的局面，你都能驾驭，不会飘飘然，也不会做人猖狂。你已经可以做成一番事业了，再有机会的时候，机会才会属于你，否则有机会你也会抓不住，承载不起。

"大音希声"的"大音"也可以理解为大道。一般人听什么声音呢？乱耳的丝竹声。"大音"不是用耳朵听的，它是整个世界的真理，可以理解为是用心去听的，用心去证悟的宇宙背后的真相。

"大象无形"讲的大道是无形无相的，不可以用任何具体的东西来拘束它。道是语言没办法完全描述的，更是无形的。佛家很有智慧，给它起了个名字叫"真如","如"就是像什么。道是什么？一个人悟道了、有大成就了，他就是真如的状态。

"道隐无名，夫唯道善贷且成"，这是总结性的说法，结论就是道在万事万物中都有所体现。有人问庄子，道在哪里？庄子说道在瓦砾中，道在草芥中。那人一听就觉得很紧张，说大道不得是富丽堂皇的吗，怎么会在瓦砾和草芥里？庄子告诉他，哪里没有道？言谈举止之间、扬眉瞬目之间都有道。道是宇宙背后的真理，真理弥漫于整个宇宙空间，任何微小的空间里都有道，任何广袤无边的环境里都有道，所以"道隐无名"，无处不有道，没办法给道一个固定形状。有人就问，为什么没办法给道一个固定形状？一旦给道一个形状，它就会被拘束。就跟我们看人一样，有人告诉我某人很稳重，我说这话未必说得对，稳重是他一方面的表现，当你说他稳重的时候，就把他非常活泼的一面给隐去了，其实他不仅稳重，还很活泼。对方说，那他既稳重又活泼。我说这又只说了一部分，他在有些方面表现得还很急躁。

我们形容一个人的时候，任何词语都是限制，都是把无限丰富的他限制在一个词语上了。南怀瑾先生说当老师真是倒霉了，我特别理解他的话，因为学生喊你老师，就把你的形象固定化了，他认为你就得正襟危坐，就得是一副夫子形象。你开个玩笑，他会认为你轻浮，你有时候穿衣服随意一点，他会说你这个人不庄重。如果你做的事情和他对你的定位不一样，他就会对你产生怀疑。道无名，给它一个名就是限制它，任何对它的限制都是不对的。道是一切，所以"道隐无名"。

道有什么功能呢？"善贷且成"。"贷"就是给予，意味着奉献、成全，所有得道、悟道的人在做人的表现上一定都是仁爱天下，慈悲为怀，成全众生的。真正悟了道的人，会顺应天地万物的天性，成全万物，滋润万物，没有任何自私的想法，就像一滴水融入大海以后与之融为一体一样。

| 第四十二章 |

三生万物，压力也是动力

> 道生一，一生二，二生三，三生万物。万物负阴而抱阳，冲气以为和。人之所恶，唯孤寡不谷，而王公以为称。故物，或损之而益，或益之而损。人之所教，我亦教之。强梁者不得其死，吾将以为教父。

这一章涉及宇宙的生成，还涉及世界的基本结构和一些为人处世的道理。

"**道生一，一生二，二生三，三生万物**"，从哲学角度来看，"道生一"的"道"可以理解为宇宙最初的生成力量，它是怎么显现出来的呢？印度有一个祖师爷，他的老师问他修得怎么样，他告诉老师，他悟道了。一般人是不能这么说的，不是你说悟道就真悟道了，但他很自信。老师就问他，你的道在哪里？祖师爷说，道在作用。大道是怎么体现出来的？道看不见摸不着，无形无相，怎么说明你悟道了呢？道在作用。道体现在他为人处世、思考问题和待人接物的方式上，以及他的整个智慧状态上，就叫道在作用。

大道无形无相但是客观存在，再往下演化，就会形成对立面，可以总结为阴阳，阴阳对立，"一生二"。阴阳也是中医最核心的概念，一个人的身体阴阳平衡，就不大会出问题，出了问题的人都是因为阴阳不平衡。"二生三"代表什么呢？阴和阳的结合状态就是三。阴和阳这两种能量在结合的时候有几种状态呢？有无数种，所以"三生万物"。整个世界无限复杂的状态就出现了。这几句讲的是宇宙的生成论。

有些人把这和宇宙大爆炸理论以及现代物理学衍生出来的好多理论结合起来谈，也是没问题的。我是从哲学的角度讲，这是我在内证的状态里，对整个世界万事万物生成演化做出的高度概括。

"万物负阴而抱阳，冲气以为和"，这句话对我们生活的方方面面都非常重要。负就是背，是阴性的力量；抱阳，就是面向生长的、向上的力量。阴和阳，我们不好用语言说清楚，阴可以理解为相对静态的力量，但也起着很大的作用。万事万物背靠的是静态的力量，面向的是动态的、向上的力量。

阴阳两种能量在事物状态里怎样才是合理的呢？"冲气以为和"，要让阴阳两种能量保持在和的状态里。"冲气"指的是让阴阳两种能量保持平衡状态的能量，很多时候表现为，一方面是你的实际状态，另一方面是你内心的状态，就是你的念头。

一个人如果要保持身体健康，就要善于观察身体，保持阴阳平衡，这说起来容易，做起来非常难，尽管难，还是要尽量让内在的力量保持平衡。不能大喜大悲，不能有大惊恐，各种强烈的情绪也不要有。心平气和、气定神闲，这就是在调动"冲气"，它能让你的情绪保持平和。有时候你可以表面上生气，内心不生气，至少要让能量保持在一种平衡状态。

年轻人都想万众瞩目，希望被很多人追随，可是什么样的人才能让大家追随？万事万物都是"负阴而抱阳"的。阳就是动态地给人希望、给人能量。如果有人是能量体，给人温暖，给人希望，给人智慧，他就能成为万众瞩目的中心。你要想成为万众瞩目的人，成为被无数人敬仰爱戴的人，就要成为阳。成为阳以后，万事万物都朝向你，拥戴你。阳也意味着你要去布施，要给人希望，给人温暖和力量，你绝不能做负能量的人，散播负面言论让大家不舒服，那样大家会远离你。任何行业里领袖级的人一定是阳，他们源源不断地帮助别人，成全别人，让人感觉他们是希望所在，是智慧的源泉，大家才愿意拥戴、倾听、支持他们。

"人之所恶，唯孤寡不谷，而王公以为称"，人特别讨厌的是哪些称呼呢？孤、寡、不谷，这几个词都不太好，都是少的意思，"不谷"是不结籽，直白一点来说就是废物，没什么用。大家都喜欢丰盛富足，谁喜欢少啊？但这几个词皇帝会用来自称。周天子就这么自称，春秋战国以后周天子地位下降，很多诸侯僭越身份，也开始用来自称。这句话的意思是特别有智慧的人往往处众人之所恶，他们跟普通老百姓的区别是什么呢？普通老百姓趋利避害，哪里有光就去哪里，哪里有便宜就去占，哪里有好处就去抢；有智慧的人是哪里有危险就去一肩担起，哪个地方需要奉献就去付出。众人不想去的地方，真正的英雄想去，人家的智慧德行跟普通人不一样。"岁寒，然后知松柏之后凋也"，他们恰恰要在考验来临的时候，站在风口浪尖，愿意去历史的前台承担责任。

"故物，或损之而益，或益之而损"，这个道理对我们很有用。有些事情你越损它，往往对它越有帮助，人也一样，往往你打压他，他成长得更快。你刻意优待他，反而容易让他成长得不好。

有个人的家庭条件比较好，他有个继母，继母对自己亲生的孩子非常好，对他不怎么好，这就使得他生活很不容易。结果在夹缝中生存反倒让他成为大才，因为夹缝中生存给了他磨炼，恰恰应了孟子的话："天将降大任于是人也，必先苦其心志，劳其筋骨，饿其体肤"。被特别照顾的孩子娇生惯养，没有得到历练，可能会变得心胸狭窄，也不懂得尊重人。

对年轻人来说，面临困境其实也不完全是坏事。温柔富贵乡里养出来的人有时不能承担大事。南唐后主李煜写的词很好,可是在国家危难的时候,他束手无策。

人的成长往往需要压力,培养年轻人不能光表扬,也要给他压力,让他到艰苦的地方历练,他才能更好地积累才干,成为大才。娇生惯养往往会培养出懦弱的、不能承担使命的庸才。

"**人之所教,我亦教之**。"古往今来,有智慧的圣人都是这么教育人的。我读经典名著,也是这么教育学生的。

"**强梁者不得其死**",飞扬跋扈的人、恶贯满盈的人、横行乡里的人、仗势欺人的人,几乎都没有好下场。这种例子很多,恶霸经常欺负别人,能有好下场的不多,但是这个现象背后的道理更值得我们思考。为什么"强梁者不得其死"?是因为飞扬跋扈、鱼肉乡民的人往往自以为很有能力,根本不懂得规律和道,更不懂得"天道无亲,常与善人"。不懂得世界的规律要求我们每个人尊重别人,宽容别人,帮助别人,成全别人,奉献自己,反而依仗着有钱有权的家庭背景飞扬跋扈,这是违背真理、违背道的做法。

我们在规律面前不能有任何狂妄,只有一种态度是正确的——谦卑,认识规律,尊重规律,顺应规律,除此之外没有第二条路。"强梁者"违背大道,必受规律惩罚。

"**吾将以为教父**",这是指我把这话很中肯地告诉给大家,也告诫我自己,这是我一生的行动指南。

| 第四十三章 |

打破认知障碍，客观看待世界

天下之至柔，驰骋天下之至坚，无有入无间，吾是以知无为之有益。不言之教，无为之益，天下希及之。

这一章和其他章有相似的地方，表达的思想是"道眼观天下"。主要是说觉悟的人、得道的人是怎么去看待世界、看待社会、看待天下的。

什么是**"天下之至柔，驰骋天下之至坚"**？这里我们要体会背后的意思。"至柔"一般理解为水，很多人认为水能放在任何容器里，以此来解释这句话，实际上用水来形容不合适，因为其表达的是无我的状态。人和人之间的交往，或者人和世界打交道的时候，普通人都带着"我"的状态，这其实是一种固化，把自己包装在"我"里和世界交往。一个个被小我包裹起来的力量，自然会发生碰撞。"至柔"是一个人没有"我"，那么他和世界打交道的时候是什么状态呢？"驰骋天下之至坚"，他和世界任何事物或者生命打交道的时候，都能够随顺对方的天性和规则，以恰当的方式打交道。

什么是"至坚"呢？有人说金刚石坚硬。其实，事物相生相克，将宇宙空间任何有形的事物形容为"至坚"都是不对的。至坚表达的是什么呢？是被强烈的我执包裹的状态。和我执非常强的人打交道是很不容易的，因为他们总是带着小我去看世界、看别人。处于无我状态的人和我执很强烈的人打交道，前者能够随顺后者的天性，找到打开我执的钥匙。

这其实表达了一个得道的人用无我的状态和任何事物、生命打交道的时候，总是能够放下小我的执着、偏执，真正去认识对方的规律、特点，在随顺对方规律、特点的基础上，找到恰当的打交道方式。

很多人往往在和世界打交道的时候先入为主，已经形成了对某个事物或者个人的成见、看法，而且这种成见、看法和真实情况往往不一致。带着偏见对人指手画脚，最终没有不失败的。

比如主观主义和教条主义错在什么地方？主观主义自以为是，有强烈的我执，教条主义也是一样的，也是以为自己读的书、看到的道理就是真理，严重脱离实际，以此为准则和世界打交道，最后会害人害己。

"无有入无闲"，"无有"是无形无相，其讲的是一个人带着无我的状态可以和世上任何事物打交道，不会自以为是，不会先入为主，能够真正客观呈现出世界的真实面貌，以最符合事物或者人的规律、特点去与之打交道。

"吾是以知无为之有益"，就是通过无为状态带来优势或者利益。无为到底带给我们什么利益呢？一个人无为，就打破了和世界打交道的障碍。我们无论是和人打交道，还是和任何事物打交道，最大的问题都是能不能客观认识到对方内在的规律和特点，做到实事求是。比如我们和一个人打交道，对这个人不了解还要深交的话，后果是非常严重的，很多人因此上当受骗，甚至把命搭进去。比如将军如果对战争不了解，对对手不了解，对地形不了解，对天气气候不了解，那可能会导致全军覆没。再比如你要勘探矿山，如果对地形不了解，对地质状况不了解，那会功败垂成。所以我们和世界打交道最大的障碍是我们不能认识到世界的真实状况，不能全面客观地了解打交道的人、事物是什么样子的。那么，怎样才能真正认识世界呢？

无为就是无我，要把无我的状态呈现出来，打破人和世界、和他者之间的认知障碍，客观地了解世界、了解人，然后采取合适的方法。

它意味着无论你曾经学了多少东西，面对事情的时候，都不会先入为主。自以为是，单凭主观想象做事，那会犯大错误，最终会害人害己。我们要有一片空灵之心，客观看待事物，理性思考。

"不言之教" 就是按照道去做事，遵循规律，认识规律，真理是超出语言限制的。孔子也有这样的感慨："天何言哉？四时行焉，百物生焉"。**"无为之益"** 就是一个人消除我执之后，能够客观全面地了解世界，才能找到最正确的方法把事情做好。**"天下希及之"**，天下能做到这种程度的人真是太少了，或者说太宝贵了。很多人读了很多书，但是脑袋里往往被概念、逻辑、框架束缚，反而没有大智慧，先入为主，自以为是，用严重脱离实际的框架理论对现实指手画脚。这种人往往会失败，最终害人害己。

| 第四十四章 |

知止不殆，知足常乐

> 名与身孰亲？身与货孰多？得与亡孰病？是故甚爱必大费，多藏必厚亡。知足不辱，知止不殆，可以长久。

这一章讲的也是用道眼看世界，如何更智慧地生活。

"名与身孰亲"，名声和身体哪个更关系到自己的利益，或者更关系到自己的存亡？现实中很多人为名声所累，结果身体出了问题。我身边也有这样的人，为了得到一大堆虚名，最终使自己的身体出了问题。那虚名还有什么用呢？

"身与货孰多"，身体和钱财哪个重要？有人这样形容：年轻的时候用身体去赚钱，中年以后用钱来养身体，这种人还算不错了，很多人甚至都活不到中年以后，年纪轻轻就出现重大疾病。老子问我们，身体和钱财哪个重要？应该是身体重要。当然有些人为了生计，为了养家糊口，迫不得已要劳心劳力去赚钱，我们也能理解。但是还有很多人并不是那么缺钱，比如有些老总，实际不缺钱，也没有搞清楚钱财和身体哪个重要，结果一味追求钱财，把命搭进去了。

"得与亡孰病"，得到和失去哪个有问题或者哪个有害。我们一般人都喜欢得到，得到钱财名利、身份地位，不太愿意失去，都认为失去是件痛苦的事。老子问得和失哪个不好？一般人认为得好，失去不好，实际上，得和失各有各的不好，也各有各的好。有时候得到好，也有时候得到会带来严重的负担。比如，我们都喜欢得到名利，但得到名利之后容易被人嫉妒、谩骂攻击，或者造谣。这是得到名利的副作用，也得承受。

得和失哪个好？都好也都不好。一般人认为，我要得到不要失去，其实有时候得到也需要有承受能力。无论是得到大名、大利、大权，得到什么都必须要有承受能力，得到大的权力，背后的考验大得很，如果承受能力或者驾驭能力不够，那可能会身败名裂，甚至有可能把身家性命都丢了。所以不要简单地以为得到就好，失去就不好。有时候失去也好，我们老说放下才有自在，才能轻装上阵。俗人认为得到好，失去不好，老子认为不是这样。老子是个懂辩证法的人，应该说，放在整个宇宙时空里，得和亡、身与货、名与身的关系都是辩证的。

"是故甚爱必大费，多藏必厚亡"，"甚爱"就是偏执，爱得过分，呵护得过分，必然会对自己造成极大的消耗。我曾经看过一篇报道，说有个女孩本来长相还可以，非要去韩国整容，结果整容以后的脸远没有天然的可爱。爱名、爱利、爱地位、爱美，不管哪一方面爱得过分了，都会对自己造成极大消耗。

"多藏必厚亡"，一个人只知道赚钱积累，我们不妨问他到底是在给谁赚钱，给谁积累呢？中国几千年来，各位帝王以及他们的朝代都已经随风而去了。"亡"讲的不光是消失，更是指不知道被谁所有了。它表达的一个意思是，我们这一生够吃够喝够用是必要的，超出实际需要的东西，除了让我们劳心费神之外，到底有什么意义？

下面结论来了。**"知足不辱"**，"辱"从狭义来讲就是受到侮辱了，从广义讲是烦恼，"知足不辱"就是一个人知道自己的边界在哪里，烦恼才会少。无论有多大的名声都想要更大的名声，无论有多大的权力都想有更高的权力，无论有多少财富都想要更多的财富，都是不知足。不知足则会增加无穷的烦恼。

老子《清静经》中讲到的"浊辱"也告诉我们，一个人知足，内心对自己的欲望有所节制，对自己拥有的东西就会感到很欣慰、很满足、很欢喜。知足，内心的烦恼就很少。

"知止不殆"，这里的"不殆"是指不至于遇到危险，一个人知道边界在哪里，什么事可以做什么事不可以做，就不容易遭遇重大危险。中国历史上有很多人是不知止的，帝王杀功臣，一般人会同情功臣，这当然有道理。但如果认真研究中国历史，就会知道，征伐天下时需要能征善战的军人开疆拓土，而经历了无数战乱之后，天下太平，帝王最怕的就是这些人造反。这些人在战场上厮杀可以体现他们的价值。天下初定，人民需要安居乐业的时候，他们如果"知止"，知道自己完成使命就该退隐休养了，那就没有危险。就像北宋赵匡胤"杯酒释兵权"，石守信等人就是知止的。但是有些功臣居功自傲，内心不满，对待遇不知足，在帝王看来，他们会对国家稳定造成重大威胁。这时候他们就会很可能被杀。

"知止不殆"在企业经营角度意味着企业家要知道自己能做什么不能做什么，擅长什么，不能碰的是什么。很多人赚了钱以后盲目扩大经营规模，最终导致资金链断裂，企业帝国轰然崩塌。

无论是企业家还是普通人，无论是开疆拓土的将军还是国家领袖，都要知道，有些事情是你力所不能及的，如果不知止，就会让精力、资源白白耗费。

"知止不殆"对我们做人做事都有重大启发，知道自己必须做的是什么，知道自己力所不能及的边界，就不容易遇到大危险。知足，内心的烦恼就会少；知止，遇到重大危险的可能性就小。懂得这些道理而且做到了，就能获得可持续发展。

第四十五章

看清规律，以不变应万变

> 大成若缺，其用不弊；大盈若冲，其用不穷。大直若屈，大巧若拙，大辩若讷。躁胜寒，静胜热，清静为天下正。

这一章讲的同样是以道眼观天下，告诉我们一些得道的人看世界的状态。

老子的话有两个体系：一个是以道眼观之，在觉悟者或者大智慧的人那里是什么状态，一个是在众人那里是什么状态。《老子》是觉悟者对没有觉悟的人进行引导、教化的一本书，描述的状态是觉者的状态，用觉者的状态来启发普通人。比如"大巧若拙"，觉者的状态是很巧的，但在普通人看来就是拙；"大辩若讷"，辩才无碍是大觉者的状态，可是在普通人看来恰恰感觉这很木讷。也就是说，真正大彻大悟的人的状态，普通人是不理解的，俗人看这种人的时候，就会用普通人的眼光去做判断。

"**大成若缺，其用不弊**"，我们先要对整个世界的状态有个基本的了解。我们生活的世界是有成有毁的，是不圆满的，要求完美无缺是不现实的，宇宙大规则就是这样的。《易经》中说"一阴一阳之谓道"，讲得很清楚。马克思的哲学著作《反杜林论》里讲矛盾的对立统一是世界的基本规律，有成、有毁、有阴、有阳、有圆、有缺是世界的常态。世界所谓的圆满其实也是有缺憾的。我经常讲，一辈子不要要求圆满，人总是会有遗憾的，这个世界是不圆满的，生活在其中就被限制在不圆满状态里。大圆满、大成就也是有缺憾的，但是这种缺憾只是普通人的观点。

比如开国帝王在特定的时节因缘承担使命，结束一个旧时代，开辟一个新时代，他们是完成了使命的，但是他们也有很多不圆满。普通人有时会拿着这些不圆满吹毛求疵，说三道四。当然，我们需要批评，需要反思，也欢迎批评，问题是没有人的人生是圆满的，这不影响人家有大成就。任何一个取得丰功伟绩的人，人生都会有很多不圆满。懂得这个道理了，做事情的智慧才能持续下去。

"大盈若冲，其用不穷"，能量满满叫盈，但是能量满的状态不是静止的，而是运动的。如果我们仔细观察人类社会发展趋势的能量，会发现一切都是运动的，真正有智慧的人要学会随顺能量建功立业。比如，中华民族近代经历了那么多苦难和波折，已经沉入谷底，之后一定会反弹，在吸取了近代的苦难和血泪教训后，民族就会崛起。懂得了这个道理，看一看谁会在中华民族的历史上留下足迹。只有随顺力量站在中华民族伟大复兴的立场上，助力中华民族伟大复兴，将小我融入民族复兴的大事业中去的人，才能在中华民族的历史丰碑上留下浓墨重彩的一笔。这个能量就是"大盈若冲"。要学会在变化的过程中找到自己的定位，在随顺能量的过程中建功立业。

应该说，现在世界各种力量重新分配，碰撞激荡，中国面临的是百年未有之大变局。要清楚，近代以来人类社会固然取得了很大进步，但是对存在的问题仍然需要深刻反省，未来人类文明前进的方向在哪里？这是世界一流的政治家和有智慧的人要思考的，这样才能知道人类文明的力量。要看清楚力量在往哪里走，国家定位是什么，个人定位是什么。

近代以来，西方国家在整个世界格局里占据了主导地位。西方国家给世界带来了什么呢？带来了科技，还有一系列理念。比如弱肉强食、零和游戏、丛林法则等，这些理念血淋淋地摆在世界人民面前。近代以来所有后发展的国家几乎都遭过西方列强的杀戮欺压，中华民族更是伤痕累累。那我们要问，什么是人间正道？谁弱了就欺负谁是人间正道吗？不是。人间正道是中国提出来的，万物并育而不相害，道并行而不相悖，人类是命运共同体。大家互相帮扶、互相尊重、互相包容、互相支撑，这样人类才有未来。

中国提出的很多理念是解决西方主导的世界格局弊病的一剂良药。从某种程度来说，未来中国智慧所提供的方案会对人类的文明产生重大推进作用。作为中国人，我们要感到自豪，当然也要清醒，不仅要把国家建设好，也要为世界的和平安宁贡献一份心力。当然，中华民族在世界上起的作用越来越大，可能会遇到一些抵抗，但是世界发展大势浩浩荡荡，由不得哪个民族说了算。三四百年来，人类吃了那么多苦，到了反思存在的积弊，推动人类文明往前走的时候了。

这种能量是运动的，每个人都要学会看清能量运动的方向，找到自己的位置。

"大直若屈" 的"大直"是觉者，"若屈"指仿佛是委婉的。假如一个人身体不好，你去看他，可能你们连一句与身体情况有关的话也没说，叙叙旧喝喝茶聊聊天就分开了。有的人不理解这种做法，他会觉得你是什么人啊？来看望人家，结果连一句问候的话都没说。其实，真正的明白人在慰问过程中，就已经把该表达的心意表达了。有时候，达到目标的方式是多种多样的。普通人认为是委婉，其实是"大直"，"大直"中有智慧。我们在达到目的的过程中应该采用什么方式，应该说什么话，是需要智慧的。

"大巧若拙" 就是俗人感觉大巧的人很笨，其实是普通人不能理解这种大巧。比如八大行星围着太阳转，这就类似于拙。这种拙的背后是宇宙的大巧，所以庄子曾讲，"天地有大美而不言"，人类的设计无论多精巧都只是小巧，天相才是大巧。

"大辩若讷"，"讷"就是木讷，有些说话笨的人其实不是真笨，有大智慧的人是让真理说话。有的人言辞犀利，特别会辩论，总是让人哑口无言，他们不是有大智慧的人。真正有大智慧的人要追求真理，不追求语言犀利、表达精巧，而是让真理说话。

"躁胜寒，静胜热"，躁胜寒，寒也胜躁；静胜热，热也胜静，意思是互胜的。这对我们养生也是有帮助的，比如一个人身体内有寒，要用一些燥热的药来祛寒；一个人很燥热的时候，要用寒凉的药把内热安抚下来。

下一句很关键，**"清静为天下正"**。一个人或者一个国家，如果想掌握真理，领会真理，并按照真理办事，排除干扰，就一定要清静。把障碍去掉，我们就能按真理做事，拥有大智慧。

这一章讲的是以不变应万变的办法，就是我们一生要时时保持清静，面临纷纷扰扰的时候不为所扰，内心的智慧就能照见世界的真实状态。这时，我们思考决策出现偏差的可能性就微乎其微，所以，无论是治国，还是事业生活，清静才能让智慧涌现，才能尽可能减少错误。

| 第四十六章 |

天下有道，感恩生活，避免灾祸

> 天下有道，却走马以粪，天下无道，戎马生于郊。祸莫大于不知足，咎莫大于欲得，故知足之足，常足矣。

这一章从描述人类社会的自然现象开始，总结了人为什么会招祸，这是人生哲学非常重要的话题。

"天下有道，却走马以粪，天下无道，戎马生于郊"，这句话描述了一种社会现象。当天下太平的时候，战马不值钱，像粪便一样。因为不打仗的时候，这些东西没什么用。如果天下出现了战乱冲突，战马往往连在马厩里休息的时间都没有，母马也要上战场，甚至还得在田野里生小马。

这就是说要从一个社会稀缺什么东西或者什么东西受欢迎来看社会的状态。盛世讲收藏，天下太平，在富足的社会，收藏才有价值。战乱的时候，到处都是背井离乡的人，都在逃命，什么值钱？粮食，甚至干净的水，能让人活下来的东西是最值钱的。今天什么行业最受欢迎，这反映了社会最尊重什么工作，反映了国家、社会的文明状态。社会最应该尊重什么行业呢？应该尊重那些为国家流汗的行业、懂得牺牲奉献的行业、关系国计民生的行业、关乎人民福祉的行业。社会应该有正确的价值导向，对于对国家发展重要、对老百姓的幸福重要的工作，要鼓励并给予尊重，这样才能激励和引导人们投身其中。

"祸莫大于不知足"，这揭示的是古往今来人类招祸的根源。人类为什么会招祸？很多祸是自找的，因为自己不知足，不断妄求，脱离实际，甚至给自己带来重大危险而不自知，结果往往身败名裂，家破人亡。这种例子太多了。

"咎莫大于欲得"，"咎"是失误，一个人犯的很多错误都是因为贪求，超出实际能力的所得往往是违法违规的，以至于给自己带来无穷的烦恼和祸端，这种现象比比皆是。

这就把人类历史上或者当前社会中很多人遭受苦难的原因找到了。当然，老子并非让我们态度消极，不向上追求。一个人要大胆追求、积极追求，但追求是有边界、有限度的，超出边界和限度往往会给自己招祸。

结论就是**"知足之足，常足矣"**，即一个人内心很知足才是真正的富足。人生的幸福感来自知足，一个人对自己的收入知足，每天很欢喜；对穿着知足，每天很高兴；对自己孩子的知足，也没有烦恼……人生的所有幸福感都来自知足，不知足，烦恼、困惑和痛苦就都来了。生活中这种例子太多。

我们学经典，更要将其落实在生活中。面对问题的时候，我们要能调整心态，让内心经常洋溢着幸福、欢喜。否则，只是玩文字概念和游戏，从概念到概念、从逻辑到逻辑，和现实生活没有多少关系。普通老百姓学经典是要让身心受益。

"祸莫大于不知足，咎莫大于欲得，故知足之足，常足矣"，这应该是最让我们受益的一句话。我希望每个人都感恩生活，既要努力打拼，创造美好的生活，又要懂得感恩，感恩的背后是知足，因为知足，人生才会有欢喜。

| 第四十七章 |

得道状态下，怎么去观照世界

<blockquote>
不出户，知天下；不窥牖，见天道。其出弥远，其知弥少。是以圣人不行而知，不见而名，不为而成。
</blockquote>

这一章是讲在得道状态下怎么观照世界。

"不出户，知天下"是指得道的人对整个宇宙规律的把握。一般人对外界事物的了解或者认知，要靠眼、耳、鼻、舌、身、意这些后天的感官，但这有巨大的局限——这套感官是后天发育出来的，是从受精卵一步一步发育出来的。后天发育的感官的认知能力只局限在世界的一部分。比如眼睛看得再远，从宇宙空间的维度来讲，也是有限的；耳朵灵敏得能听见很细微的声音，在整个声音世界里也是听得少的。一般人对世界的认知非常有限。

有大智慧的人不靠这些，他要开发出先天的能力。这个能力道家叫元神，儒家叫良知良能，佛家叫自性或者佛性。无论叫什么，"不出户"就意味着不靠后天的器官去感知世界、认知世界，而是把先天能力开发出来。"知天下"是指他能够清晰地把握认知整个宇宙的道。

"不窥牖，见天道"，"牖"在古代指门窗。古建筑很讲究，大户人家进门以后有厅，然后入堂，再后边才进室。牖是室和堂中间的门窗。"不窥牖，见天道"是说一个证悟了的人不用通过眼睛（窗户）去看，就能领悟到天道，跟"不出户，知天下"是一个意思。强调的是证悟的人不是用后天发育的感官去认识世界的，而是开启内在的智慧去领悟、证悟，或者暗合世界的规律和道。

"其出弥远，其知弥少"，这是结合前两句讲的。如果一个人没有开启先天能力，而是靠后天的感官认识世界，就会越依靠后天的认识而越不能把握真理。原因是人类依靠认知感官，就会被所看到、听到的东西束缚，就像用绳索把自己捆住了一样。

"是以圣人不行而知，不见而名，不为而成"，所以真正证悟了的人不是简单地靠后天能力认识世界的，而是要开启先天的智慧。"不见而名"是说真正证悟了的人不从表象去认识世界，他能直接把握世界。一般人要通过表象来认识本质，层次比较高的人直接就能把握真理。"不为而成"，"不为"不是什么都不做。证悟了的人不是不劳动、不实践，他们也读万卷书，行千里路，积极参加社会实践，只是他们不被后天的认知能力束缚，能够开发出先天的认识能力。证悟了的人不妄为，不被欲望、偏见束缚牵引，能够随顺事物本来的发展规律、状态去成就一番事业，不做贪欲的奴隶。

| 第四十八章 |

放下偏见，认清世界

> 为学日益，为道日损。损之又损，以至于无为，无为而无不为。取天下常以无事，及其有事，不足以取天下。

我小时候学文章，经常会把文章最关键的一两句话标示出来，这一两句话称为文眼。这一章就是《老子》的文眼，把《老子》的整个框架、内涵都清晰地呈现出来了。

"为学日益，为道日损"，开篇这两句话就告诉我们，生活中有两种增加智慧的方式：一种是为学，一种是为道。人类后天建立的学科体系是为学，为道是对整个宇宙真理的认识，这两种方式虽然不同，但是对人类都很有用。我们不能说物理化学、工程技术、计算机软件没有用，这些都属于为学的范畴。为道是对整个宇宙真理的认识，无论是人类的生活、和自然界打交道，还是人类社会的运行，背后都是有大道的。

后天的知识体系是加法，比如我们原来不懂无线电，学了之后就知道了，原来不懂得软件开发，学了就懂得了，每个人的学科结构会逐渐完善，学科积累也日益增加。

宇宙背后的奥秘是减法。这个减法背后的逻辑就是人类的认识能力像镜子一样，如果镜子上的灰尘很多，外部世界就没法在镜子里显现，我们想认识世界，就需要把镜子擦干净。擦镜子的过程，就是减弱人性中贪财好色、虚荣攀比等弱点的过程。日损就意味着，只有做减法，不断擦亮心灵的镜子，把人性的弱点去掉，道才能呈现出来。

西方哲学中，现象学或者存在主义都有一个概念：世界是显现出来的。把后天的人为污染去掉，世界才能显现出来。去污染的过程就是日损，是人性自我净化和超越的过程。

"损之又损，以至于无为"，是不是简单地损一损，就能把整个世界的面貌都认识清楚呢？不是。因为人性受到的污染很多，而且有些污染根深蒂固，需要不断把人性的弱点去掉。

净化到什么程度呢？无为意味着什么呢？在《老子》里，"无为"出现过很多次，这里的无为跟普通人讲的无为不一样。普通人讲的无为是什么事也不做，无所事事；道家讲的无为是一个人要去掉妄为，去掉因为欲望、无知而产生的妄动和妄做，按真理办事，遵循规律办事。这就是"以至于无为"。我们按照真理和规律办事了，做任何事就都容易成功，容易达到预期效果。

"取天下常以无事，及其有事，不足以取天下"，我们和天下万物打交道的时候，一定要以无事的状态，不能因为内心有我执、有小我而干扰了对世界真理的把握。比如领导要管理一个单位，内心如果有想要照顾这个人、那个人的想法，有偏私，就是"有事"，不是"无事"了，管理就容易出现偏差。真正出色的管理者要能够站在单位客观发展规律的角度去看待问题，而不是站在小我的角度看问题。

我们在和自然界打交道或者治理社会的过程中，不要拿着一套自以为是的观念和理论指手画脚，也不要强迫自然界或社会非得按照我们的想法发展，那样既容易给自然界或社会带来干扰，又会给别人带来痛苦，也会

第四十八章 放下偏见，认清世界

让自己处于险境，最终一败涂地。"无事"就意味着我们在和世界打交道的过程中，要先去掉小我、偏知偏见等，再去认识真理、认识世界的本来面貌，按照世界自身的规则行事。这时做事也容易风生水起。

我们未来一定要练就一种大气魄。现代西方人看我们有偏见，扪心自问，我们看西方有偏见吗？如果我们也有偏见，就代表我们被小我蒙蔽了，看不到西方比我们优秀的地方，比如西方国家也有好多经验是我们可以学习和借鉴的。那样，我们就会少栽跟头，少付出一些代价。所以，我们要把一切偏见、偏执和小我尽可能放下，客观看世界。任何人的优点，我们都可以承认并学习。如果我们满脑子都是小我、偏执，不能正确认识世界，不能按照世界本来的规矩和逻辑做事，结果将会是一败涂地。

| 第四十九章 |

圣人没有分别心

> 圣人无常心,以百姓心为心。善者,吾善之;不善者,吾亦善之,德善。信者,吾信之;不信者,吾亦信之,德信。圣人在天下歙歙,为天下浑其心。圣人皆孩之。

这一章讲出了《老子》的大境界。

"圣人无常心,以百姓心为心"。大觉者已经超越小我了,内心没有小我的算计,不为自己的得失考量,他不像老百姓那样整天为吃穿打算。那圣人的心里有什么呢?超越小我之后,他的这滴水就融入了众生的大海。天下的责任就是他的责任,人民的苦难就是他的苦难,社会的责任就是他的责任,百姓的悲欢离合就是他的悲欢离合,老百姓最想解决的事就是他要解决的事,老百姓的苦难与血泪,他都会感同身受。

"善者,吾善之;不善者,吾亦善之",指要好好对待德行好的和德行不好的人。一般人会认为,不善良的人坑蒙拐骗,凭什么还要对他好呢?其实一个人修到一定程度,对别人好是不讲条件的。道德修养特别高的人对别人好不是为了交换,不是我给你一分你就给我一分,我请你吃饭,你请我看电影。如果把人际关系当作交易,那只是一种利益的权衡,并不是真正的善。真正的善是无论别人怎么样,都不影响自己的善,类似康德在《实践理性批判》里讲的,善是绝对命令,是来自自己良知的一种命令。我的良知告诉我这件事必须做,哪怕对方罪大恶极,他掉到河里了我也会去救他,我救他不是想要他给我好处,或者他表扬我,只是因为救人是基于我良心的一种判断。我对谁好,是我的德行到了这个境界以后,发自内心的行为,这种善是真正的善,《老子》的说法是**"德善"**。

"信者,吾信之;不信者,吾亦信之",讲诚信的人我信任他,不讲诚信的人我也信任他。后面这句一般人又会有误解,他认为,撒谎的人、没有诚信的人,我凭什么要信任他?其实这话的意思是,面对诚信的人我会讲诚信,面对不讲诚信的人,我同样会做个诚信的人。我不会因为和我打交道的人不诚信,也变得谎言连篇,我始终是一个诚信的人。我要做诚信的人,不取决于对方是什么样的人,而取决于我的道德境界。这种诚信是真正的诚信,《老子》的说法是**"德信"**。

现实中很多人做不到"德善",也做不到"德信",就只能做利益交换。我为什么对你好,因为你对我好;我为什么对你讲诚信,因为你对我诚信;我为什么帮助别人,因为他曾经帮助过我。普通人的一个大问题是,总在交换、考量、权衡,在得失之间拿捏,但是一个人修到一定程度以后,他对别人好、对别人诚信,是基于内在境界,和别人对他好与不好没有关系。别人是恶人,他照样做好人,他做好人不是因为能得到好处,而是道德境界的自然呈现。

"圣人在天下歙歙",歙是收敛,它很深刻,意味着圣人活在世界上是内敛的状态,是关注自己的状态。这个状态在《心经》里表述为"观自在菩萨,行深般若波罗蜜多时","观自在"就是一直关注着自性,不被外在的纷纷扰扰干扰。

"为天下浑其心",浑其心,讲的是没有分别心。这句话很多人理解的时候也会有偏差。什么是没有分别心呢?是不是看到汽车过来了不躲,大狗来咬了也不跑？自然不是。没有分别心是不掺杂个人好恶，没有小我。我们走路的时候，遇到车会躲，这是任何人都做得到的事。但是一般人看世界的时候，总是夹杂着判断。普通人看不同的车会有不同的看法，喜欢这辆，不喜欢那辆，这在佛学里，属于唯识学的概念范畴。唯识学第七识叫末那识，就是讲的我执。人对世界上任何事情总是带着判断、好恶、喜舍，就不是"浑其心"了。"浑其心"是没有夹杂小我的判断，对什么事情都看得非常清楚，洞察得非常准确。那么，普通人是什么状态呢？

普通人会被眼前的景象困住，总是被后天拥有的能力束缚。可是，**"圣人皆孩之"**，圣人就像孩子一样。这里的"孩子"指的是还没有出生的孩子，眼、耳、鼻、舌、身、意还没有生发出来，后天的能力都没有开启。他是一个先天状态，先天状态里有智慧，所以现在也讲究胎教。胎教从某种程度上讲就是通过好的声音与孩子的先天状态进行呼应，对孩子的发育是有利的。

这一章对我们每个人都特别有用。希望大家用一生去不断提高自己，超越小我，走向"以百姓心为心"。从个体上看会少很多烦恼，因为烦恼痛苦都是小我带来的，超越小我，才有以天下兴亡为己任的大丈夫气概。

| 第五十章 |

有智慧的人懂得驾驭生命

> 出生入死。生之徒十有三,死之徒十有三。人之生动之死地,亦十有三。夫何故?以其生生之厚。盖闻善摄生者,陆行不遇兕虎,入军不被甲兵,兕无所投其角,虎无所措其爪,兵无所容其刃。夫何故?以其无死地。

这一章讲的是如何运用智慧。

我们生命中所有的事无非就是生和死。"**出生入死**"是对人的生命的概括,人生就是从出生走向死亡的过程,在这个过程中,《老子》概括了"**生之徒十有三**",能够活得长长久久的人大概占十分之三,这是概率,不用较真。"**死之徒十有三**",夭折的人占十分之三。"**人之生动之死地,亦十有三**",本来可以长寿,但是因为自己折腾、因祸而死的人也有十分之三。

"**夫何故**",为什么会出现这种情况呢?"**以其生生之厚**",为什么很多人本来可以活得长久,结果着祸了呢?厚是过分的意思,有些人过分看重生命,过分看重养生,或者过分看重名利地位等,就是"生生之厚"。一句话,就是他们太把生命当回事,对长寿养生追求太过,导致本来应该长寿的人反而提前走向死亡了。

比如有的人特别追求财富积累，有的人特别在意名利，为了得到名利废寝忘食地工作；有的人特别喜欢保健品，结果该吃的吃，不该吃的也吃，违背了自然规律，身体也出现了问题。

"**盖闻善摄生者**"，真正会驾驭生命的人是什么状态呢？"**陆行不遇兕虎**"，他在陆地上行走的时候不会遇到危险的动物。兕是犀牛类的生物，有角，非常危险，虎也是危险的动物。"**入军不被甲兵**"，如果他深入敌军，不会被甲兵围困。"**虎无所措其爪，兵无所容其刃**"，这种会驾驭生命的人，动物没办法伤他，虎即便是有爪牙，也不知道怎么去伤他，将士拿着刀去砍他，也找不到砍他的地方。

为什么会这么神奇呢？"**以其无死地**"，这种人不会没事找事，绝对不会把自己放到危险的地方。这里我稍微解释一下，一个真正有智慧的人，不去死地，不去找祸。那祸从何来？举个例子。哪个地方有老虎，哪个地方有长角的犀牛会伤到人，他就不去。不去这些危险的地方，猛兽就不能伤到他。如果他去了老虎的领地，就叫去了死地，不被老虎伤到的可能性很小。"善摄生者"由于不去危险的地方，所以不会遇到危险。

老子是告诉我们，一个真正有智慧的人，要善于驾驭生命。希望长寿，希望健康，希望平安，这是人的基本需求，也是每个人的需求。想要健康、平安、长寿，很重要的办法就是不去死地，不能找死。生活要有规律，吃饭要营养均衡，哪个地方有危险就不去，有野生动物出没，不要去招惹。这样，健康、平安、长寿的概率会大大增加。

有些年轻的孩子遇到危险的原因就是去了死地，我们对此表示惋惜的同时也要问问，为什么要去不安全的地方？我希望所有朋友都能知道哪些地方是凶险的、会伤及自身的，一定要远离这些地方，这样才能平平安安过好一生。

第五十一章

无我利他，遵循天道

> 道生之，德畜之，物形之，势成之。是以万物莫不尊道而贵德。道之尊，德之贵，夫莫之命而常自然。故道生之，德畜之：长之、育之、亭之、毒之、养之、覆之。生而不有，为而不恃，长而不宰，是谓玄德。

这一章主要是讲道和德是怎么生养万物的。

"道生之，德畜之，物形之，势成之"，讲了道和德在宇宙万物形成中的作用。"道生之"，道作为宇宙空间的原生性力量，万事万物的发生发展都源自它。这里的道不是简单当作规律来讲的。我们知道，任何一颗种子萌芽的时候，一定都有力量，这种力量使得种子发芽，破土而出。万事万物背后都有一种力量，这种力量使得万物不断成长、发育、成熟，完成它的生命周期。那么，万事万物发展的过程是怎么样的呢？"德畜之"，"畜"是蓄养，在事物发展的过程中，有德的人能够没有小我、我执，不坚持让世界按照自己的想法发展，而是让事物按照其本来的规律发展。"物形之"，万事万物表现出千姿百态的形状。"势成之"，任何事物不断发展，一定要等条件和环境都具备了，才能够显现出来。万法因缘生，亦随因缘灭，条件和环境具备了，事情才能发生。

"是以万物莫不尊道而贵德"，所以万事万物都一定要重视道，要对德的宝贵非常认可。为什么呢？因为万事万物在成长发育的过程中，离开了道和德就没法存在。没有了原生性的力量，事物无法存在，有了原生性的力量，如果不按照事物本来的规律和规则成长，只是按照人类的意愿摧折，事物也不能发展。道和德是保证事物按照本来的规则顺利发展、成长成熟的重要条件。

"道之尊，德之贵，夫莫之命而常自然"，道和德很尊贵，道和德在发挥作用的时候，能够随顺万事万物本来的规律和逻辑，而不是强行让万事万物按照人类的需求而发展变化。

"故道生之，德畜之：长之、育之、亭之、毒之、养之、覆之"，所以道和德在万事万物成长过程中所发挥的作用是什么呢？总的来讲，道是万事万物的原生性力量，德来蓄养万物，"长之、育之、亭之、毒之、养之、覆之"则具体说明道和德是怎样帮助万物成长的。"长之"就是让事物生长，"育之"讲的是培育。"亭之、毒之"在不同的版本里说法不一样，按照它原来的意思应该是"成之、熟之"，意思是使事物发展，往成熟的方向走，让事物能够发育成熟。"养之"是给它力量或者帮助它、成全它，"覆之"是维护，在事物发展的过程中，按照本来的规律去维护它。这里具体概括了道和德这两种要素在事物发展过程中的具体作用。

"生而不有，为而不恃，长而不宰，是谓玄德"，生养万物，但是不据为己有，真正有道和有德的人会成全万物，但不据为私有，像太阳一样普照万物，没有小我。"为而不恃"，"为"是成全，他成全万物，但是不居功自傲，只是帮助万物成长。"长而不宰"，"长"就是使它生长，使它发展成熟，但是不主宰它。就像家长如果境界高，就不会把孩子当作私有财产，不会把孩子的成长和抚育当作一种交换。家长把抚养孩子当成一种交换，就是他对孩子好，孩子也要对他好，或者家长对孩子好是为了控制孩子，这境界就低了。

"玄德"是《老子》里讲的上德，是最高的道德。完全无我，完全利他，真正把自己融入宇宙，在成全万物的时候不着痕迹，没有我执，这是一种真正的大境界。

| 第五十二章 |

智慧打开，活在自性中

> 天下有始，以为天下母。既得其母，以知其子；既知其子，复守其母，没身不殆。塞其兑，闭其门，终身不勤。开其兑，济其事，终身不救。见小曰明，守柔曰强。用其光，复归其明，无遗身殃，是为习常。

这一章讲到了修道的状态。如果读过禅宗典籍，对理解这段内容会更有帮助。

"天下有始，以为天下母"，任何事情或者天下事都有一个本源，有一个力量发动的地方，那就是"始"。发动之后，事物就开始演化。本源是万事万物能量发动的地方，就是"以为天下母"。

"既得其母，以知其子；既知其子，复守其母"，如果一个人找到了能量发动的根源，或者证悟到了，那么就可以比较清楚地了解事物发动的逻辑、衍生的状态。对事物的基因、起点、发动处都清楚了，那么基本上也可以把握事物后续发展的逻辑和状态了。

我们了解了事物的千姿百态之后，不要被事物的衍生状态迷惑，而要回到事物发动的能量源头。这其实是文字层面的解释，我结合禅宗的一些思想再加以阐述。

这一章其实讲了一种人生的修炼状态，"天下有始，以为天下母"，可以理解为人生的本来状态或者本来面目，你的心性、起心动念的地方就是源头。我们如果时时关照着起心动念的地方，就是《中庸》里讲的"喜怒哀乐之未发，谓之中"，这叫"既得其母"。我们守着喜怒哀乐未发的地方，就能把握念头是怎么生起的，这叫"以知其子"。"既知其子，复守其母"是说当念头发出来之后，我们不能迷失在念头上面，否则就会追着念头走了。我们如果追着各个念头走，就把人生的本来面目给丢了。所以老子很慈悲地告诉我们，知道念头是从哪里来的，随它来去，不要老是追逐这个念头。就像天上有浮云，浮云来去不碍日光，我们只守着阳光就可以了，或者只守着人生的本来面目，守着喜怒哀乐之未发的地方就可以，不要被念头牵着走。

儒、释、道三家的理论可以互相解释，因为圣人的境界是相通的。志在弘扬中国文化的人也不要以为儒家怎么样，道家怎么样，佛家怎么样，那就有点偏狭了。道不分儒家、道家、佛家，也不分东西南北，道是真理。人证悟到某个层次以后，体味到的道理都是相同的，只不过表述的话语体系不一样，就好比不同的人针对不同的根器和不同的环境，讲的方法不一样。

"没身不殆"，就是一个人证出了人生的本来面目之后，就能够把握生死，或者了生脱死。人的身体死了，就像是房子丢了，虽然房子丢了，房子的主人是永远存在的，所以"没身不殆"。也就是说，一个人真正能够证到人生的本来面目，虽然身体死了，这一期生命结束了，其实也没有什么影响，他已经证出了不生不灭、不垢不净、不增不减的永恒道理。

"塞其兑，闭其门，终身不勤"，《易经》中的兑卦代表的是泽，在后天八卦图里对应的方向是西边，对应的器官是口。"塞其兑"讲的就是把人的嘴巴合起来。"闭其门"，闭什么门呢？人的身体九门：两只眼睛、两个鼻孔、两个耳朵、一个嘴巴、大小便排泄口。如果一个人没有证悟，德行和境界没到达到某个高度，这九门会随时把能量消耗掉，如果一个人真证悟了，他就可以利用这九门去做一些利国利民的事。"塞其兑，闭其门，终身不勤"指表面上是说把身体的九门关闭起来，引申义是要管好起心动念。一个人能管好起心动念，就"终身不勤"。"不勤"不是不劳动了，是不会烦恼和忙碌的意思。有的人惊恐万状，有的人气急败坏，有的人忙忙碌碌，有的人丢三落四，这都是"勤"。一个人开了大智慧以后，能够管住自己的起心动念，那么他这一辈子永远不会匆匆忙忙、慌里慌张，会气定神闲，有条不紊。

"开其兑，济其事，终身不救"，与前面几句话正相反，人打开欲望的闸门了，嘴巴管不住了，整天忙忙碌碌，陷入各种繁忙，一会儿男男女女，一会儿是是非非，一会儿升官发财，一会儿争名逐利。当一个人把自己的精力耗费在这些事上面时，老子的结论是"终身不救"。生命消耗怠尽，无论是人的精神生命还是肉体生命，都救不了，那就会是生命的沉沦。

"见小曰明，守柔曰强"，"见小"可以理解为一个人很微妙的地方。《尚书》中说"人心惟危，道心惟微"，微妙是说人的自性，即人起心动念的能量或者人类本来的面目。一个人如果证悟到人的本来面目是什么，禅宗称之为明心见性，老子说是"见小曰明"。这里的"明"不是指天明，而是指一个人智慧大开。真正的智慧大开，不会在意小名利、没有小算计。

中华文化里真正的大智慧是证到生命的本来后，能够看到世界的真实面貌，能够看到本来的因果，不被表象迷惑。"守柔曰强"，"柔"不是指打不还手骂不还口，而是慈悲。守柔是指对万事万物都有慈悲心，儒家叫仁爱之心。守着这种慈悲之心才是真正的强，一个人一旦放下了小我，能够带着同理之心，与天地万物融为一体，才是真正的强大。到了这种境界才能舍生忘死，为天下众生的福祉而置生死于度外。那什么人有慈悲之心和仁爱之心呢？超越了小我，能够把自己融入大众生命里，能够为大众的生命和福祉肝脑涂地去打拼的人。

"用其光，复归其明"，"光"是指自性之光，一个人不断去证悟，到了一定程度以后和整个宇宙的光明合为一体，时时刻刻都活在智慧的状态里，时时刻刻都有自性的光明，看世界的时候，才能看清真实面貌，他内心清静，能看清事情的来龙去脉，又超越了小我，完全以慈悲之心和仁爱之心活在世间。这种人会是什么状态？老子说是**"无遗身殃"**，这种人不会给自己找事，不会自找麻烦。现实中很多人都是自找苦吃，所以他们倒霉，栽跟头，痛苦，其实他们遇到的很多苦难并不是生来就有的，而是在欲望的驱使下人为制造的。

时时在智慧状态里的人，对该做的事不该做的事，拿捏得非常清楚。不会没事找事，不会让自己陷入危险的境地。**"是为习常"**，这个"习"是修炼，这里的"常"在《老子》里用过好几次，就是人的自性状态，一个人真正通过自己的修炼达到了证悟自性，时时活在智慧里的状态就叫"习常"。

| 第五十三章 |

践行大道，当乐于付出

> 使我介然有知，行于大道，唯施是畏。大道甚夷，而民好径。朝甚除，田甚芜，仓甚虚。服文采，带利剑，厌饮食，财货有余，是谓盗夸。非道也哉！

在这一章中，老子对当时社会上存在的一些不好的现象提出了批评。这些现象今天也存在，也需要我们高度警醒。

"使我介然有知"，"介然"是一个古汉语用法，今天不这么用了。这句话就是说使我很庄严很郑重地知道这个道理，体现了老子很郑重的态度。

什么道理呢？**"行于大道，唯施是畏"**，真正践行大道，什么是最值得我们肃然起敬的，或者说是最宝贵的财富是什么呢？是布施。结合前文，翻译下来就是，让我内心里感觉到非常庄重、圣洁、庄严的道理是，真正践行大道、证悟大道的人，生命中最值得敬畏的事是布施。布施是人一辈子最应该做的事。

我特别提醒一下。有人认为道家强调无为，强调"拔一毛而利天下，不为也"，这是对道家思想理解的偏差，道家思想本来的含义跟儒家、佛家是一样的。孔子讲，"志士仁人，无求生以害仁，有杀身以成仁""仁者爱人"，孔子为了向天下推广仁义道德，把自己的生命都布施出去，这就是"唯施是畏"。佛家也有很多类似的故事。佛陀在修行的时候，有一次打坐禅定，看见一只瘦骨嶙峋的母老虎在喂养小老虎。小老虎急于吃奶，母老虎没有奶水了，还想挣扎着起来去捉食物补充能量，养活小老虎。佛陀舍身让母老虎吃了，以补充它的能量。这个故事表达了佛家的什么精神呢？布施。禅宗的六度波罗蜜，指的是真正有大成就的人、真正证悟的人的必修课——布施、持戒、忍辱、精进、禅定、智慧，缺一不可，任何一个功课没有修行到家，都摘不到最终的菩提果，即觉悟的果实。其中，布施排在第一位。

生命中最庄严、最神圣的事是布施，或者说布施是我们一辈子必须做的事，是对自己生命的庄严承诺。回到现实中，任何伟大的人，不管修行与否、身份为何，一定是懂布施的人。希望每个人一生都能力所能及地布施，这是我们生命中的必修课。

"大道甚夷，而民好径"，真正的修道是很简朴平凡的，可是，有的人就是喜欢光怪陆离的东西。"好径"就是喜欢所谓神奇的东西，类似好好的道理不听，非得听古古怪怪的说法。现实中也常有这样的事情。一个人真正成功的道理并不复杂，无非奉献、布施、忘我、付出。

"朝甚除，田甚芜，仓甚虚"，是说当时存在的不好的现象。朝堂上打扫得干干净净，达官贵人着装得体，统治阶级把自己照顾得很好，可是田地荒芜，老百姓很苦，流离失所，有时连饭都吃不上。没有保证民生的设施，仓库里没有东西，一旦遇到天灾人祸，老百姓怎么活？统治者只顾吃喝玩乐的时候，很少会顾及老百姓的生活。而且老百姓处在苦难之中，挣扎着生活的时候，他们**"服文采"**，穿得特别漂亮；**"带利剑"**，作为一种身份的象征；**"厌饮食"**，嫌这个不好吃那个不好吃。老百姓流离失所的时候，统治者家里的钱多得花不完，**"财货有余"**。

介绍完这些现象之后，老子的结论是**"是谓盗夸"**，简而言之就是"这是真正的流氓"。对老百姓没有恻隐之心，没有悲悯之心，没有把心思用到老百姓的福祉和民生上，这种统治者就是真正的流氓。

老子的这一段批评对当下也很有意义，我们每个人都不要做社会的寄生虫，我们吃的每一餐饭、赚的每一分钱，都要是自己的劳动所得，这样才能心安理得。依靠别人，包括依靠父母，不通过劳动去赚取所得，都是不应该的。

老子最后的结论是**"非道也哉"**，这不是真正的道。真正懂道的人，可能有千千万万种表现，但是有一条是相同的：懂得奉献，懂得忘我，懂得布施。

| 第五十四章 |

静以修身，不妄动得大成

> 善建者不拔，善抱者不脱，子孙以祭祀不辍。修之于身，其德乃真；修之于家，其德乃馀；修之于乡，其德乃长；修之于国，其德乃丰；修之于天下，其德乃普。故以身观身，以家观家，以乡观乡，以国观国，以天下观天下。吾何以知天下然哉？以此。

这一章主要涉及《老子》的智慧如何应用。

"**善建者不拔，善抱者不脱，子孙以祭祀不辍**"，这句话包含着非常深刻的智慧。"善建者不拔，善抱者不脱"，表面的意思是精于建设的人所建造的房子很难被推倒，善于抱住东西的人，他手里的东西很难掉下来。"子孙以祭祀不辍"，就是如果懂得这个道理，事业将永恒，永远被历史铭记，有子孙上香祭祀。其背后是说，一个人如果真悟了，就会有丰功伟绩，在历史上留下永恒的位置，被人们永远缅怀和纪念，所以"善建者不拔，善抱者不脱"，绝不只是表面的意思，这背后讲了什么呢？讲一个善于建设的人，他的事业别人是推不倒的。那么，我们要建设什么样的事业才能不被推倒，从而结结实实在历史上留下脚印？如果一个人能明白这个道理，不管生命长短，一定要用自己的生命去建设事业，在人类的历史上留下脚印，做世世代代被人缅怀和纪念的事业，这个人就是一等一的有智慧之人。

要回答这个问题，不妨看一下什么样的人建立的人生伟业能够被永远铭记下来。孔子、老子、佛陀、孟子……他们都建立了自己的事业，而且无论朝代如何更替，历史如何变迁，他们的思想都经得起历史的考验，一直能够发挥作用。我们称之为善建者。

比如孔子，他的事业基于他对人性的理解。如果我们观察生活，就会发现人性中有两种基本力量：一种力量让我们积极向上，变得勇敢、正直、清静、仁爱……往积极向上的方向走；另一种力量使人变得自私、狭隘、虚荣、攀比、嫉妒……逐渐往下堕落。孔子看到了这两种力量，明白了人类几乎所有苦难都和人性的恶有关，或者说是人性的弱点制造了人类历史上无数的悲剧和苦难；而人性中积极向上的力量被激发之后，才创造了人类社会的文明，带来了人类的进步。由此，孔子思想的大厦就建立在人性中积极向上的部分上，他周游列国，向天下推行仁义道德，他讲的那一套理念，"君子和而不同，小人同而不和""君子泰而不骄，小人骄而不泰"等，都建立在启发和激励人性中积极向上的力量的基础上。他这么做，就使得他的事业在人类历史长河里永垂不朽。因为人类社会无论怎么变化，都要依靠人性中积极向上的力量的启发和推动，所以我觉得孔子的一生可谓"善建者不拔"，别人摧毁不了。历史上有很多人谩骂孔子、不理解孔子，可是谩骂他的人很难留名，孔子作为人类文明史上的一颗星星，仍然闪耀着光芒。

再比如，老子看到了人性中的妄动，就是人性中的恶，或者人性中消极的力量。妄动会带来很多干扰，所以老子讲的无为、致虚极、守静笃，都限制人性的妄动，去掉人性的妄动以后，剩下的就是最纯美、最纯净的东西，这和天地的道是合在一起的。到了这个层次的人，就是得道的人。

老子的思想建立在这个基础上，永垂不朽。应该说，人类社会一个永恒的问题是要减少妄动。所有战争和灾难，某种程度上都源自人类的妄动，人类不遵循规律，不认识规律，不懂得驾驭规律，最终招致天地的报复，受到伤害。

佛陀看到了人性之中的本体的力量，我们称之为究竟的力量。在《华严经》里，众生皆具如来智慧德相，皆因颠倒妄想而不能亲证。佛陀几十年努力的一个宗旨就是把人性中觉醒的力量启发出来，希望每个人都成为觉者。应该说，佛陀看到了人类文明中最根本的东西，所以，人类历史的长河浩浩汤汤，佛陀的智慧永远有价值。

我们普通人这方面的智慧很少，有的人喜欢名利，但名利经不起历史的检验，往往是"其兴也勃焉，其亡也忽焉"，可能有时因缘到了，福报到了，赚一点钱，但如果行为不规矩、不检点，则会身陷囹圄。"善建者不拔"给我们的启发就是，一个真正有智慧的人一定要把人生的事业建立在真正的基础上。无论历史怎么风云变幻，永远在历史的长河里写下浓墨重彩的一笔，留下自己的位置。

"善抱者不脱"对企业的价值观建设和团队建设有重要意义。比如企业老总善于用人，员工加入企业之后会不愿意离开。当然，离职有员工本人的原因，也有管理者的原因，从管理者的角度讲，如果其善于领导员工、团结员工，能做到让员工有归属感、认同感，员工就能够长久留在企业。

"善建者不拔，善抱者不脱"提示我们一辈子应该把精力用在什么上面，或者说，我们要用一生的精力来建设什么样的事业。如果真懂得这个道理，把一生的时间用在利国利民的事业上，那么，即便他完成使命，离开了世界，后世之人也会一直缅怀他，这份事业也会始终被后人敬仰。

"修之于身，其德乃真"，所以一个人要想真正把自己修好了，就不能只是耍嘴皮子，而应该真正具备了德行。圣人有一个共同特点，都反对巧言令色、夸夸其谈，都强调真修实证。德行不只是流于语言的表述，而是切切实实的行动。

"**修之于家，其德乃馀**"，一个人的德行如果能惠及自己的家庭，那么不仅这一辈好，子孙也会受益。比如，家长能够把自己的家族成员带得都很有德行，家族累积功德，就会使家族一代又一代事业兴旺发达，受人尊重。

"**修之于乡，其德乃长**"，乡可以理解为造福一方。一个人如果为人处事值得大家敬仰，使当地居民都交口称赞，这时，他的德行就已经超出个人和家庭，会让整个地方都受益。

"**修之于国，其德乃丰**"，一个人的德行能影响一个国家老百姓的言谈举止，这可以称为大德。比如很多伟人甚至都"**修之于天下**"了，德行非常丰厚。如果一个人的德行让天下人都受益，为天下人的言行做出表率，那可谓润泽天下，这叫"**其德乃普**"。

"**故以身观身，以家观家，以乡观乡，以国观国，以天下观天下**"，这给我们一个启发，就是评价一件事情的时候需要有参照物。比如说张三怎么样，得拿参照物才能评价，说张三这个人比较好，或者张三这人真不怎么样，都是根据参照物说的。我们评价任何事情的时候都要有参照物，没有参照物是不能轻易下结论的。

老师改卷子时得有标准答案才能判断学生回答得对不对，如果没有标准答案，很难说学生是做对了还是做错了。老子就是以完美的人作为坐标，来衡量别人修得怎么样，言外之意是老子本人是个真实证悟了的人，是个知行合一的人，是个有大成就的人。

老子作为一个有大成就的人，修到什么程度了？他对照参照物去看别人的时候就知道别人处在什么状态。一般人跟真正有大成就的人在一起的时候，任何"小尾巴"都很难藏，因为后者的层次更高，就像后者已经处于一万米的高度了，前者只在两千米高度，从高处可以看清低处。当然，在两千米的高度看一万米的高度，仰着脖子看也未必看得清楚。

"以家观家"，像孔子这样有大成就的人，知道家庭应该怎么建设，参照这个标准去看有些家庭在哪些地方做得不好，比如教育孩子的理念有哪些偏差，处理家庭关系时哪一点不周到，都能看得清楚。"以乡观乡"，一个地方治理得特别好，这就是标准。有了这个标准之后，再观察其他地方，就知道哪个地方治理得不好，是环境保护得不好，还是基层民主建设做得不好。总之，要比照一个比较完美的模板，才能进行评价。

如果一个国家治理得特别好，我们称之为模范，在这个模范面前，我们观察别人也有了评判的尺度，"以国观国"，以理想化的天下作为一面镜子，我们就可以知道，天下哪些地方还有过失，哪些地方还有不足，哪些地方还需要不断改进，这就叫"以天下观天下"。

老子的结论是，"**吾何以知天下然哉？以此**"，翻译成今天的话就是，我有什么能力和资格可以对天下的事进行点评？很多人认为，很多地方老子也没去过，那么，他凭什么说三道四去评价天下的事？老子说是因为我有自己的修证体悟，知道标准是什么，用这个标准去观乡、观国、观天下都可以，所以我有资格对天下的事做出理解和点评。

| 第五十五章 |

物极必反，无妄念方得大道

> 含德之厚，比于赤子。蜂虿虺蛇不螫，猛兽不据，攫鸟不搏。骨弱筋柔而握固，未知牝牡之合而全作，精之至也。终日号而不嗄，和之至也。知和曰常，知常曰明，益生曰祥，心使气曰强。物壮则老，谓之不道，不道早已。

这一章里，老子用了一些比喻来告诉我们应该如何修道，指出了修道的方向。

"含德之厚，比于赤子"，修得好，或者得道的人是什么状态呢？就像赤子一样。大家见过刚出生的小孩吗？皮肤红红的，赤子就是这个状态。赤子有先天的能力，一旦脐带剪开了，他开始用肺呼吸，开始吃东西、大小便，就开启了后天的能力。这里的"赤子"，更多是指孩子先天的状态，老子做这个比喻是因为人们对赤子比较熟悉。讲一个高深的道理给别人听的时候，得找大家都熟悉的比喻，孩子刚出生的状态，很多人都有印象。

老子进一步描述，**"蜂虿虺蛇不螫，猛兽不据"**，虿和虺是毒虫、毒蛇，它们会伤害其他生命，但遇到赤子的时候，也不会去伤害。**"攫鸟不搏"**，攫鸟是类似老鹰的鸟，经常要捕食动物，遇到赤子也不去捕食。有人会问，现实中是这样吗？我曾见过这样的报道：小孩在狼群里和狼一起长大,狼没有吃他。这完全可以印证老子说的道理。毒蛇会不会伤小孩呢?小孩不去恐吓、影响它的时候,毒蛇确实也不主动伤人,当然这不是绝对的。

我想在这里做一点更深刻的解释,为什么毒蛇、毒虫或者猛兽不去伤害小孩呢?其原因在于,赤子没有后天的分别。比如一般人看见鸟了,想逮住它,看到蛇会感到恐惧。赤子和动物相遇时没有这些想法和行为,也不会引起动物的恐慌,所以就减少了动物因为恐慌而对他造成的伤害。当然,这只是打比方,也不是绝对的。这背后是想说,赤子的状态是没有后天的恐惧、喜欢、贪求、欲望、嫉妒等分别,使得野兽也不会视他为威胁,不会伤害他。

下面开始描述小孩是什么样的,**"骨弱筋柔而握固,未知牝牡之合而全作"**。先解释一下"握固",用大拇指指尖点到无名指下面,然后把手握起来叫握固。握固是道家修养的一种方法,对人的肝肾之气和整个气息的调养、精力的保持都有帮助。小孩刚出生的时候自然而然是这个状态,哭的时候,紧紧握住手。这不是有谁给孩子讲了一番道理他才这样的,孩子天然就是这样。小孩出生以后,筋骨看起来很柔弱,但是精气很足,他天生知道握固,能够保持自己精气充盈。**"牝牡之合"**讲男女或者雌雄交配,刚出生的小孩哪里知道雌性和雄性交配。虽然不知道,但小男孩的生殖器也会勃起,这与成年人的生理反应不一样。为什么会这样呢?老子的解释是**"精之至也"**,是精气充满以后很自然的状态。

"终日号而不嗄","嗄"是声音嘶哑,大人说话一两个小时就会感到很疲惫,小孩连哭几个小时声音还有穿透力,也不会沙哑。为什么会这样呢?老子解释为**"和之至也"**,是说孩子的阴阳之气保持在平和的状态,没有后天的贪欲消耗,能量非常饱满,阴阳之气很充盈,所以哭的声音很大,持续时间很长,但声音不会沙哑。

他总结道，**"知和曰常"**，就是修道的人懂得上面的道理以后，一定要注意"知和"，要让自己精气充盈，阴阳之气平和。这个状态就是常，是需要修炼的，一般人整天有妄念，会消耗掉好多能量。

生活中，进行体力劳动时，干一点活儿你会累，但有时没有进行体力劳动也很累，是心累。你内心里有很多烦恼、是非，就会消耗很多能量。如果单纯是身体累，休息一下就好了，但是心累有时候还会影响睡眠。在你起心动念或者妄念纷飞的时候，很多能量就都被消耗掉了，有时候想事情是很累的。

"知和"就是减少后天的消耗，不仅不吃喝嫖赌，还要管住心念，这时精气才能充满，阴阳之气才容易平衡，才能进入人生的修炼或者养生阶段。

"知常曰明"，一个人能管住自己的行为，管住内心的很多念头，如果继续保持这种状态，就会产生两种效果：无形的效果是智慧通达，有形的效果是身体各种能量平衡，身心健康。

下面讲相反的方面了。如果你不这么做，就会**"益生曰祥"**。一个人不断纵欲，追求贪欲，很多不祥的状态就会出现，这里省略了一个字，应该是不祥。

"心使气曰强"，如果一个人妄念纷飞，贪欲不断升起，会调动气，比如你出现生气的念头的时候，就会气喘吁吁，这就是气被调动了。能量被调动，就会开始产生消耗，所以过度忧虑、伤心、思念、贪婪、嫉妒……心念的升起都会调动你的能量。这个过程中，你的能量就会散失。"强"就是逞强，是你肆意妄为地调动身体的能量，造成不必要的消耗，最终结果是身体会走向衰败。

把这些道理说完，总结起来就是，**"物壮则老，谓之不道"**。这是指一个事物如果不懂得保养自己，不懂得让精气充盈，阴阳之气平和，而是让精气妄动，结果就是"物壮"。由于身体不断消耗，看起来事物在发展，其实已经开始走向死亡了。这种行为就是不懂得遵循大道。

结论就是**"不道早已"**。如果一个人不遵循大道，就会早早走向消亡。中国人为什么老是强调谦卑呢？无论取得多大的成就都一定要低调，做人要含蓄内敛，不要逞强好胜，不能飘飘然，其原因也和老子的智慧有关。任何事情在能量被调动、发展到顶端之后一定会走向灭亡。懂得这个道理以后，我们一辈子无论取得多大的成就，在心念上永远要觉得自己还有很多不足，有很多缺点。我们在生活中会遇到很多误解、批评，这些批评有的有道理，有的未必有道理，我的态度是，有则改之，无则加勉，闻者足戒。我们内心的谦卑、包容、含蓄、内敛、倾听的状态，使得我们这一生无论取得多大成就都永远知道自己的不足，能够听得进批评。

我们如果想一生保持身心健康，除了不要去做损害身心健康的事，心念也要相对简单，这样造成的能量、消耗的妄念会少一些，然后在待人接物的过程中保持谦卑、宽容、胸怀广大，任何时候都知道自己的不足，不至于因为飘飘然和张狂而陷入困境。

第五十六章

以仁爱之心观万物

> 知者不言,言者不知。塞其兑,闭其门,挫其锐;解其纷,和其光,同其尘,是谓玄同。故不可得而亲,不可得而疏;不可得而利,不可得而害;不可得而贵,不可得而贱,故为天下贵。

这一章涉及得道的人的境界问题。

"知者不言,言者不知",这话也有一些开玩笑的成分,就是说真正有大智慧的人是不用语言来说的,而用语言说的人往往没有证悟大智慧。那我们就得问老子,您这五千多字说出来了,您到底是个证悟的人呢,还是没证悟的人呢?老子的境界、证悟是特别了不起的,我们称之为真正得道的人。普通人如果不通过言语的描述或者不借助语言工具,很难了解高妙的境界,也很难从圣者的证悟中受益。特别高深的人本身就是道,举手投足、一言一行都在道里,如果不是他慈悲地给普通人讲一些道理,普通人未必看得出来。老子给普通人讲道的目的只是希望普通人能受用。

道或者真正大智慧的状态是超越语言的,语言可以描述它,但是语言描述出来的状态已经不是得道的状态了。当然语言状态也是有用的,至少是我们认识道或者体会道的媒介。

| 第五十六章 | 以仁爱之心观万物

"塞其兑，闭其门，挫其锐；解其纷，和其光，同其尘，是谓玄同"，这又告诉我们一种修道或者证悟的状态。"塞其兑，闭其门"，可以理解为把人的各种欲望都关起来，就是告诉我们要收敛起自己的欲望，不要纵欲。当我们把外界干扰和牵引我们的途径切掉了，会怎么样呢？"挫其锐；解其纷"，类似禅宗的"死一个活一个"，死一个后天的攀缘和牵引，而产生的认知能力是人的内在智慧，道家叫元神，即人本身就具有的和世界一体的智慧。"挫其锐"意味着把我们思想中和为人处世中伤人的、偏执的部分化解掉。真正有大智慧的人，言语不像刺猬一样让人不舒服，不带着棱角。在生活中，普通人常处于一种我执比较强的状态，不怎么能够体谅别人。要把各种棱角，包括思想的棱角、为人处世的棱角，对人造成伤害的棱角都消磨化解掉。圆融的智慧会使人看问题没有偏执，待人接物没有我执，自然与世界融为一体。

"解其纷"是说把一团乱麻的、纷乱的状态解决掉，背后表达的是一个人的智慧打开以后，面对看起来错综复杂、盘根错节的万事万物，也能看清其各有因果，各有关联。这样就能很清晰地把事物本来的状态梳理清楚，就是能慧眼看世界，看得清清楚楚。

"和其光，同其尘"，和修行有关，要和人的自性的光或者本来的智慧的光合在一起。一个人到了这个状态以后，能够开发出自性的光，看任何问题都不是从小我的偏执去看，也不是从被束缚或者被拘束的观点去看，而是打破所有束缚和障碍，让自性的光和世界的光融为一体，从而看到世界的实相。这个境界更了不起，涉及真正有大智慧的人如何和俗人相处。假如一个班里有三五十个普通人、一个圣人，圣人身边生活的都是红尘中的人，圣人怎么和这些人相处呢？如果格格不入，和整个世界为敌，第一他活不下去，第二说明他证悟的境界还比较低。一个人处处和世界为敌，无法融入世界，是本身层次比较低的表现。真正证悟的人内心干干净净，

205

但是在万丈红尘中又能够游刃有余，与世界融为一体，不着任何痕迹，又不受污染，这个状态叫"同其尘"。

《华严经》里提到普贤菩萨行愿品，讲十大愿，其中有一大愿是"恒顺众生"，就是你的境界高，和众生打交道的时候，如果和众生成为敌人了，显示格格不入，你是不可能度化众生的。你和众生成为敌人，众生也把你当作敌人，把你当作另类，就不会听你的。"同其尘"是讲真正觉悟了的人懂得众生的特性、特点，既尊重大家的特点，又能以特别的智慧提点、帮助大家。

比如，有的人喜欢喝酒，觉悟了的人陪他喝酒的时候，不会对酒产生迷恋，内心清静不会受到影响，还会以智慧和觉悟让自己得到极大的启发，甚至让对方从此改掉嗜酒如命的缺点，这种本事就叫"同其尘"。在"恒顺众生"的过程中，自己的智慧不为所扰，反而能够开启众生的智慧，让大家受到良好的影响，带大家走上正途。

做到这一步，就是老子讲的"是谓玄同"。"玄"是高妙，"玄同"就是真正的同。觉悟了的人和宇宙同，和道同。人只有和道融为一体，和整个宇宙融为一体，才算达到真正大智慧的境界。道就是他，他就是道，这个人也就是得道的人。

"故不可得而亲，不可得而疏；不可得而利，不可得而害；不可得而贵，不可得而贱"，亲疏、利害、贵贱这几个对立的概念是想说证悟了的人没有小我。普通人做了厂长，会对亲属格外照顾，因为普通人有亲疏、利害、贵贱。普通人眼里有贵贱，他并不能从相看到一个人内在的高贵。对有权力的人就巴结，对一般人可能就不那么重视。对一个人献殷勤，因为他知道对自己有利；对另外的人疏远，因为觉得对方对自己没有多少用。有小我的人从自我利益出发，必然产生亲疏、利害、贵贱。圣人证悟之后，就跟阳光普照世界一样，他眼中众生平等，能从根性上看问题。他和世界打交道的时候,视天下万物为一体,可以以慈悲之心、仁爱之心去看天下万物。

"故为天下贵",这才是天下最宝贵的。一个民族、一个国家、一个社会如果存在有道的圣人,圣人就是道的代表,也是社会文化的大轴,它使得民族的智慧有了代表和传承,民族的道统有了接班人。民族文化的内核因为有道的人有了生命力,所以这种人是天下最宝贵的。

| 第五十七章 |

以无事而取天下

> 以正治国，以奇用兵，以无事取天下。吾何以知其然哉？以此。天下多忌讳，而民弥贫；民多利器，国家滋昏；人多伎巧，奇物滋起；法令滋彰，盗贼多有。故圣人云，我无为而民自化，我好静而民自正，我无事而民自富，我无欲而民自朴。

这一章讲到了应该如何应用智慧。

"以正治国，以奇用兵，以无事取天下" 是这一章的总括。"以正治国"表面意思是治理国家的时候不要耍阴谋诡计，统治者对老百姓耍阴谋诡计是非常危险、非常愚蠢的，治国应该用浩然之气，用道心或者人性积极向上的一面来引导民众，教化民众，规范民众。一旦用了权谋，会导致整个社会遍布歪风邪气，走向不归路。引申开来，是说任何一项伟大事业，包括企业的治理，都要走正路。老板管理企业，一定要把人性中积极向上的力量生发出来，通过向上的力量尽可能引导每个人走正道。大部分人走正道，可以减少整个社会的消耗，降低运作成本，降低违法乱纪或者给社会带来严重消耗和损害的事情发生的概率。社会会走向秩序井然，人与人之间会和睦相处。

"以奇用兵",在矛盾激烈对抗的时候,需要用兵,比如国家与国家之间,轻易不会用兵,最多只是外交上的交锋。用兵是很极端的事,"奇"是出其不意的意思。"兵者,诡道也",使对手没办法估量自己究竟用的是哪一招,才能出奇制胜。如果在用兵的时候,自己的一切都被对手掌握了,是极其危险的。对手的一言一行都尽在掌握,那就很容易取胜了。如果自己主动采取行动,对方会很危险。国家与国家之间或者两个团队之间矛盾非常尖锐的时候,不能简单地"以正治国",而要出其不意,使对方没办法估量自己。同时,自己能够对对方的举动有所把握,这就容易出奇制胜。

"以无事取天下",这是讲对待天下的方式或者社会治理的方法。"无事"是说不要人为找事,比如一个社会的领导者,要按照社会本身的规律推动社会进步,而不是好大喜功,没事找事。一旦主动去找事,就是试图用主观干扰社会运行的规律,这样的话,社会就会走向混乱。领导者只有在治理社会的时候没有主观欲望,没有主观专断,随顺社会的规律行事,才能推动社会进步,得到天下人的认可、敬重和钦佩,这就是"以无事取天下"。

反过来,如果一个领导者把天下人当作工具、玩物,为了满足自己的欲望而去驱使天下人,往往会惹得天怒人怨,最终将会众叛亲离,不可能得到天下人的钦佩和尊重。

"吾何以知其然哉?以此","以此"是说我凭什么知道这个道理?是通过以下的观察得到结论的。

"天下多忌讳,而民弥贫",国家如果忌讳特别多,这也不能干那也不能干,那么老百姓会走向贫穷。社会的繁荣和富庶,一定要有基本的规矩,但是国家也不能管得过多。这也不行那也不行,老百姓做事的条条框框特别多,社会的生机会被遏制,社会就会走向贫穷。这句话也是给所有的国家治理工作提了个醒。治理国家，最基本的规矩一定要有，比如伤天害理的事不能做，而在这些规矩之外要给老百姓以自由度，只有在宽容的氛围里生存，老百姓才能把生机勃勃的一面展现出来。

"**民多利器，国家滋昏**"，这里的"民多利器"是说老百姓很狡诈，会使心眼。比如老百姓要办一家企业，正常就是到相关部门办理相关手续，"民多利器"就意味着又给当官的人送礼，又去疏通关系，这种节外生枝的心眼就可以称为"利器"。带来的后果是"国家滋昏"，很多官员搞权钱交易，或者贪赃枉法，国家政治走向混乱。

"**人多伎巧，奇物滋起**"，"伎巧"讲的是稀奇古怪的主张，比如老百姓想出一千种玩法，勾引人的欲望，让人内心变坏的东西就会滋生。说白了，社会风气败坏的原因是人的想法太多，挑起欲望的玩法太多。

"**法令滋彰，盗贼多有**"，讲的是为了限制老百姓，制定各种规章制度，结果法律越多，投机取巧、想钻法律条文漏洞以满足私欲的人也越多。

这几句话揭露了很深刻的问题。社会治理的根在哪里？如果你没有找到这个根，就会走向恶性循环。从人类历史永恒的角度来看，一个社会向好，就要把人心和人性里积极向上的部分启发出来，社会的风气、秩序好不好，国家的文明程度高不高，根本在于是否能把人性里积极向上的仁爱之心、慈悲之心、正直之心、宽容之心、奉献之心、无我利他之心等启发出来。如果治理国家时没有抓住这个根本，而是想用各种技巧，玩各种花招，或想要通过各种制度把人限制住——这都只是细枝末节，或者称为人行邪道——最终结果是，花样越来越多，人心越来越坏，制度越来越严密，违法乱纪、利用制度漏洞来达到私人目的的人也越来越多。一句话，社会风气会越来越败坏。

所以老子提醒我们，治理社会要注重制度、规矩，但是一定要抓住根本。这跟家长教育孩子是一样的，家长会给孩子立各种规矩，几点起床、几点做作业等，但是最根本的应该在于孩子有没有理想、抱负、责任心、良知。如果一个孩子良知欠缺，人格有缺陷，那任何外在的规矩约束都是失效的。孩子是个好人，其他的规范才能起作用。这几句话是在论证"以正治国"的道理。

"故圣人云，我无为而民自化，我好静而民自正，我无事而民自富，我无欲而民自朴"，这里揭示了一个道理：统治者很容易以自己的好恶、欲望去折腾社会，把社会当工具，把老百姓当玩物，利用老百姓来满足其私欲。这种现象在传统政治里是广泛存在的，带来的后果是社会走向恶性循环。君王折腾老百姓，老百姓反抗，最终引来一场社会大乱。老子的结论是，真正有智慧、有德行的领导者的做法是，不把小我凌驾于社会之上，不因为自己的欲望去干涉社会规律、打搅老百姓的生活。圣人带着无为的态度、无欲的境界行事。做到这些，伟大的领导者才能够无常心，没有小我，没有执着，能尊重人民，实现人民至上，遵循社会自身发展的规律。这种情况下去治理社会，则会是"民自化""民自正""民自富""民自朴"。

当然，这样的圣人会不断启发人性之中积极向上的力量，使得老百姓中的绝大多数甚至每个人都能开启心中的甘露之门，让每个人成为善良的人、遵纪守法的人、对别人友善的人、能够奉献的人、孝悌的人、对社会有责任有使命的人。圣贤通过自己的无为好静、无事无欲，最终引导整个社会走上良性发展的道路。统治者尊重社会发展规律，而老百姓在优秀文化的引导下不断走向自觉自律。这样的社会，不仅有良性的互动，也井然有序，运行成本很低，老百姓幸福指数会越来越高。

第五十八章

凡事过犹不及

> 其政闷闷，其民淳淳；其政察察，其民缺缺。祸兮福之所倚，福兮祸之所伏。孰知其极？其无正？正复为奇，善复为妖，人之迷，其日固久。是以圣人方而不割，廉而不刿，直而不肆，光而不耀。

这一章也是讲智慧的运用。

"其政闷闷，其民淳淳；其政察察，其民缺缺" 讲了一种现象。"闷闷"是不折腾老百姓。当为政者不因为自己的好恶、贪欲而肆意驱使老百姓，利用老百姓，折腾老百姓，不扰民时，老百姓才能安居乐业，社会风气才会逐渐淳朴，整个社会走向良性轨道。历史上休养生息时期，民风大多淳朴自然，人与人关系友善，人民安居乐业。"察察"是说当政者想尽各种办法折腾老百姓，用手中的权力谋取私利，就是"其政察察"。结果老百姓为了应付他们、保护自己的利益，也跟着变得狡黠，使用各种手段钻法律的空子，不良现象和社会风气便逐渐滋长起来，就叫"其民缺缺"。

"祸兮福之所倚，福兮祸之所伏"，这句话我们从小就耳熟能详。坏事的背后也有好事，只是普通人看不到。有些事表面上看是一件好事，但是灾难已经在背后酝酿了。对普通人而言，一个很大的问题是很难看到事情的实相或者真相，总是被某一面迷惑、牵引。比如说权力，一般人都认为权力越大越好，高高在上，掌握了权力可以呼风唤雨，实际上有智慧的人看到实相——权力的背后是责任，也意味着无数诱惑。

普通人很难体会到这个道理，是因为他们只看到事物的一面，总是被事情的表象迷惑。有智慧的人能全面地去看问题。懂得这个道理，很多事就无所谓好事，也无所谓坏事了。因为好和坏是相伴的，关键就在于怎么把握、驾驭、转化。

"**孰知其极？其无正**"，一会儿是祸一会儿是福，其中的秘密谁能掌握呢？"其无正"说的是事情的本来面貌并没有统一的标准，到底是好事还是坏事，结论不是僵化刻板的。

我特别要提醒大家的是，人智慧不开，总以所谓的标准答案，以僵化、固定的结论看待世界，是不对的。

"**正复为奇，善复为妖，人之迷，其日固久**"，这是对社会上的一些现象发出的感慨。有时候正会变成邪，善会变成恶，有的人往往被一时的表象迷惑，陷入偏执或者盲目的迷信和崇拜中，这是很多悲剧发生的原因。

老子指出，人也好，事也好，始终都在变，正当的会变成不正当的，善的会变成恶的。正因为一切都在变化，所以绝对不要盲目迷信和崇拜。我们要客观冷静地观察社会，实事求是。不要有人表现出好的一面，我们就马上对他陷入崇拜，以至于他以后变得不好了，我们还不相信他变了，那就容易上当受骗。

那我们怎么做人，怎么防止事情出现变故？老子的回答是，"**是以圣人方而不割，廉而不刿，直而不肆，光而不耀**"。"割"是生硬、不圆融，一个人过于方正会让人觉得不舒服、很生硬，不懂得权变，这是毛病。真正的圣人既方方正正，又圆融通达，让人觉得和蔼可亲。"廉而不刿"，"廉"是锐利，"刿"是伤人，一个人很锐利，很有智慧，看问题非常犀利，但是又不伤人。比如，你和一个朋友打交道，对方有点小心思，你看破了但未说破，点到为止又给他留了面子。如果一个人总是自恃聪明，看到什么事情都直白地说出来，不给人留情面，就会让别人不舒服。好比走在大街上，朋友多看了女孩子两眼，你张口就说他是个贪色鬼。其实他内心可能是有一些念头，但是你这么直白一说，他就会不舒服。

"直而不肆"，"直"是率真，我们待人很率真，不掖着藏着，这是很好的品质，但是不能放肆，一个人虽然很率真，但若是没大没小，没上级意识没下级意识，就会让人不舒服。

"光而不耀"说一个人有光芒或者光环，但是不宣扬，不张狂，让人觉得能够亲近，跟他打交道很自在。

这揭示了一个秘密。一个人做好事，也可能会大祸临头，这不是我们想要的，做好事应该善始善终。如果不想让事情走向反面，想避免不好的事发生，我们就要有美好的品质，不走向极端，保持中道，这样才不至于乐极生悲。

| 第五十九章 |

开启内在智慧，获得真正永恒

> 治人事天莫若啬。夫唯啬，是谓早服。早服谓之重积德，重积德则无不克，无不克则莫知其极，莫知其极，可以有国。有国之母，可以长久。是谓深根固柢，长生久视之道。

这一章涉及人生的自我修炼和自我提升。

"治人事天莫若啬"，在治理社会、体悟天道等方面，比较好的办法是什么呢？"治人事天"涵盖了为人处世、社会治理、自我修养、体悟天道等方面，即内圣外王的方方面面。"啬"指的是精神的内敛，精神的内敛是儒家、道家、佛家共同的修养方法。一个人向内在的自性和智慧去求寻和证悟就是"啬"。当然，有的人在欲望的牵引下不断折腾，就是向外驰逐，向外追求。内求证悟自性，就像《六祖坛经》里讲的"何其自性，本自清净"，这种限制人向外追求，然后使得自己能量不断饱满，内求证悟，证悟内在智慧的过程就叫"啬"。

如果这样做，**"夫唯啬，是谓早服"**。精神内敛不断向内求证悟，叫"早服"，"早服"的结果是**"早服谓之重积德"**，一个人不断内求，不断进行内在观察，观察的过程也是心灵净化的过程，或者自我超越的过程。用唯识学的话来讲就是不断清理阿赖耶识里不好的种子，比如贪、嗔、痴、慢、疑等。结果道心不断生成，不断强化，人性的弱点逐渐弱化，或者贪、嗔、痴、慢、疑的种子不断被清理，这个过程就是积德。积德表现为，一个人内在的智慧、德行、清静逐渐生成，精神内敛，证悟自性。积德的结果是什么？**"重积德则无不克"**，一个人一旦把内在德行和智慧开发出来，就几乎没有弱点了，达到了无为而无所不为的境界。

人这一生，很多时候都败在人性的弱点上，表面看一个人失败是事情没有做成，其实是败给了自己的弱点。是人性的弱点让人走向了失败，一个人积德的过程，就是把人性的弱点打磨掉的过程。把导致人失败的内在障碍消除了，最终就会"无不克"。"无不克"的结果是**"莫知其极"**，也就是说，一个人通过积德，把内在弱点消解掉，不断生成、强化道心和智慧，这样人的能量就会发挥出来。这个能量有多大呢？没有边际。一个人重积德，不断开启内在智慧，修证到一定程度后所呈现的智慧有多高妙，也可以说是没办法预测的。

"莫知其极，可以有国"，这就涉及内圣外王了。这一段可以简单理解为不断自我修证，不断开启内在智慧的过程，或者说是内圣的过程。内圣达到一定程度以后，外王的境界就出来了，就"可以有国"。"可以有国"有不同的意思，最浅薄的一层含义是一个人一旦开发出大智慧，境界、格局、能力到了一定程度以后，就可以干出一番惊天地泣鬼神的事业。表面看来，利国利民的伟大事业叫国，内在的国就是内心达到的境界、感受到的博大智慧。一个人通过精神内敛、早服、积德，内心所证悟的状态是内在的国，有了内在的状态，外在就表现为能够做出一番利国利民的伟大事业。有了内在的境界，才有外在的国，内圣方可外王。

"有国之母，可以长久"，是讲一个人的智慧不是"飘慧"——偶尔说几句聪明的话，办一些让人觉得有智慧的事，但是没有根。一个人证悟

第五十九章　开启内在智慧，获得真正永恒

了自性，开启了内在智慧，就像佛陀在菩提树下夜睹明星，大彻大悟，就找到了内在的智慧。当然，这个智慧和宇宙本源的智慧是一体的，佛陀有了证悟之后，这个智慧就不是外在的了，不是读了谁的书，学会了哪道公式。用朱熹的话说是"问渠那得清如许？为有源头活水来"，这时，他的智慧是内在的智慧，开启以后智慧就会源源不断，在各种场合中怎么处事、怎么决断，他都游刃有余。

"是谓深根固柢"，"深根固柢"就是一个人无论有多么雄伟的事业，多么壮阔的人生，支撑他的都是自性的智慧。证到自性的智慧了，所有事都是分内事。禅宗里的人悟了以后，说摸到了自己的鼻孔，无论是摸到自己鼻孔，还是彻悟了本来的面目，证悟了自性的智慧，都是一个意思。做到了这一条，则会**"长生久视之道"**，从肉体角度，一个人身体健健康康，不衰败，其背后是证出不生、不灭、不垢、不净的永恒智慧。只有开启了内在智慧，把握住自己，才能够真正获得永恒。

| 第六十章 |

以道治天下，广施教化

> 治大国若烹小鲜。以道莅天下，其鬼不神。非其鬼不神，其神不伤人；非其神不伤人，圣人亦不伤人。夫两不相伤，故德交归焉。

这一章讲到了道的应用：大道和智慧怎样用在治国方面。

"治大国若烹小鲜"，这是一句名言，不独在中国历史上多次被应用，外国领导人也经常把这句话当作治国理政的依据。这话表达了老子的什么智慧思想呢？在治国的时候，君主不要因为有自己的欲望、自我的主张，或者其他主观因素，而人为干涉社会，折腾社会。就像"烹小鲜"的时候来回翻面一样。这一说法表达的智慧是道家一贯提倡的遵循社会本来的规律。一个真正了不起的君主，面对治国这件大事的时候，切不可以主观欲望去折腾社会，否则会给整个社会带来重大损失，引起社会动荡。因为违背了社会内在规律，会搅乱社会发展进程，使民心不稳定。

"以道莅天下，其鬼不神"，解释这句话的角度有很多种，"以道莅天下"少了主语，谁以道莅天下？只有圣人，所以下面才会讲**"圣人亦不伤人"**，也就是说，能"以道莅天下"的，无论是儒家、道家，都有一个假定是真正内圣外王的人或者得道的人。治理社会的时候，他们会按照大道的规则,让大道的智慧发展下去,以道治理天下。

"其鬼不神",一个人或者一个社会从道的角度看问题,那些神神怪怪的事也就不神神怪怪了。因为你懂得了规律,看起来莫名其妙的事,背后都有规律。明白了规律之后,老百姓看起来很神秘的事也就不再神秘了。人心就像镜子一样,如果我们内心存在各种干扰,镜子就映不清世界,我们内心非常安静的时候,世界的本貌就被照出来了,我们就有了某种预见能力。

随着自然科学的发展,人类对自然界的认识越来越深入,很多曾经让人觉得奇奇怪怪的事都能解释了。西方思想家马克思·韦伯提出一个词叫"祛魅",就是消除事物的神秘性。

"以道莅天下"还有一种解释,这种解释和下面的逻辑比较契合。"鬼"可以理解为对社会的破坏力量。社会上有各种人,有的人希望社会好,一直致力于社会的进步,但是有的人很自私,为了自己不可告人的目的去搅乱社会,打破社会的宁静,给社会带来祸乱。这种破坏性力量古往今来一直存在,我们称为"鬼"。"以道莅天下",以至于破坏性力量起不到作用,就叫"其鬼不神"。没有"以道莅天下",破坏社会的力量就会一直存在,而且在相当程度上会带来伤害。圣人能够"以道莅天下",曾经伤害社会的力量就不能伤害社会了。**"非其鬼不神,其神不伤人"**,不是说这种曾经伤害社会的力量不发挥作用了,而是其在道的教育和引导下,有了德的因素,内在状态发生了变化,他们不愿意再干伤天害理的事了。**"非其神不伤人"**,也不是这种伤害社会的力量忽然变得有德行了,而是因为**"圣人亦不伤人"**。曾经伤害社会或给别人带来灾祸的力量忽然不去伤害社会了,是因为在圣人"以道莅天下"的过程中,按照大道运行的规律,进行广泛的道德教化和感召,使得无论是正派的人还是作祟的力量,境界都得到了提升,社会井然有序,伤害人、破坏社会秩序的现象减少或者没有了。

"夫两不相伤,故德交归焉",指曾经作祟的、伤害社会的力量不伤害社会了，正派的人一直做有利于社会、国家的事。其原因就是，真正修成大道的人广施教化和智慧的感召，使得社会上不同层次的人内在境界得到提升，心灵得到净化，懂得与社会感同身受，能以自己的力量，力所能及给社会、人民做事。

| 第六十一章 |

以静处事，国家相安无事

> 大国者下流。天下之交，天下之牝。牝常以静胜牡，以静为下。故大国以下小国，则取小国；小国以下大国，则取大国。故或下以取，或下而取。大国不过欲兼畜人，小国不过欲入事人，夫两者各得其所欲，大者宜为下。

这一章涉及政治哲学，主要讲如何处理国与国的关系。我们在观察国际关系的时候，老子的观点可以得到印证。

"大国者下流"，讲的是真正的大国应该是很谦卑的，通过谦卑得到其他国家的认可和敬重，而不是穷兵黩武，仗着国力强大去威吓别人。这里的"下流"和今天的意思差别很大，现在是指一个人品质低劣或者语言比较下作。这里的"下流"是指像水一样往下流，代表一个人的谦卑，也代表大国海纳百川的气度和胸怀。

国家处理国际关系或者国内问题时要海纳百川，有容乃大，容天下难容之事。这种气魄和胸怀特别重要，国家的气魄和胸怀某种程度上代表了文明的质量，也代表了生命力。如果一个国家或社会对很多东西都容不下，出一点事就发生大动荡，或者发生影响社会稳定的事情，那表明国家的体制是很脆弱的。国家出现问题的时候，一些言论不至于轻易影响到整个国家的稳定，民心也不会轻易动摇，这种国家就体制稳固，生命力旺盛。谦卑、随和、宽容，应该说这些都是大国风度的体现。

"**天下之交，天下之牝。牝常以静胜牡**"讲了一个自然界中的现象。牝和牡是雌和雄，往往是雌性以静或者定力，胜过雄性的躁动、急躁。

老子通过对这种自然现象的描述讲到了国际关系。"**故大国以下小国，则取小国；小国以下大国，则取大国**"，是说国际关系中实力雄厚、幅员辽阔的大国对待小国的时候，要随和谦卑，不要动不动就恐吓小国，这样才能得到小国的信任或者钦佩。小国对待大国是敬佩尊重的，则也可以得到大国对小国的尊重和理解，这样小国才能有立身之地，不至于被大国兴兵来犯，以致灭亡。

"**故或下以取，或下而取**"，这是总结，无论是大国谦卑地对待小国，还是小国柔顺地对待大国，都是处理国际关系的一种智慧。比如美国是个大国，近几十年来美国处理国际关系时动不动就用武力威胁。其实放到长期的历史阶段看，就会发现真正的大国，反而会很尊重别的国家。如果大国动不动就去威吓别国，以兵力侵犯别国，从长远来看，会使国家走向衰落，被整个世界或者国际环境抛弃也是必然趋势。

我觉得，老子讲的大国和小国关系处理的法则和智慧，我们虽然不用照搬，但对我们也是有启发的。

"**大国不过欲兼畜人，小国不过欲入事人**"，大国小国处理关系的时候，一定不要超过某个度。大国仗着强大老想兼并别人，这种情况在历史上也是存在的，但今天的国际环境和几十年前的国际环境已经不一样了。以前大国占领其他国家领土的现象还是存在的，而文明发展到今天，大国侵占小国领土，在道义上付出的代价是很多国家不可承受的。

大国不要老是想着兼并其他小国，小国也不要奴颜婢膝，老想着讨好大国，那样小国也将不保。老子指出，大国和小国的关系要防止走向两

第六十一章 以静处事，国家相安无事

个极端：大国不要以为自己国家强大而想兼并别人，小国也不要过于不自信，老想侍奉大国。应该大国小国都平等、友好地相处。

"夫两者各得其所欲"，大国和小国在关系中都能实现各自所希望的战略目标，大国能够得到小国的敬重或者敬佩，小国虽然国力很弱但也能活下来。如果处理得当，双方都能实现自己的战略目标和战略规划。

"大者宜为下"，强大的国家应该更大度一些，海纳百川。老子说的处理大国和小国关系的谦和或者尊重、体谅的态度，对国与国之间友好相处仍有很大帮助。当然对任何观点我们都不能教条化，也还要具体情况具体分析。

第六十二章

净化内心，心内无恶天地宽

> 道者万物之奥，善人之宝，不善人之所保。美言可以市，尊行可以加人。人之不善，何弃之有！故立天子，置三公，虽有拱璧以先驷马，不如坐进此道。古之所以贵此道者何？不曰以求得，有罪以免邪？故为天下贵。

这一章讲述道的重要性。

"道者万物之奥"，宇宙背后的秘密是什么？一言以概之，就是道。道是人生和宇宙的究竟，所以得道的人用智慧能够洞悉整个宇宙和人生的奥秘。**"善人之宝"** 中的 "善人"，也就是修证的人，可以理解为大德之人。为什么能够有修有证？就是因为得道，所以道是有修有证的人能够达到这个状态的宝贝。**"不善人之所保"**，修养不高的人，芸芸众生甚至有些大恶之人，如果他还想得到拯救，也要靠道。

这三句话把道的重要性说明白了。

"美言可以市，尊行可以加人。人之不善，何弃之有"，什么意思呢？美言和尊行也跟道有关。首先，符合道的语言为美言。一个人的言谈举止符合道，老子的判断是 "可以市"。"市" 不是指市场，不是指赚大钱，这样理解太表面化了。这句是指一个人说出的话、所使用的文字和语言背后体现了大道,就会有巨大的价值,有时候可以用金钱来衡量,有时候远不是金钱可以衡量的。"美言可以市"代表一个人证悟之后,说的话包含了道的信息,有道的智慧,有巨大的价值,可以在历史上留下位置。

其次,"尊行可以加人","尊行"就是有道的行为。有道之人的行为很尊贵。"加人"是感染别人,引导、教化别人。

"人之不善,何弃之有",一个人如果品质、修为有问题,我们不要抛弃他,可以通过符合道的、有智慧的语言,或者有道的行为感召、教化和引导他。用有道之人的言语,用有道之人的行为,对不善的人进行教化、引领、教育、感召,即使这个人品质不怎么样,也可以把他拉上正道。如果抛弃他,让他自生自灭,甚至让他危害社会,这就不是有道之人该做的事了。所以说,美言和尊行可以实现对不善之人的拯救。

"故立天子,置三公,虽有拱璧以先驷马,不如坐进此道",这句话总结了一个人哪怕贵为天子,或者位列三公,有很尊贵的礼器或者出行时有四匹马并排拉的车子,在社会上有无比尊贵的地位,也不如通过修证去领会道,证悟道。

"古之所以贵此道者何?不曰以求得,有罪以免邪",这里进一步解释了一个人一旦证悟了道,就能"有罪以免邪"。也就是说一个人如果想真正免罪,就要通过自己的修证。一句话,命自我立,福自己求,要靠自己的努力。

有的人可能觉得《老子》讲的"有罪以免"和佛家讲的不同。佛家讲,因果是不空的,一个人做了恶,必须承担恶果。而《老子》说一个人修证到一定程度以后,罪是可以免的。这里的罪是从心性角度说的。一个人如果证了道,他内心造恶的部分就被化解了。一个人的心性里没有作恶的动力了,没有作恶的念头和种子,罪从何来呢?人在求道的过程中,经过一番功夫使内心得到彻底净化,内心一片澄明之象,干干净净,哪里还用谈罪与不罪呢？

有的宗教认为依靠神秘的力量可以得到救赎，中国人则认为，从自己的修证出发，通过心灵的净化，可以把造罪的源头铲掉。

"故为天下贵"，所以天下的权力、地位、金钱、财富、名声等，都没有道贵，天下最贵的是道。

我们每个人都要看清楚，什么是最值得我们用一生追求的。这应该成为我们生命中的一个大问号。一个人对这个问题的回答，可以体现出层次和智慧。有的人的追求很现实，想得到地位、名利等，"天下熙熙，皆为利来；天下攘攘，皆为利往"；有的人超越了这些追求，愿意去探求生命和宇宙的究竟，在这个问题下功夫，就是道。

| 第六十三章 |

心外无物，万事无挂碍

> 为无为，事无事，味无味。大小多少，报怨以德。图难乎其易，为大于其细。天下难事必作于易，天下大事必作于细，是以圣人终不为大，故能成其大。夫轻诺必寡信，多易必多难，是以圣人犹难之。故终无难矣。

这一章也讲一个人证悟了大道之后拥有智慧的状态。

"为无为，事无事，味无味" 是这一章的总结，讲一个得道或者有大智慧的人做事和生活的状态。把这句话的顺序改一改，就是以无为的状态去为，以无事的状态去做事，以无味的状态去感知天下。以无为的状态去为，代表真正拥有大智慧的人不妄为，绝不因为自己的欲望去干涉世界运行的规律。以无事的状态去做事，得道的人心无挂碍，内心空无所住，类似禅宗讲的，终日吃米，未着一粒米，终年穿衣，未着一根纱。无事就不黏附，用《六祖坛经》的话讲，就是不被事物束缚。王阳明讲心外无物，也类似以无事的状态去做事。只有任何外部事物都不会对人造成挂碍，人才能按照事物的规律去做事。无味表面是恬淡无味，带着无味的状态去感知世界，实际上代表了一个人不因为自己的欲望、好恶，而影响对整个世界的判断。带着有味的状态去感受世界就会先入为主，有偏见。比如一个人口味很重,他对味道比较清淡的美食可能就欣赏不了,认为味道清淡的美食不是美食,因为他已经不能以无味的状态去感受世界了。"味无味"告诉我们,一个人不要被后天的任何欲望、偏见、好恶束缚,才能正确全面地感受世界。

"**大小多少**"涉及事物发展的本来逻辑或者因果。小事慢慢会变成大事,少会积累成多。当然也有一种理解,有些事情,你把它看得很大,高度重视它,它反而会变得很小;有些问题,你认为它很多,集中精力去处理,问题反而会变得很少。无论从哪个角度理解,都是讲事物的一种因果关系。"**报怨以德**"是我们生活中常用的话,也说出了一种得道的境界。没有小我,没有个人的好恶,无论别人尊重自己还是伤害自己,自己总能以诚恳之心、与人为善之心和对方打交道,无论对方是什么样的人都不影响自己的慈悲。

有这样一个故事。一只乌龟受伤了,禅师给乌龟清理伤口,结果不小心被乌龟咬了。禅师的徒弟说,师父你看,你对乌龟这么好,结果它还咬你了。禅师问徒弟,难道因为它咬我,我就不去救它吗?徒弟无话可说。

一个不善良的人被车撞倒了,因为他不善良,我们就不去管他吗?有的罪犯受伤了,因为他是个罪犯,我们就不去救助他吗?禅师的话就是"报怨以德"。有些人人品德行不好,不知道感恩,但是这并不影响我们怎么做人。

"报怨以德"作为个人修为是值得我们敬重的,但是从社会管理层面来讲不如"以直报怨"适合。

有人对孔子说,以德报怨,怎么样?孔子说,如果说对怨要以德相报,那么对德,我们怎么相报呢?那人问孔子,那你的意思呢?孔子回答"以德报德,以直报怨",翻译过来就是,有德行的人对我好,我也对他好,但是人品不怎么样的、伤害社会的人,他怎么伤害社会就应该怎么惩罚他。这话是在什么场合讲的呢？孔子是司法长官，在鲁国当过大司寇，他思考问题时并非站在个人角度。在个人角度，你欺骗我、谩骂我，我可以不计较。但是如果一位公民说张三骂他了，或者侮辱他了，而我作为法官告诉他，你要以德报怨，你不要在意，那我就是一个非常糟糕的法官，没有主持正义。法官应该怎么办呢？查明事实，让侮辱诽谤者承担责任，付出代价。

所以我们在读《老子》的时候，一定要注意其应用的场合。

"图难于其易，为大于其细"，这是说有智慧的人去做难事的时候，应该从简单的地方做起。一上来就啃硬骨头可能啃不动，有时甚至会丧失信心。面对一件难事，要从能做的地方开始做，最终啃到硬骨头的时候，可能硬骨头也变得不那么硬了。无论做多大的事，都是从点点滴滴开始的。很多年轻人想成就一番事业，有的人会急躁，觉得奋斗有什么用，读书、背几个单词有什么用？这些事的用处可能一时不会显现出来，但是积累二十年、三十年后，你将会成为某一方面非常知名的专家，从而受到社会尊重。"为大于其细"这个道理，我觉得对我们尤其有意义，千万不要只付出了一丁点儿的努力就想马上得到回报，我们需要点点滴滴的积累才能成就自己。

"天下难事必作于易，天下大事必作于细"，这是对上一句话的深入解释。天下无论多难的事，都是从简单的地方一步一步做起来的，最后难事得以解决；无论多大的事，都是从细节一点一点累积的，最后才成为一座丰碑。

"是以圣人终不为大，故能成其大"，是说真正的圣人从来不觉得自己了不起，只是做自己的本分，他们只是在历中因缘里承担起自己的使命，不吹捧自己，恰恰历史做出了最好的回答，圣人成了圣人，被人们永远缅怀。反过来，一个人自以为了不起，喜欢被人吹捧，喜欢鲜花和掌声，结果就是他不能"成其大"。任何因伟大而在历史上留名的人，都不是自己觉得自己多重要，而是历史对他们给出的评价。

比如孔子说"三人行，必有我师焉，择其善者而从之，其不善者而改之"，孔子没有告诉别人自己了不起，没有认为自己比谁都聪明，他很谦卑。当然，在历史上和孔子一样伟大的人也有一些，我举这个例子是要告诉大家，真正了不起的人从来不自大，不狂妄，不会飘飘然，更不会觉得自己了不起，只是在时节因缘里承担自己的历史责任和使命。

"**夫轻诺必寡信，多易必多难**"，这句话对我们的为人处世和对人情世故的观察特别有帮助。一个人轻易许下承诺，最后往往会背弃承诺。一个人做什么事都持轻视的态度，往往会遇到很大的困难，甚至坚持不下去。企业在用人的时候要注意，有的人没有经过慎重思考就轻易表态，这种人往往会背弃承诺。这不光涉及他的人品问题，还有一个很重要的原因是他没有对事情进行慎重的考虑和全面的观察就做出承诺了，结果在做事的时候才发现，事情远比他想的复杂、困难，最终他没办法实现承诺，从而导致失信。

我觉得，一个人在做出承诺前，要全方位去考察，掌握各方面材料，在这种前提下做出的承诺才会兑现，才值得信任。把事情想得很简单，没有真正全方位对事情做考察，往往会在做事过程中发现问题越来越盘根错节，最后无能为力。

"**是以圣人犹难之。故终无难矣**"，真正有大智慧的人对任何事情都很重视，做事时能考虑到方方面面，能够梳理清楚盘根错节的关系，严谨、细致、周到而且郑重，往往做事过程比较顺利，使得本来困难的事也变得不困难了，如果是简单的事，那更不在话下。

| 第六十四章 |

未雨绸缪，恒顺众生通达万事

> 其安易持，其未兆易谋，其脆易泮，其微易散。为之于未有，治之于未乱。合抱之木，生于毫末；九层之台，起于累土；千里之行，始于足下。为者败之，执者失之。是以圣人无为，故无败；无执，故无失。民之从事，常于几成而败之。慎终如始，则无败事。是以圣人欲不欲，不贵难得之货。学不学，复众人之所过。以辅万物之自然，而不敢为。

这一章讲到了修道人的状态，也有一些我们生活中耳熟能详的话。**"其安易持，其未兆易谋，其脆易泮，其微易散"**，讲到了事物发展的状态，同时它也是个大智慧，涉及道的运用。"其安易持"讲事物在顺利发展的时候好维持，如果已经危机四伏了，恐怕换谁上去当领导，都很难扶大厦于将倾。

明朝末年，崇祯皇帝即便再有雄心壮志，也挽救不了大明王朝。清朝末年，光绪帝想通过戊戌变法改变大清的命运，最后也只是一声叹息。原因何在？就是一个王朝危机四伏的时候，已经大厦将倾，非常不好维持了。

"其未兆易谋"是讲一件事情还没有露出苗头，或者刚刚有一点苗头的时候好谋划，比如人的疾病，只有一点兆头的时候，哪怕是某些癌症，也好治，一旦形成病灶，到了很严重的程度，再去医治就会比较难。所以中医治未病是非常智慧的。你的身体还没有露出病态的时候，通过CT、核磁共振等西医检查是很难查出来的，中医却认为，在你没有形成病灶的时候，已经有生病的兆头了，这时候还比较容易控制。

家庭生活中，夫妻关系到了要离婚的程度，就比较难以弥合。在对方有一点不满时，就开始反思，夫妻俩共同努力，家庭关系才能和谐。一个单位开始有点小问题或者在问题刚刚出现苗头的时候就及时筹划，比较容易把问题解决在初萌状态。

"其脆易泮"，冰刚刚冻起来的时候比较容易融化，一旦变成坚冰了，就得有很大的热量才能让它融化。这讲的是有些事情还没有凝成很僵硬的力量的时候是容易化解的。比如朋友之间的误解，刚出现时比较容易化解，但等到根深蒂固的偏见已经形成，就很难去改变了。有的人一旦被邪教影响，内心被某些思想控制了，无论你怎样给他讲道理，效果都很有限，甚至可能产生反作用。如果在他刚接触的时候，帮他树立正确的三观，可能就会把他拉到正确的轨道上。

"其微易散"，就是事情在刚刚发生时，我们重视它，就容易化解危机，事情如果已经发展到一定程度，就比较难解决，甚至难以回天了。

这四句话对我们的生活非常有帮助。

"为之于未有，治之于未乱"，这是对前文的总结，告诉我们要在什么地方有为——在未有的地方为，类似《黄帝内经》讲的"上医治未病"。很多事情，刚刚开始有点苗头或者还没有露出苗头时，我们就开始着手解决。治理社会，管理企业，要是等到人心乱组织也乱的时候才开始，就非常难以治理了，所以要未雨绸缪，用比较小的代价取得比较大的成效。

"合抱之木，生于毫末；九层之台，起于累土；千里之行，始于足下"，这进一步总结了人类的因果规律，是说无论多大的事都是从细小的地方开始的。再高的大树,都是从小苗生长出来的;再高的高台,都是一层土一层土累积起来的;千里万里的路程,也是从脚下一步一步走出来的。这里不多展开,大家很熟悉。我只想跟读者朋友们说,无论你有多壮阔的理想、多远大的抱负,请一步一步开始做,不要想着一步登天。通过一步一步努力的过程累积成就,点点滴滴,集小溪而成大江大河,在这个过程中,你不要想着付出一点努力马上就会取得伟大的成果,那种急功近利的想法应该摒弃。

"为者败之",表面意思是一个人刻意去作为往往会失败。"执者失之",越想抓住它越会失去它,其深层的意思就是刻意去做的人,由于没有遵循事物的规律,主观操纵客观,结果在规律面前一败涂地。

比如,企业的发展、行业的发展,有其自然的规律,如果道法自然,随顺规律,事业可能会发展得好。如果领导者主观意识强,非得扭曲客观力量,想要按照主观意图做事,这就属于"为者败之"。我在企业培训的过程中发现很多老板是这样的,员工说老板总想让行业或者企业按照他的意图来,最终往往是欲速则不达,事与愿违。"执者失之"是你非要抓住,最后反而失去了。其实就是你在抓的过程中主观色彩太强,被个人偏见蒙蔽了智慧,没有正确看待事物的本来状态,没有遵循规律,最终越想抓住越会失去。

有人说爱情像沙,越想攥住它,它会越快从指尖流走。这是一种鸡汤式的说法,但是它的道理和"执者失之"有相似之处。非要抓住它的时候,人为的力量反而会违背事情本身的规律,以致事与愿违。

"是以圣人无为,故无败;无执,故无失",讲完前面的道理,老子指出,圣人的无为不是刻意妄为,不是为了达到自私的目的而做事,所以也无所谓败。失败的原因是客观的结果和主观意图相背离。比如,你想考上清华大学,结果考上了普通大学,你认为这是失败的;你想经营企业赚钱，结果把企业搞垮了，这是失败的。圣人的主观能够和客观一致，不追求非得怎么样，所以无为也无败。"无执，故无失"，圣人没有说一定要得到什么，一定要抓取什么，不像普通人，一定要权力，一定要名声，圣人没有小我对外在物欲的追求，正因为无执，所以也无所谓失去。

普通人的很多痛苦来自企图让客观符合主观，总是想抓住身外的名利、地位、权力。我们非要以主观去要求客观的时候，就会有失有败，内心会有巨大的失落和痛苦。

"民之从事，常于几成而败之。慎终如始，则无败事"。这里老子做了个比较。普通人是什么状态呢？老百姓做事总是快成功的时候败了，功败垂成。很多人在开始做事的时候很严谨，到了快望见胜利曙光的时候，开始变得飘飘然、不谨慎，最终"常于几成而败之"。那么怎么办呢？老子的结论是，"慎终如始，则无败事"，如果做事一如既往地严谨、周到、圆融，就不会失败。这给我们的告诫是，普通人的周全往往不能一直持续下去，因为每个细节都把握好自己，始终非常周到和圆融，是修行到一定程度才能做到的。

讲完普通人的状态后，老子把有智慧的人该有的状态也告诉了我们。

"是以圣人欲不欲，不贵难得之货。学不学，复众人之所过"，圣人追求什么呢？追求不欲。圣人要把一个人的贪、嗔、痴、慢、疑平息下来，把后天欲望消解掉。"不贵难得之货"是指在现实中圣人从来不会做物欲的奴隶，使自己一败涂地。"学不学，复众人之所过"是指圣人也学，但他们学的是"不学"。普通人学的是非常实用的东西，怎么赚钱，怎么做官，怎么取得实际利益。普通人不学看不见摸不着的无用之学。真正的大道，普通人很少会去学。"不学"背后指的是道，道在缺少智慧的人看来仿佛是无用的。其实道才是大用，道是宇宙、人类社会、个人发展都遵循的规律。一个人证悟了、掌握了、理解了道，才能做生命的主人，做社会的主人。遵循规律，顺应规律，才能做成一番大事。

所以"学不学"是说真正的圣人要在学习道、证悟道、践行道的方面下功夫。那么学习道的结果是什么？"复众人之所过"。这句有不同的解释，有人认为是修复众人的过失，也有人认为是恢复到真正平凡的状态，当然这种平凡不是普通的平凡，而是一个人修证之后的平凡。从字面意思来看"众人之所过"，众人怎么"过"了呢？在圣人看来，众人是把本性给迷失了。所以孟子认为，人本来都有良知，但是很多人在生活中因为受到污染，各种欲望把良知给蒙蔽了。道家认为，人的真心在吃喝玩乐的过程中，在万丈红尘中被蒙蔽了。佛家也说人人都有佛性、有自性，只是在面临各种欲望诱惑的时候被蒙蔽了。"复"就是修道的人要恢复它。这句话合起来就是，真正修道是要恢复人的本来面目，恢复人的本性，恢复人的良知。

"以辅万物之自然，而不敢为"，真正修成大道的人或者证悟的人在和世界打交道的时候，会丢掉小我，和整个宇宙、社会、他者融为一体，顺应万物自然的规律，既成全万物，也成就自己。"不敢为"讲的是绝不会妄为，更不会以主观去扭曲事情本来的状态。

《华严经》的《普贤菩萨行愿品》里有一大愿叫"恒顺众生"。为什么有大成就的菩萨能恒顺众生？是因为真正的大菩萨早就没有主观和小我了，和众生万物打交道的时候，能够遵循众生万物本身的规律和特点，既成全万物，也成全自己。借由经典的阅读，我们也能看到儒、释、道的通达之处。

| 第六十五章 |

心道合一，和谐相处

> 古之善为道者，非以明民，将以愚之。民之难治，以其智多。故以智治国，国之贼；不以智治国，国之福。知此两者，亦稽式。常知稽式，是谓玄德。玄德深矣，远矣，与物反矣，然后乃至大顺。

这一章讲大道在政治领域的运用。

"古之善为道者，非以明民，将以愚之"，开篇就指出真正懂得治国的圣人，在治国理政的时候，不像一般人那样教给老百姓机巧、权谋、算计。"非以明民，将以愚之"，这里的"愚"不是让人愚昧，也不是人们普遍理解的愚民政策，而是让人不去计较，不去耍计谋、机巧，让人回到单纯、淳朴、厚道、诚恳的状态。"明民"是指老子看到有些君主故意让老百姓学会偷奸取巧，这是有特定的社会背景的。

生活中的很多痛苦源于自以为聪明，耍一些小聪明往往害人害己。一个人活得智慧、简单、厚道、诚恳，往往对别人、社会都有利。人与人打交道，如果双方都是淳朴厚道之人，会减少很多不必要的麻烦，大家都活得自在快乐；如果双方都有很多心眼、很多提防，就会活得很累。

很多人说西方的契约精神好，其实如果人人都诚恳、单纯、正直，都有智慧有德行，那还要什么契约？大家在做生意、社会交往的时候，非得用一纸条文来规定各自的责任，规定违约了应该怎么办，那只是表面上的契约精神，其实是人心沦丧。

"民之难治，以其智多。故以智治国，国之贼；不以智治国，国之福"，我们也可以一并来反思，为什么社会治理难。出现很多违法乱纪的事，就是因为老百姓的心眼太多，计谋太多，想要逃避社会监管的小聪明多，这就是"以其智多"。"以智治国，国之贼"，如果哪个君主教给老百姓计谋，教老百姓偷税漏税，教老百姓耍小聪明，他就是国之贼。"不以智治国"就是让老百姓重新回到淳朴、厚道的样子，这是"国之福"。

"知此两者，亦稽式"，"稽式"是规则，或者可以翻译成铁律，如果这正反两方面的做法都很清楚了，就是知道了治国的规则。老子根据当时的生活状态和对社会治理的观察，总结出两种治国的方式：一种是让老百姓回到厚道、淳朴中；另外一种是通过各种对老百姓的折腾，让老百姓有机巧，懂计谋，会算计。

对这两种方式做了总结之后，他告诉为政者，管理社会的人一定要懂得这两种治理国家的铁律。走正道，可以启发出人性中的正直，来减少社会消耗，减少社会成本。当然也不是不要法律了，只是说这种方式对社会的和谐有序是最有帮助的，所以他说**"常知稽式，是谓玄德"**，如果君主懂得了这种治国铁律，是非常有德行、有大智慧的人。**"玄德深矣，远矣"**，这种智慧非常深远，表现在哪里？**"与物反矣"**。在老子看来，当时的社会治理出现了违背人的天性，违背人性的淳朴、善良、厚道的情况，把老百姓引向耍心眼、会计谋、懂算计的邪道。老子说，一个真正具备大德的人，一定是要回到启发出人性的单纯、简单、厚道、正直的方式上，**"然后乃至大顺"**，这样才能实现社会大顺。由于把人心净化了，人人正直公正，社会风清气正，那么人类就能够遵循社会规律、自然规律、个人成长规律。这就可以称为天人一体或者天人合一。

每个人都能得到自由而全面的发展，或者每个人都能身心合一，心道合一，就是"大顺"。经过为政者的正确引导，整个社会达到了理想状态：人与自然，人与社会，人与人，乃至人与自己的心灵，都能够和谐相处。

| 第六十六章 |

百川归海，不争者得成功

> 江海所以能为百谷王者，以其善下之，故能为百谷王。
> 是以欲上民，必以言下之；欲先民，必以身后之。是以圣人
> 处上而民不重，处前而民不害，是以天下乐推而不厌。以其
> 不争，故天下莫能与之争。

这一章也涉及社会管理方面的内容，是说一个人拥有大智慧之后，应该怎样进行社会治理。有些人理解这一章的时候，觉得内容涉及了一些权谋，其实不是。老子都是按照规律来说的，一个人真正按照规律去做事，很多事情就会水到渠成。你追求的、想要得到的可能不用多么拼命追求，自然就得到了。这不是权谋，而是拥有大智慧的人在按照规律做事，自然而然得到的结果。

"**江海所以能为百谷王者，以其善下之，故能为百谷王**"，老子首先解释了一种现象，大海为什么能成为百谷王。因为所有河流都往大海里流。大海为什么能成为大江大河的汇聚之地呢？"以其善下之"，因为它处在洼地，水往低处流。用在人事上就是一个人之所以能够被众人尊重推崇、敬佩仰慕，很重要的原因是"善下"。做人谦卑友好，待人随和，很多人愿意和他打交道。我们会劝人不要出言伤人，轻言妄谈，直来直去，否则

会伤害很多人。如果你不"善下",让周围的人觉得不舒服,他们就会离你而去。你想惠及大家,做一番事业,如果没有人追随也是很难做到的。从自然现象出发,老子得出,**"是以欲上民,必以言下之,欲先民,必以身后之"** 的结论。

真正有大智慧的人,如果想领导老百姓,一定要身先士卒对老百姓好,设身处地为老百姓着想,说话谦卑,懂得倾听。领导者把老百姓的位置摆得很高,老百姓才能由衷愿意把他当作领导者。如果领导者颐指气使,装模作样,对老百姓指手画脚,整天折腾老百姓,打压老百姓,那可能会被老百姓推翻,下场会非常惨烈。

"欲先民,必以身后之",如果一个人想领导老百姓,那么,有了利益的时候,一定是要先给老百姓,如果把自己看得最重要,不把老百姓当回事,那他不可能得到老百姓的信任。

历史上有个故事叫"国人暴动"。周厉王在位的时候,没有王的风范,对老百姓非常残酷,非常严苛。他把矿山、池塘等物产丰饶的地方都据为己有,这就使需要上山砍柴的、需要到河里捕鱼的老百姓没有饭吃。君王与民争利,给老百姓带来了很多灾难,老百姓后来就把他推翻了。周厉王就是不懂"以身后之"。真正有大智慧的领导者,把人民的利益放在前边,让老百姓得到想要的,这样才能得到老百姓由衷的认同。

"是以圣人处上而民不重,处前而民不害",圣人领导老百姓,老百姓不觉得被压迫,老百姓也不会去加害他,愿意在他的领导下做成一番事业。原因就是圣人能够尊重老百姓的利益,真诚为老百姓的利益打拼,把老百姓放在最重要的位置上。

"是以天下乐推而不厌",老百姓特别愿意把这种人当成领导,而且一直让他当领导,也不会厌倦他。结论是**"以其不争,故天下莫能与之争"**。电视剧《雍正王朝》里曾用过这话。四皇子跟别的皇子表现不一样的地方就是老实办差，在康熙的领导下尽自己的本分，没有像其他皇子一样事事必争，想出很多计谋，为当皇帝铺路，结果看起来不争的人最后恰恰做了皇帝。"不争"是指真正有大智慧的人没有小我，不为了名利地位，他只是要承担使命，不拿主观扭曲客观，尊重规律，按照事情本来的规律去做人、做事。一个真正认识了世界，把事情看得清清楚楚，并采取正确措施的人，最后往往比较圆满。做到这样，即便自己不去求，往往也能得到。

有时候在谋取个人发展的时候，越是想得到一个位置，想尽办法，甚至搞不正之风，往往越会事与愿违。有时采取的措施不当，最后的结果反倒并不如意。如果把本分尽好，领导交代的事情你都做得非常周全圆满，甚至超过领导的期待，同时老老实实为公司打拼，为事业打拼，你将更容易得到领导的认可。

这几年我也在观察身边的人。老实厚道的人，个人企图心表现得不那么强烈，从长远来看，他们能承担责任，能够去完成使命，结果不会很差。把自己的本分做好，这是个基础，如果该做的都没做好，那么就很难实现目标。光凭计谋，恐怕很难真正达到目标。"以其不争，故天下莫能与之争"也告诉了我们一个做人的智慧。

| 第六十七章 |

放下自在，天助自助者

> 天下皆谓我道大，似不肖。夫唯大，故似不肖。若肖，久矣其细也夫。我有三宝，持而保之。一曰慈，二曰俭，三曰不敢为天下先。慈，故能勇；俭，故能广；不敢为天下先，故能成器长。今舍慈且勇，舍俭且广，舍后且先，死矣！夫慈，以战则胜，以守则固，天将救之，以慈卫之。

这一章主要围绕着得道的状态进行描述，介绍了一个人领会了大道所表现出的状态，或者叫道的"用"。

"天下皆谓我道大，似不肖"，众生都说道太深奥了，可以说无所不包，无处不在，正因为道如此广大，所以很难去描绘它。这和中国哲学贯通了。佛家讲成佛的境界，"止止不须说，我法妙难思"，也是说很难用语言去说。孔子说"予欲无言"，当一个人体悟到深刻的东西之后，语言就会变得苍白。

"夫唯大，故似不肖"，正因为道太深奥了，所以很难用具象的东西去描述。**"若肖，久矣其细也夫"**，这句话的意思是如果道可以用很具体的东西来描述，它就不会那么伟大了。如果用一个词就能把道说清楚，它就不是道，也不会那么深刻了。

第六十七章 放下自在，天助自助者

深刻体证到一定程度，内在的境界是超出语言的。语言可以从侧面描绘，但是描绘出来的状态和真实体证的状态也是不一致的。

"我有三宝，持而保之" 是说我自己修证得到的体悟，有三个好东西，或者三个内心证悟的境界，我要持久地好好保护它们。是什么呢？**"一曰慈，二曰俭，三曰不敢为天下先"**。我们要把这几句话解释清楚，否则会引起很多误解。

"一曰慈"，慈代表的是一个人内心对宇宙万物的仁爱之心、包容之心和成全之心。

"二曰俭"，俭和慈是一体两面。慈是向外的，代表一个人修证到一定程度之后所表现出来的包容一切、仁爱一切、成全一切的心。这里的俭不是俭朴的意思。俭是向内的，代表一个人看破和放下内在的贪欲、小我。一个人只有放下小我的欲望，才能生发出与天地万物融为一体的成全和仁爱之心。

"三曰不敢为天下先"，表面可以理解为不把自己的利益放在别人前面，不把自己的利益置于广大人民和国家的利益之上。更深层次的意思是，把我执放下，在思考问题或者做任何事情的时候，就不会首先考虑到自己，或者被"我"的概念框架包围。

如果不能深层次理解"不敢为天下先"背后的含义，有时候会走向误解。比如，当国家有需要、人民有需要的时候，我们敢不敢担当？真正的大丈夫是舍我其谁。舍我其谁和"不敢为天下先"是不是矛盾呢？不矛盾。一个人做到了慈和俭、不敢为天下先，放下小我，表现出来的一定是舍我其谁、为天下担当的精神。所以这个"不敢为天下先"不要理解为消极的，面对责任、使命的时候唯唯诺诺。

中华文化不会让我们做懦夫，不会让我们做不负责任的人，都是让我们做敢担当的人。

"慈，故能勇"，一个人真正仁爱天下，能够视天下责任为自己的责任，甚至可以献出生命为国家、为人民打拼，这就是大勇。

"俭，故能广"，一个人超越了欲望，不为小我所控制，在思考问题的时候，智慧和能力才能广。智慧的广是说一个人心灵的镜子被擦亮之后，不被欲望包裹，对很多事情都能看得通透，能够抓到或体悟到世界的实相。这样的人有着跟智慧相配的能力。一个人内在欲望小了，在和别人打交道的过程中团结大家，做成一番事业的能力也会大些。

"不敢为天下先，故能成器长"，一个人只有放下小我，不把自己的主张强加给别人，才能不嫉妒别人、成全别人，让别人得到成长和发展的机会。反过来讲，如果一个人自我为先，什么事情都先考虑自己，一旦和别人产生不同意见，就要强迫别人听从自己的主张，这种人是没办法成就别人的。我们和自然界打交道的时候也是如此。比如人类要砍柴，要挖煤，要开采矿山，带着的心就是小我，为了人类的利益不管不顾。那环境恐怕就会被破坏了。如果一个人内心放下我执，不是以人类为中心，不自私自利，能够遵循生物规律，让自然中的各个生命都得到成长和发育，这就叫"故能成器长"。

一个人不以小我去强迫别人，不以小我凌驾于别人之上，才能尊重别人，尊重客观规律。

"今舍慈且勇"，"今"是指老子生活的时代，其实现在也有这种情况。有的人对万事万物没有慈悲，却表现得很勇敢，这种勇就是鲁莽，容易对整个社会造成伤害。

"舍俭且广"，这是什么不好的现象呢？就是有的人内心欲望很大，没有放下，什么事都想插手，什么事都想去做，却往往不能认识到事物的规律，智慧和能力都跟不上，结果做得越多，败得越惨。

"舍后且先"是说很多人面对利益的时候，往往先考虑自己，把自己看得比什么都重要，我执很重，而且做任何事情都是自己抢先，这其实是把自己的利益放在第一位了。

"舍慈且勇，舍俭且广，舍后且先"的结果就是两字，**"死矣"**，一定没有好下场。

"夫慈"，为什么"三宝"这里只强调慈呢？因为做到了俭，就放下了欲望，做到了不敢为天下先，就放下了我执，把俭和不敢为天下先都做到之后，必然的表现就是慈。慈可以总括"三宝"，如果一个人做到慈，则**"以战则胜，以守则固"**。

很多人对执掌军队的人有一个误解，说慈不掌兵，认为很慈悲的人是没办法做将军的，这是普通人的理解。真正的大将军一定是悲天悯人的，这并不代表在打仗的时候他不勇敢，不去杀人。正是在战场上勇敢杀敌，才体现出慈，这叫以杀止杀。比如日本侵华时，中国将士在战场上以最英勇的姿态去杀敌，才能给侵略者以强大的震慑，避免更大的伤亡。勇敢杀敌才能防止更多的人死于战乱，这是大慈悲，所以慈不掌兵是很浅薄的看法，真正的大将军是符合天道的。天有好生之德，哪怕只有一点土都会长草、长庄稼，只有一点水，小苗也会长起来，所以天是生养万物的。一个人无论是军事家，还是各行各业里杰出的人才，一定是符合天道的，有慈爱之心。"以守则固"，就算我们不主动去挑起战争，把城池、国家守好，也可以防止敌人入侵。

"天将救之，以慈卫之"是说老天要帮助哪个人或者救护哪个人，是因为这个人本身就具备美好的品德或者大智慧。人生活在宇宙天地间，如果老天护佑他，他会靠慈悲之心得救。放下了小我和欲望的人，也能以仁爱之心看天地万物。这时才能真正出现中国文化所讲的：自助者，天助；自助者，人助。

第六十八章

用人所长，态度谦卑

> 善为士者不武，善战者不怒，善胜敌者不与，善用人者为之下。是谓不争之德，是谓用人之力，是谓配天古之极。

这一章讲有道之人在工作生活中怎么用道，对我们为人处世、用人等方方面面都很有启发。

"**善**"就是有智慧的人，"**善为士者不武**"，当战士的人是不会滥用武力的。一般认为会武术的人露出肌肉会给别人带来压力，或者是耀武扬威逞强，走在大街上仿佛谁都不能侵犯。老子恰恰告诉我们，真正会做军士的人是不滥用武力的。真正会打仗的人，对军事的认知很清楚，军事不是用来逞强好胜的，不是用来穷兵黩武的。军事的实质是保卫和平，必要的时候动武，动武是为了以武止战，以战来求得和平。斗争是为了不斗争，为了赢得国家的和平、人民的安居乐业，不要被表象迷惑。

"**善战者不怒**"，"怒"指的是在对手的诱惑下暴露出自己的弱点。不怒是无论对手怎么使坏都如如不动，不被对方抓住弱点。真会打仗的人，不会被敌人激怒诱惑，不会因为暴怒暴露弱点，而被敌人制伏。善战的人，在千变万化的战场环境里，敌人无论使什么招，都不能激怒他，不能动摇他的心智。当一个人内心像镜面一样平和的时候，犯错误的可能性就很小，给对手的机会就更少。不善战的人，如果中了别人的计谋，就把弱点暴露出来了。

《孙子兵法》中讲到，一个人打仗的时候想抓住对方的弱点，要怎么做呢？学会激怒对方。如果对方不喜欢受到侮辱，那就狠狠侮辱他；如果对方特别爱惜名声，那就在名声上糟蹋他；如果他特别爱惜老百姓，那就故意把老百姓的房子、庄稼给烧了。《孙子兵法》讲的这些道理，跟孔子讲的仁义不太相符，它讲的是制服对手的方法。

"善胜敌者不与"，"不与"就是善于战胜敌人的人不会给对手机会。我们很多时候与其说是败给对手了，不如说是因为自己的智慧、能力不够，或者疏忽大意等，导致弱点、缺点暴露出来了。真正会打仗的人能够克敌制胜，一定不给别人机会。

"善用人者为之下"，要做成一番事业，用人可谓是重中之重。一个单位的战略方向确定了以后，最关键的就是要组织用人。如果战略方向是对的，用人又跟上了，想做出一番事业，问题不大。"善用人者为之下"告诉我们，一定要把人才的长处发挥出来，用人的时候不要趾高气扬。如果在用人的时候看不起人才，不重用人才，谁还会追随我们？善用人的人，在选拔人才的时候，态度上是谦卑的，能用好人才的长处，给人才充分发挥长处创造平台。

用人的时候很谦卑，非常尊重，能让对方内心比较愉悦。认识到别人的长处，不要苛求别人，不要以完美的标准要求别人，把他的长处用好了，就叫"善用人者为之下"。

如果做到这几条，先看第一个结论，**"是谓不争之德"**。深刻来讲就是把小我放下之后能够真正托起别人，成全别人。有仁爱之心，以慈悲心看天下，能够真正体谅别人，这就是不争之德。有了这个德行以后，无论别人怎么使坏，他的心都不容易有大起伏，不会暴露自己的缺点，能够特别谦卑地尊重别人，不会趾高气扬，而且能用人之所长，不苛求别人。做到这几条，就是懂得怎么用人了。

任何单位、个人，都面临着用人问题。"善用人者为之下"对我很有启发。我们用人的时候，态度要谦卑，要尊重别人，还要把他的长处用好。当然，如果他有缺点，可以通过各种制度防止他的缺点造成损失。如果一个人的能力很强，但是有点贪财，那把他的能力给发挥出来，同时在财务方面对他做好管理，如果管不好，不仅他个人容易成为阶下囚，公司财产容易被侵吞，而且还会给社会造成巨大损失。

"是谓配天古之极"，做到前面几条就是遵循了道，按照大道的智慧去做事。

| 第六十九章 |

用兵当慎，以战为和

> 用兵有言，吾不敢为主而为客，不敢进寸而退尺。是谓行无行，攘无臂，扔无敌，执无兵。祸莫大于轻敌，轻敌几丧吾宝。故抗兵相加，哀者胜矣。

这一章主要是围绕着如何用兵来讲的。

"用兵有言"，会打仗的人是有智慧、有德行的人。这种人怎么看待军事问题呢？**"吾不敢为主而为客，不敢进寸而退尺"**。表面意思是说，真正会打仗、懂得用兵的人，不敢盛气凌人，主动进攻，而是采用被动的方式，先退避三舍。其背后表达的是在战争中克敌制胜的一个很重要方面，就是在道义上要能站得住脚。一场战争能够取得胜利，从终极意义上来讲，除了人多、武器先进等看得见的军事力量，还有一个软实力，就是道义。符合道义的战争就是正义的战争，这会让将士的心中充满力量。真正会打仗的人，在发动战争的时候，首先在正当性上就要站得住脚。

近代以来，日本是亚洲率先走向现代化的国家，军事力量强大。但是毛主席1938年写《论持久战》的时候，非常清楚地下了结论，他认为，抗日战争的结局只有一个，中国一定能赢。这个赢肯定不那么简单，而是要经过持久战，经过战略防御、战略相持和战略反攻，但最后的胜利一定

249

属于中国。战争的走势果然如毛主席所判断的一样，这背后很重要的一个原因就是日本侵华是不正义的，无论是在道义上还是在战争的正当性上都站不住脚。中国虽然当时是个弱国，发展程度相对落后，但是在维护自己的国家主权、维护人民的福祉的正当性上站得住脚。中国的军队，尤其是中国共产党领导的军队在奋勇杀敌、舍生忘死的时候，会升起大无畏的力量。日本当时喊的是建立"大东亚共荣圈"的口号，但是入侵其他国家，无论用什么词语来装点，在正当性和正义方面始终是站不住脚的。

"不敢进寸而退尺"，指在打仗的过程中后发制人，不是盛气凌人，主动攻击。当然这也不是一个僵死的教条，某些时候也可以主动出击，采用闪电战把对方击垮。我想说，老子是从大的战略上而非战术上讲的。拿中国来举例子，从战略上讲，我们不主动欺负别人，可是，如果其他国家敢公然入侵我们国家，我们不得不维护国家的尊严和人民的生命财产安全的时候，就不会"不敢为主而为客，不敢进寸而退尺"，而是瞅准战机出其不意，甚至把对方一窝端。在打仗的具体过程中，每个分寸的拿捏，不要教条化。

"**是谓行无行，攘无臂，扔无敌，执无兵**"，结合上一句，这是讲有道的人用兵的状态。"行无行"，是他有明确目标，表现出来的不是盛气凌人的态度。"攘无臂"的"攘"是用胳膊甩东西，他非常有力量，但是仿佛没有力量一样。"扔无敌"，是真正有实力的人、会用兵的人，有足够的实力击垮敌人，但是在用兵的过程中，他仿佛没有敌人一样。"执无兵"是他本来是有武器的，但是给人的感觉是仿佛手中没有武器。总体上表达的是有道的人有非常强的实力，但不会给人巨大的压力，也不骄横、不张狂。他做好了充分的准备，足以把敌人击垮，但是又不盛气凌人。他本来准备好进行反击，但是给人的感觉是没有特别强的力量。本来他有非常好的行动计划，但是给人的感觉是仿佛没有志在必得。其实这里讲的还是有道之人的慈悲。

"祸莫大于轻敌，轻敌几丧吾宝"，这是对前文来讲的。如果做不到前文说的样子，盛气凌人，自以为天下第一，不把对手放在眼里，就是轻敌。看不起对手，不做充分准备，在战场上，生与死、胜与败的转换也只是瞬间的事。如果你轻视对手，对对手研究不够、了解不足，反而认为自己了不起，就会过高地估计自己的实力，这就应了《孙子兵法》里说的"不知彼，不知己"，最终恐怕会全军覆没。

"故抗兵相加，哀者胜矣"，"抗兵相加"讲的是在两军对垒的时候，哀兵背后积蓄了几方面的能量。第一种能量是正义感。正义的人不会主动去侵犯别人，敌人一而再再而三得寸进尺，会让他们的心里升起悲愤之情。第二种能量是因亲人朋友在战争过程中受到重大伤害而升起的复仇之心。无论是对手得寸进尺带来的悲愤，还是复仇之心带来的哀，都是强大的力量。有了这种力量，再充分研究对手，全方位了解对手，就比较容易取得胜利。

我们举一个"二战"时期的例子。希特勒主动出击包围了莫斯科。苏联当时的处境大约如同《老子》六十九章所讲的，"不敢为主而为客，不敢进寸而退尺"，而德国是得寸进尺。因此，苏联形成了哀兵，国土沦丧，老百姓横遭凌辱，斯大林在莫斯科红场阅兵，士兵直接开赴战场。结果莫斯科保卫战成为"二战"德国法西斯走向覆灭的转折点。

《老子》只是从战略上讲道理，我再次强调，真正打仗的时候，我们不一定要遵循这些道理。我们中国不找事，不惹事，不挑事，不管我们多么强大，不仗着自己的强大去欺负别人，但是这不代表我们软弱，可以任人宰割。国家利益受到侵害时，中华民族会是另外一个样子。

| 第七十章 |

大道至简，常人难悟

> 吾言甚易知，甚易行，天下莫能知，莫能行。言有宗，事有君。夫唯无知，是以不我知。知我者希，则我者贵，是以圣人被褐怀玉。

这一章是圣人的一种叹惜。他是带着慈悲和大智慧的，希望引导更多人走向觉悟，可是现实中，真正的觉者有时难免一声叹息。

"吾言甚易知，甚易行"，一般过来人都是这种状态。比如佛家的大德高僧开始修证的时候，真是吃尽了苦头，尝试了各种法门。比如马祖道一，你问他什么是佛？他说心就是佛。可是很多人说，我也有心，我怎么不是佛呢？有人问南泉禅师，什么是道？他说平常心是道。像老子这样的圣人，他证悟过了，是过来人了，再回头看艰苦的证悟过程，发现讲的道理其实并不复杂。那么有人就问了，既然不复杂，为什么得道还那么难呢？"吾言甚易知，甚易行"，其实表达的是，老子作为一个过来人，真正证悟之后，把自己体会到的真理告诉大家，大道就像老子讲的"甚易知""甚易行"。为什么普通人感觉不到这一点呢？因为普通人在践行道的时候会受到巨大的干扰，道理即便看起来再简单，普通人总是会被干扰牵引，不能真正按照道去做。这就导致过来人觉得简单，普通人却怎么也做不到，或者很难做到。

什么是道？平常心是道，放下是道，可是让普通人放下真是太难了，在普通人的心里，有太多被污染的种子。这是一种巨大的力量，我们称之为习气。这种习气使得人要面临巨大的干扰和吸引，几乎不可能按照老子或者圣人说的大道去做。这就导致老子的感叹和普通人的感觉不太一样。

《华严经》里，佛陀证悟之后说，"奇哉，一切众生皆具如来智慧德相，皆因妄想执着而不能亲证"。这话跟老子说的也有相似之处。佛陀经历了几年的苦行，在雪山里进行了几年的禅定，可以说吃尽了苦头。在菩提树下七天七夜，大彻大悟之后，他才发现，其实每个人、每个生命，都可以成佛，都有和他一样的大智慧。既然这样，为什么我们还没有觉悟呢？佛陀的回答是因为众生总是处在颠倒妄想中间，没有真正开掘内在的宝藏。

佛教还有一个故事，是说一个孩子本来是大富翁的儿子，但是他在大街上乞讨，过着非常贫贱孤苦的日子。后来，大富翁知道儿子还活着，临死之前把所有家族财产都给了他，可是他不知道自己背后有这么大的财产，还是天天祈祷有吃的。

这个故事告诉我们，每个人都有大智慧，大智慧就是我们巨大的财富，可是我们仍然天天在乞讨。我们向外乞讨，而不是继承自己家里的遗产。觉者是找到了自己的大智慧，普通人都是颠倒妄想，在向外驰逐和追求中没有真正找到自己的智慧，于是呈现出凡夫的状态。

"天下莫能知，莫能行"，这就是感慨了。老子说，其实我讲的道理并不复杂，可是天下的人就是不能理解，不能真正按照大道去做。感慨完，他又讲**"言有宗，事有君"**。我们这一生如果想少犯错误，想做事取得成功，要记住这六个字：言有宗，事有君。为什么有的人说话很轻飘，说的话有价值的内容并不多？孔子曾经说，"夫人不言，言必有中"，和老子的话是一个意思。一个人说话不在于多，而在于说到点上。怎么才算说到点上呢？说话是有宗旨的。读《论语》的时候，我们会发现孔子讲"吾道一以贯之"时，他对子贡有一种说法，对颜回有一种说法，对子夏有一种说法，对冉有又是一种说法，对每个人说的都是不一样的，在这些不一样背后，又有一以贯之的东西。如果要问，这万千不同的背后，一以贯之的是什么？就是宗旨。说话一定要符合中道，要按照实相去说，要按照事物的真实情况去说。这样的话含金量就很高。这是智者所言。

普通人夸夸其谈，有智慧的人很多话都说在实相上，符合中道。

比如颜回问仁的时候，孔子的回答是"克己复礼"。子贡问仁的时候，孔子的说法就是"己欲立而立人，己欲达而达人"。为什么孔子说的不一样呢？因为孔子观察了子贡和颜回，认为子贡是有能力做出一番事业的，所以告诉他，绝不能光想着自己。如果你是一位领导，有很大的能量，绝不能只为自己家族谋福利，要为千千万万百姓去谋福利。颜回本身修得很好，因此孔子让他走内圣的路子，不断内修，一直无挂碍，最后把智慧修出来。

"事有君"，做事的时候一定要有根据，不能乱来。有些人做事没有根据，失败都不算是严重后果了，甚至会进监狱。我们做任何事都一定要符合大道，就是孔子讲的"君子喻于义，小人喻于利"，君子做事的时候一定会先考虑是不是符合道义，是不是站在规律一边。符合道义的事是遵循规律的，不符合规律的事最后也会伤害道义。

很多企业有了钱之后要进行投资，所投资的行业如果利国利民，就叫"事有君"。如果只盯着钱，只想赚钱，其他什么都不管，这就是不符合规矩，不符合道义，结果一定不好。

我们可以把"言有宗，事有君"当作座右铭，如果做到了这六个字，我相信，你一定能说话有分量，言谈举止有智慧，经得起检验，能让人钦佩，事业长长久久，最终取得成功。

"夫唯无知，是以不我知"，老子的意思是，可是很多人不懂这个道理，所以不了解我，我很孤独。这个孤独和寂寞不是一回事，孤独是指在社会上知音比较少。相信我们每个人在生活中都会有这样的经历，遇到知己了，心心相印，内心的碰撞和交流会带来很多欣喜。一个人的境界非常高，能和他说话的、能够理解他的人很少，就会有些孤独。所以老子就感慨，我讲的这些道理其实也简单。真正的大道不是多复杂，人的心就像镜子一样，只要把上面的灰尘擦干净，镜子就能映照出天地。放下内心的各种杂念，放下就能觉悟自在。可是做起来很难，因为普通人所有的快乐幸福都来自欲望，很难放下。

"知我者希，则我者贵，是以圣人被褐怀玉"，老子说，这个世界上了解我的人太少了，能按照我说的去做的人真的是太宝贵了。很少有人能够按照老师说的去做，圣人看起来很普通，穿的衣服、吃的饭都很随便，但是他们内在的智慧和境界之高超乎人们的想象。可是，普通人又不懂得敬重，不懂得礼敬，不懂得学习，不懂得践行。

"被褐怀玉"还表明一种状态，圣人对自己的外表不那么看重，他没有我执，不像普通人那样追求回头率。普通人希望被别人捧着，希望别人多关注他，但是圣人不是，圣人活在自在、自足、自觉的状态里，不是通过打扮自己，穿得特别漂亮来吸引人，不需要别人的掌声和喝彩，所以他"被褐怀玉"。

不独老子有这个感慨，孔子也有。孔子说，"人不知而不愠，不亦君子乎"，和"知我者希，则我者贵，圣人被褐怀玉"是一个意思。

第七十一章

自知者明，圣人更懂自谦

> 知不知，上；不知知，病。夫唯病病，是以不病。圣人不病，以其病病，是以不病。

这一章对我们怎么为学有非常重要的启发，也从侧面告诉我们，有道的人是怎样正确认识自己的。

"知不知，上"，一个人知道自己的浅薄，知道自己无知，我们称之为有智慧的人或者高明的人。可能有人会问，真正大彻大悟的人是不是对天底下的事情没有不知道的？人不能迷信，大彻大悟是对天道宇宙的道的证悟，不代表懂了道以后，也懂得计算机软件，对打游戏、开汽车、开飞机等都能驾轻就熟。懂了大道理之后，对很多东西也要在具体操作的时候慢慢熟悉。一个人无论有多大的智慧，总有些知识是他不懂的，所以真正有智慧的人能够对自己有很全面的了解，知道边界在哪里，知道什么是自己所长，什么是自己的不足。这就叫全面了解自己，或者是对自己做到了实事求是。

"不知知，病"，一个人如果不知道自己无知，不懂得边界在哪里，自己哪方面弱，就有问题了。人这一生，无论自己有多高的水平，有多高的地位、境界、修为，都一定要知道自己哪里不足。

孔子说，"三人行，必有我师焉""知之为知之，不知为不知，是知也"。人类思想史上的顶尖人物都告诉我们，人这一生一定要清楚自己不知道什么，如果不知道自己的弱点是什么，不知道知识结构哪里有缺陷，问题就来了。"病"，就是产生问题的地方。

"夫唯病病，是以不病"，是说一个人懂得这个道理后，把自己的病当作病。真正有智慧的人，唯恐自己飘飘然，把不知道的当作知道，对自己的无知视若无睹，这是很可怕的。相反，一个人如果对自己的认识非常清楚，知道自己哪里不足，就能不断成长，提高自己，完善自己，从而走上人生的正道。

"圣人不病，以其病病"，圣人为什么表现得很圆融呢？就是因为圣人能够很全面地看到自己的无知，而且承认自己无知，愿意在生活和工作中通过学习、努力、证悟，不断提高自己。正因为这样，他表现出的是圆满、智慧通达的状态。那么普通人呢？普通人可能是一瓶子不满半瓶子晃，认识不到自己的不足，以为自己有多高的修为。受到别人批评，被指出毛病的时候，他们不愿意承认，心里也不高兴，更不接受。他们很难通过学习证悟，倾听别人的指教，不断完善自己。这和圣人的状态是截然相反的。

我特别想告诉大家，人的通病是很难承认自己不行，喜欢证明自己行。我讲一个故事。曾有一位小有名气的道长出家以后，在道观里给别人做饭。这也是很重要的一种积累福报资粮的方式，用老百姓的话说，就是供养、布施，把自己奉献出去。他内心单纯干净，只想把饭做好，这是容易与大道相应的。有一次他打坐的时候，感觉整个世界和他的心融为一体。这是禅定中的一个现象，是修行往前进了一大步的表现，正因为修行进了一大步，他内心就有点飘飘然了。有一次，一个中年人在道观里见到他，就问他愿不愿意跟自己去学习。由于这位道长在同修中修证的水平高一些，内心有一点骄傲，就没把中年人的话放在心上。后来他才意识到，其实那个人是在点拨他。那人虽然不是以出家人的身份出现的，但是水平很高，而且知道这位道长年纪轻轻就修得很好、优点是什么、还有什么问题，是想点拨他。但就因为高傲，这位道长失去了机会。他后来讲，他曾经有几次见过高人，但都因为觉得自己了不起，失去了拜师学艺的机会。

我说一说自己的一点感悟。现在大家都有朋友圈，我在朋友圈里很少说话，为什么呢？朋友圈里高人很多，有句话叫高手在民间。有些人虽然出名，但不一定是明白人。朋友圈里，很多人看起来很普通，不出名，但是智慧很大。所以我多是在倾听、观察。有时候别人聊了很久，我就从头到尾看别人的发言，对我来说，这是种很好的学习和历练，对我很有启发。

我曾经开过一门课，主要讲《易经》。当时我内心是非常忐忑的，因为《易经》作为中国文化的源头，真的是博大精深。它既有道，又有术，某种程度上要靠术来体现道。作为一个知识分子，我在思考《易经》的时候，更多立足于哲学角度。这一方面取决于我的能力，我在术的方面能力有所欠缺，缺少天赋，学起来比较费劲。另一方面，我在大学里工作，学科决定了我更侧重从哲学的角度谈《易经》。比我水平高的人可以说不计其数，来听课的人有些比我的水平高得多，这一点我内心很清楚。我读了《老子》以后，懂得自己是有很多缺点和不足的，有些方面我是远不如别人的。在生活中，有些人看起来也没有很大的来头、很高的地位或学历，但是他们证悟的水平比我们高，见识和水平比我们高，我们如果不愿意放下身段向别人虚心请教，就会丧失向比我们优秀的人学习的机会。

如果知道自己的缺点、不足，知道自己哪里理解得还很不够，就会放下身段，不管对方是什么身份，只要人家真的水平高，都要虚心向其请教。如果做到了这一点,那么人这一生一定会不断前进,走在完善自己、提高自己的路上。如果只想证明自己行,想在别人面前摆出自己什么都懂的样子,就会停止前进,不断提升的通道就被堵死了。

我想通过《老子》第七十一章告诉大家,我们每个人都要知道自己的"不知",做个有自知之明的人,所有比我们优秀的人,比我们德行高的人,我们都能很真诚地向他们学习,只有这样,我们才能"日新之谓盛德"。

| 第七十二章 |

权威和使命当以民为先

> 民不畏威,则大威至。无狎其所居,无厌其所生。夫唯不厌,是以不厌。是以圣人自知,不自见;自爱,不自贵。故去彼取此。

这一章涉及政治哲学方面的内容,也涉及领导者怎样提高自己的修为才能胜任角色的问题。

"民不畏威,则大威至","威"是权威,代表的是领导者,在封建社会里是指帝王。帝王是当时社会最高权威的代表,他应该有权威,让老百姓有敬畏之心。这句话的意思是,当老百姓不把领导者当回事,领导者的权威完全丧失,甚至老百姓内心想要推翻领导者的时候,他的时代就要结束了。

这讲了一个现象,本来应该有权威,让人心生敬畏、敬重钦佩的领导者如果丧失了权威,一定是他没有承担自己的使命和责任,不懂得爱惜老百姓,在管理上一塌糊涂。在封建社会这就说明改朝换代的时机到了。

"无狎其所居,无厌其所生",这一句是说好的领导者应该怎么做。表面意思是领导者不要侵犯老百姓的居所,其实就是不要总是扰民,不要横征暴敛。孔子说,"苛政猛于虎也"。如果领导者不爱惜老百姓,经常以税收劳役等方式折腾老百姓,老百姓会非常痛苦。"无厌其所生"是不要让老百姓觉得活着没有意思。在古代，什么人会闹革命呢？那些家里过得很好，有田有房，孩子、爱人都生活得很好的人，又怎么会去惹事呢？老百姓都是到了忍无可忍的时候才会豁出命和统治者为敌，那样国家就岌岌可危了。

好的领导者要不断创造好的条件，其奋斗目标是人民过上美好生活。老百姓想要什么，就创造什么，不断通过努力让老百姓过得好，老百姓珍惜生活，珍惜家庭，珍惜工作，珍惜社会环境，才能让管理井然有序，社会稳定。即便社会仍有一些矛盾，或者管理上仍有一些瑕疵，老百姓也不至于以身试法，推翻统治。

"夫唯不厌，是以不厌"，"不厌"是不让老百姓厌烦，是说领导者内心爱老百姓，这个爱不是嘴上说的，而是发自内心的慈悲、仁爱，和老百姓站在一起。领导者发自内心以人民的福祉为奋斗方向，把老百姓当作自己的父母，满怀感情地为人民服务，为人民做事，才能得到人民衷心的爱戴和拥护。

做到这一条，老百姓才能不讨厌社会，不讨厌政治，不讨厌领导者。

"是以圣人自知，不自见"，圣人对自己的认识很清楚，但是不表现自己，不自作聪明。现实中，有的人确实很聪明，但是他说话办事的时候，言谈举止都显示出仿佛比别人高明的样子，轻视别人、看不起别人，总是炫耀自己、展示自己，这层次就很低了。圣人的大智慧在内心，做什么事清清楚楚，但是从不标榜自己，不会处处露出自己的聪明，轻视别人。

"自爱，不自贵"，自爱是说修得好的人爱惜自己。《孝经》里说最低层次的孝是"身体发肤，受之父母，不敢毁伤"，孝道的第一个条件是不能自杀，不能自残。把自己养得健健康康的就是自爱。父母生了孩子以后，对孩子最大的期待是什么呢？除了孩子发展得好，有成就，有地位，最基本的要求是孩子能够健健康康地活着。如果这个基本条件都达不到，如何谈孝？

自爱是一定要照顾好自己，珍惜自己。珍惜自己更高层次的含义是要知道自己的使命。物质层面的自爱是饮食起居都保持健康，精神层面的自爱是要知道此生的使命和责任，能够真正活出价值。

"自爱，不自贵"，就是不在爱惜自己的时候看不起他人。有的人对自己很好，但是不把别人的生命和尊严当回事，这就是"自贵"。只重视自己的尊严、自己的身体健康，爱惜自己，不尊重别人，不爱惜别人，更有甚者，把自己的幸福、自爱建立在别人的痛苦和对别人的盘剥之上。

"故去彼取此"，所以，我们此生的修为就是要丢掉自见自贵，不要炫耀自己，不要讽刺别人，彰显自己聪明，不要将自己的幸福建立在别人的痛苦之上，做到自知自爱。

这一章应该说对我们每个人，尤其是将来准备做管理者的人，都有很大的启发。一个人的权威从哪里来？权威跟专制独裁、不尊重人权没有任何关系。人到了一定位置以后说话是有分量的，他会对社会产生很大影响。尤其是社会管理者，他们的权威能让人民心里升起敬畏、尊重、爱戴之情，这是很重要的。任何一个社会，如果老百姓不把领导者当回事，企业员工不把董事长当回事，孩子不把家长当回事，都是不像话的。

一个人的权威怎么树立？要真心爱护老百姓，把老百姓向往的美好生活当作自己的奋斗目标，要发自内心这样认为，这样去做，才能真正得到人民的拥戴。

第七十三章

敬畏生命，人间正道

> 勇于敢则杀，勇于不敢则活。此两者，或利或害。天之所恶，孰知其故？是以圣人犹难之。天之道，不争而善胜，不言而善应，不召而自来，繟然而善谋。天网恢恢，疏而不失。

《老子》第七十三章讲到了天道和人道的关系。这一章对每个人做人做事，以及如何认知天道和顺应天道，都有很大的启发。

这一章最出名的一句话是："**天网恢恢，疏而不失**"。很多人对这句话也会有疑惑，因为有的人做了坏事，并没有被抓到。为什么有的人做了恶，却没有得到该有的惩罚呢？

"**勇于敢则杀，勇于不敢则活**"，关键是要理解敢和不敢，表面上看，敢和不敢似乎是说勇敢，其实背后表达的是内心的状态。不敢不是不勇敢，而是人的慈悲和对生命的敬重。慈悲之心和仁爱之心使得我们不会滥杀无辜，不会逞强好胜，这就是不敢。敢正好相反，意味着一个人内心缺少慈悲和仁爱，有时为了彰显武力，穷兵黩武，发动战争，内心甚至会因此生起一些惕怵。"勇于敢则杀，勇于不敢则活"就是一个人内心如果缺少对生命的敬畏，没有慈悲和仁爱之心，为彰显自己的力量而滥杀无辜，就一定没有好下场。没有好下场，不一定指的是当下，这要从一个很长的历史阶段来看。一个人如果对生命心存敬畏，有慈悲、仁爱之心，从长远来看会有好的命运，好的未来。

这里纠正大家一个偏见，"勇于不敢则活"不是说上了战场，面对敌人的时候畏畏缩缩、不敢出手，就能活下来。这是在说内心对生命的敬畏。敬畏生命的人真上了战场，也会毫不退缩，该杀敌的时候勇敢去杀，且绝不滥杀无辜，而且这种杀人是为了不杀。外敌入侵时，杀敌人是为了尽快让敌人知难而退，保护国家。

"此两者，或利或害"，一个人的仁爱之心、慈悲之心，从长远来看会给他带来大的利益，反过来，滥杀无辜的人缺少敬畏生命之心，他的人生会有大的灾难。

"天之所恶，孰知其故？是以圣人犹难之"，这和前文相呼应。普通人往往赞扬人上了战场敢打敢杀，《水浒传》中讲到李逵拿着斧头切人头如切白菜，切完之后，还仰天大笑痛快。很多人觉得李逵很厉害。有的人上了战场，不忍心去杀人，会被认为没有李逵那么畅快，但是天道往往照顾内心有慈悲之心和仁爱之心的人。所以老子说，普通人不能拿自己的好恶去揣测天意。老天欣赏、帮助的人一定是顺应天道的。有时候天道的奥妙高远，即便一个人修得很好了，也不一定能知道得很清楚，这就是"以圣人犹难之"。其实老子是想纠正普通人的错误价值观。

我们一定要对生命有敬畏之心，即便是斩杀来犯之敌，内心也要对生命抱有慈悲、敬畏。

"天之道，不争而善胜，不言而善应，不召而自来，绰然而善谋"。天道是什么？它在天地宇宙之间普遍存在，看得见、看不见的力量都充斥着天道的力量。用今天的话说叫客观规律。客观规律对我们会产生什么影响呢？它是我们必须遵循的，在规律面前，人没有任何特殊性，只有顺应规律、尊重规律这一条路可走。对抗规律，就像螳臂当车，会被碾得粉碎。如果我们领会了天道，遵循了规律，结果是什么呢？"不争而善胜"，就是有些事不用争取也能心想事成。比如我想拥有财富，想拥有权力，如果遵循了天道，做的事情符合规律，内心即便不求，它也会来的。

比如公司招人，如果领导者走的是正道，自然会感召同频的人，会有相同理想和追求的人一起来承担使命。如果一个人做的事违背天理，对众生无益，对国家无益，他感召的可能是一些居心叵测的人。

"绰然而善谋"，宇宙空间都普遍存在的样子叫绰然。客观规律在宇宙空间普遍存在，任何事都逃不出天道，就叫"绰然而善谋"。

结论就是**"天网恢恢，疏而不失"**。天网，是真理、道、客观规律、天道，"恢恢"是到处存在的样子，"疏"是你仿佛看不到。岳飞曾说，"天日昭昭"，就类似于天理，天理在哪里？我们仰望四周，哪里有天理？你虽然看不到，但是大家很清楚看不到不代表不存在，天理以无形无相的状态存在，发挥着作用。我们在生活、工作中绝对要遵循的规律虽然看不见摸不着，但它是客观存在的，我们只能去遵循。

有人说有的人违法犯罪了，公安局抓不到，也没有让他受到应有的惩罚，怎么叫"天网恢恢，疏而不失"呢？公安局的抓捕不叫天网，叫人网。所有法律，无论制定得多么严密都是人网，人网百密也会有一疏。侦破手段再发达，法律制度再完善，也总是会有漏网之鱼，总有以身试法的人没有得到应有惩罚。天网不会，任何事情有因必有果，只是近期和远期的区别。比如一个官员贪污了，跑到某国躲起来，中国的公安人员的确一时抓不到他。但是从逃走那一天起，他惶惶不可终日，最后甚至会主动联系要回来。贪污了就过得潇洒舒服吗？拿了人民的血汗钱，就能过神仙逍遥的日子吗？根本不是，苦果他也必须承受。

　　伤害了社会的人，没有慈悲之心、仁爱之心的人，下场都不会太好。反过来讲，做好事，内心光明磊落，自在开心，会带来好结果。一辈子做好人，做好事，利国利民，那是人间正道。

| 第七十四章 |

正视弱点，不去干涉大道运行

> 民不畏死，奈何以死惧之！若使民常畏死，而为奇者吾得执而杀之，孰敢？常有司杀者杀，夫代司杀者杀，是谓代大匠斫。夫代大匠斫者，希有不伤其手矣。

这一章的内容涉及怎么更好地进行社会管理。在社会治理的过程中出现偏差或者违背道，会出现什么情况？

"民不畏死，奈何以死惧之"，讲了一个社会现象：老百姓连死都不怕的时候，统治者再威胁老百姓，已经不可能产生作用。真到了那一步，基本上就会民怨沸腾，统治者已经没办法继续统治下去，旧制度或者旧政权即将灭亡，政局要变动了。

在传统社会，统治者对老百姓最大的恐吓就是你如果敢造反，我就杀你。当老百姓连死都不怕的时候，拿死亡去威胁他还有用吗？统治者一切威吓老百姓的手段都丧失作用的时候，人民就会推翻他。失败的社会治理是什么样子？是老百姓恨透了统治者，政权已经到了必须灭亡的时候。

"若使民常畏死，而为奇者吾得执而杀之，孰敢"，这是反说。假如老百姓敬畏死，内心很害怕死，那么我们就得问老百姓为什么怕死？因为他们过得很好，生活很滋润，很安逸，他们怎么会愿意舍去现有优越安逸的生活条件去赴死呢？这背后体现了统治者爱惜民力，体恤老百姓，把老百姓照顾得很周到，使他们都安居乐业。"为奇者"就是个别违法乱纪，以身试法的人，这种人是极少的，大部分老百姓都是遵纪守法的。这时，干脆就拿他开刀，杀一儆百，使得不珍惜生活、不珍惜和平安定的环境的人受到惩罚。这样，谁还敢主动做违法乱纪的事呢？

"常有司杀者杀"，"司杀者"从社会治理的角度是指公安局、法院这样的机构，如果放在整个宇宙空间，是指道。宇宙大道什么时候活，什么时候杀是有规律的。比如春天，生机盎然，有土壤的地方，有一点水的滋润，植物就冒出芽来，展现一片生机勃勃之象。这就是天地宇宙的生养能力。到了秋天，凛冽的秋风吹来，一片萧瑟之气，如果小树苗这时候非得抽枝发芽，一场霜雪就让它凋零了。秋天就是自然界杀伐的季节，实际上行杀伐的能量背后是自然界的规律。

"夫代司杀者杀，是谓代大匠斫"，意思是天地、大道本来都有生养和杀伐的功能。春天是供养和生养的时节，秋天是杀伐的时节。可是如果人不让这种功能发挥作用，反而是自己行使宇宙、自然界的权力，人为进行杀伐，以人类的主观去代替客观规律，那么老子的结论是"是谓代大匠斫"，大匠是非常娴熟且有智慧的精工巧匠，这种人在施工的时候很少伤到自己，普通人逞能，代替能工巧匠进行制作，就有可能伤到自己。

"夫代大匠斫者，希有不伤其手矣"。如果有人想代替能工巧匠去砍木头、揳钉子、凿铆等，由于逞能，不伤到自己的可能性是很小的。其言外之意是，人为去代替道，不伤害自己的可能性很小。

这里可以结合《水浒传》中的情节给大家稍微做一点分析。水泊梁山的大旗上写着"替天行道"，道是宇宙空间本来存在的，替天行道就是"代司杀者杀，是谓代大匠斫"。结果《水浒传》里的很多人，包括所谓的"梁山好汉"，说他们完全不好也不对，说他们是真正的好汉也不一定，

第七十四章　正视弱点，不去干涉大道运行

因为书里有很多为我们所不齿的行为，比如欺骗、为了团伙置大义于不顾等，真站在社会道义层面进行分析，应该说有些人层次并不高，所以最后他们的下场也都不好。人为干涉规律，代替规律，结果因为存在人性的弱点，就会出现背离大道或者伤害别人、伤害自己的事。

人有七情六欲，如果人为去干涉道或者代替道，由于人性有弱点，会很难完完全全按照道或者规律行事，难免加入主观想法，背离客观规律，结局就是给社会、他人、自己带来伤害。

第七十五章

超越小我，不可过于看重自己

> 民之饥，以其上食税之多，是以饥。民之难治，以其上之有为，是以难治。民之轻死，以其求生之厚，是以轻死。夫唯无以生为者，是贤于贵生。

这一章对社会治理中出现的一些乱象及老百姓有怨气的缘由做了些解释。前一部分讲到了社会治理中的一些乱象。"**民之饥，以其上食税之多，是以饥**"，老百姓没吃没喝，是因为统治者对老百姓横征暴敛，税赋很高，结果老百姓创造的大量财富被统治者拿走了，食不果腹。在传统农耕社会，生产力水平比较低，老百姓辛苦劳动一年，生产的粮食并不多，统治者为了满足自己的骄奢淫逸盘剥老百姓，老百姓剩下的粮食非常少，连生存下去都很难。

老百姓为什么难治呢？"**民之难治，以其上之有为，是以难治**"，因为统治者特别喜欢折腾老百姓，一会儿让老百姓种这个，一会儿让老百姓种那个，一会儿又让老百姓去修墓，老百姓难有时间照顾家庭，内心很难不产生怨气，不产生对抗心理。扰民到一定程度，老百姓不配合了，就会变成所谓的"刁民"。

第七十五章　超越小我，不可过于看重自己

政治管理是一种互动。良性互动是统治者对老百姓特别爱护，对老百姓好，老百姓对统治者感恩。恶性互动是统治者折腾老百姓，一会儿服徭役，一会儿修工程，把农时都耽误了，越折腾老百姓，老百姓越有怨气，甚至会想尽各种办法逃避徭役，这就表现为难于治理，老百姓不听话，对统治者没有任何感恩和敬畏之心。

"民之轻死，以其求生之厚，是以轻死"，"轻死"就是老百姓不珍惜自己的生活了。其原因就是统治者折腾老百姓，没有给老百姓好的生活。老百姓对统治者不满意，干脆拿着刀枪剑戟拼了，这在古代就是造反，是社会动荡的一个直接根源。"民之轻死"是社会治理中非常糟糕的现象。"以其求生之厚，是以轻死"，因为统治者只关注自己的生活，一点也不懂得爱惜老百姓，体恤老百姓，结果老百姓觉得活着没什么意思，就有可能造反了。

宋徽宗作为一个艺术家是有天赋的，他的字写得很有特色，画的花鸟也不错，但是放在君主的位置上就特别不称职。他没有帝王该有的仁爱天下之心，不能体恤老百姓，没有高超的政治智慧、博大的精神境界，是骄奢淫逸、荒淫无道的典型代表。读过《水浒传》的人应当都听过花石纲。花石纲是宋徽宗运输东南花石船只的编组，宋徽宗喜欢搜集天下奇石为自己所用，结果把老百姓给折腾得忍无可忍，干脆造反了。这样，社会的根基就动摇了，露出了走向衰败的前兆。

"夫唯无以生为者，是贤于贵生"，如果统治者不把自己当回事，不只顾自己享乐，那么他大部分的精力就会用于为人民做事，惠及天下苍生。这是我们中华文化中特别欣赏和钦佩的人，是真正称职的领导者。

赵匡胤当上皇帝以后，有一次他住的宫殿柱子坏了。修葺的时候有个大臣就说，我们找一棵千年大树，削得细一点来给皇帝做柱子。他说这话一方面有巴结皇帝的意思，另一方面皇帝贵为天下至尊，用大树削细了

做顶梁柱也讲得过去。《宋史》上记载赵匡胤当时勃然大怒，说我的房子坏了，木头只要结实就可以了，为什么非得将上千年的大树削细放在这里？这不是浪费资材吗？这就是"无以生为者"，不是特别在意自己的生活，不是什么都想着自己。这种皇帝往往能成为称职的皇帝，做出一番事业。不怎么顾及自己，为天下苍生考虑的领导者比整天想着自己吃喝玩乐的人，要强无数倍。

无论是管理者还是个人，过于看重自己，过于强调自己的利益，把自己的一切看得很重的人，和很少考虑自己、总是体谅别人的人相比，素质会有天壤之别。真正能做出一番大事业的人，古今中外，在历史上能留下位置的人，往往都能够超越小我，体谅别人，尊重别人。

| 第七十六章 |

强大处下，要关怀帮扶弱者

> 人之生也柔弱，其死也坚强。万物草木之生也柔脆，其死也枯槁。故坚强者死之徒，柔弱者生之徒。是以兵强则不胜，木强则兵。强大处下，柔弱处上。

这一章也从道的角度，对社会不同现象和人生的不同现象做了分析。

"**人之生也柔弱，其死也坚强**"，人活着的时候肢体很柔软，一旦死了，身体就僵硬了。

"**万物草木之生也柔脆，其死也枯槁**"，植物活着的时候很柔软，可是到了秋天，都枯死了，就直挺挺的，风一吹就折断了。这是一种常见的自然现象。

"**故坚强者死之徒，柔弱者生之徒**"，意思是坚强的往往会走向死亡，柔弱的往往能生机勃勃。坚强僵挺的归于死亡一类，而柔弱的归于有生机一类。

"**是以兵强则不胜，木强则兵**"，老子说，如果一个兵很强，那么他容易走向失败，如同木强则折，木头很坚挺往往容易折断。这里深入解析一下，老子想说的是军队如果盛气凌人，非常好斗，没事找事，一定会走向灭亡，从这个角度去理解是非常正确的。但是，如果军队表现出坚不可

273

摧的形象，说"兵强则不胜"是错的，因为军人一定要召之即来，来之能战，战之必胜，一定要表现出雄赳赳气昂昂，面对任何敌人绝不低头、不被打垮的气势。如果军人没有斗志，必死无疑。有些时候，要强大才不折；有些时候，又是不强大它才不折。环境不一样，结论不一样，不能把某些场景才适用的现象绝对化。

我小时候，农民打井的工具就是前面打上木头的尖的塑料管。农民在选择木头的时候，选的是相对结实的。有时候打上十多米，地下水就出来了。如果选的木头不结实，打几下木头折断了，就没办法打井了。以打井的场合来说，恰恰是木强则不折。我们读经典的时候，也得自己去分析老子想表达的是什么。他这里要表达的是，在他生活的时代，各国战乱频繁，老百姓命如草芥。如果一个人强出头，往往下场很惨。那个乱世，没有好的制度，没有伟大的领导者护佑着黎民苍生，就应该尽量以弱的姿态活下来，绝不能主动找事。这是由老子生活的特定时代决定的。

"**强大处下，柔弱处上**"，这是这一章的结论。"强大处下"是说一个人越有实力，境界越高，往往越谦卑。"柔弱处上"是说往往有些力量越柔弱，越应该去尊重它，给它很高的地位。

这话有没有道理呢？从政治学角度理解，非常有道理。比如为政者强大，掌握了国家的权力，这时就要把人民当父母，千万不能踩着人民的脑袋，不能与民争利，不能鱼肉乡亲。强大的要处下，做人民的儿子。邓小平曾说："我是中国人民的儿子，我深情地爱着我的祖国和人民。"这就是"强大处下"。反过来，如果一个干部掌握着国家的公共权力，却耀武扬威，颐指气使，仗着自己掌握国家公权力的身份，欺压老百姓，一定没有好下场。老子告诫我们，越有身份、有地位、有权力，越要爱人民，以人民为父母，给人民做事。

第七十七章

符合天道，能力越大责任越大

> 天之道，其犹张弓欤！高者抑之，下者举之；有余者损之，不足者补之。天之道，损有余而补不足。人之道则不然，损不足以奉有余。孰能有余以奉天下？唯有道者。是以圣人为而不恃，功成而不处，其不欲见贤。

我们学的《老子》等经典，其落脚点都是要把天道和人道统一起来，然后更好地指导我们的生活，让我们的工作和生活越来越好。这一章，就讲到了天道和人道的关系。

"天之道，其犹张弓欤"，老子用比喻的方法来讲道理，说天道就像拉弓一样，拉弓的时候有什么特点呢？如果拉得不是很开，箭射不远，如果拉过了，弓会断。所以拉弓的时候，拉得不开，就得用力往外拉一拉，拉得过了就往回收一点。弓弦在最恰当的位置上，射箭的力度更好。把弓弦拉到合适的位置，这个分寸，包括力度、距离，是最恰当的。

"高者抑之，下者举之"，跟上一句是相同的意思。

"有余者损之，不足者补之"，天道就是一个地方多了就得让它少一点，一个地方不够了就要去补一补，最终目的是维持整个宇宙和人类的平衡。

平衡是我们要特别注意的一个观念。福无双至，一个人几乎不可能一辈子都幸运，每天天上掉馅饼。福无双至是一个平衡，一个人遇到一点好事、好运之后，相应地就会有些坎坷。

"天之道，损有余而补不足"，老子的结论就是，天道是拿出有余的一部分，去补不足的一部分。

"人之道则不然，损不足以奉有余"，人道有时候和天道相反，不足的继续损，给那些有余的。这一章揭示了一个极大的秘密。不经过大的战乱，一直安定有序、安居乐业不好吗？是什么原因导致几百年就得折腾一次，有时候几十年就折腾一次？任何一个朝代走向衰亡的时候，都必然会出现两极分化，财富、权力等资源高度集中。马克思的《资本论》在批判资本主义社会的时候曾说，随着资本积累的进一步强化和深化，必然会出现财富向资本家集中，贫穷向工人集中的情况。当出现两极分化，资本主义社会又没有处理两极分化能力的时候，必然会由社会主义社会代替资本主义社会。

新朝代建立之后，一般都要先休养生息，把土地分给没有田的人，比如文景之治、贞观之治都是这样，这就是我们今天讲的一个核心价值观：公正，社会的公正。

要想摆脱历史周期率，需要具备很多条件。其中一个就是要追求社会公正，不能让财富只局限在少数人手里，不能让广大老百姓生活不下去。顺应天道需要合理的制度，要通过税收等方式将过得好的人、有权有势的人的财富分散一些，通过政策帮扶劳苦大众，社会才有长治久安的可能。

如果我们不顺应天道，欺负穷人，盘剥老百姓，就是"损不足而奉有余"，把财富往富人那里集中，财富严重两极分化，最终老百姓会起来反抗，给社会带来极大动荡。我们每个人要有觉悟，当我们过得好的时候，不能局限于自己吃吃喝喝，要多些慈悲之心、仁爱之心，多帮扶社会，帮扶弱者，让大家都好。

从国家角度来看，一个文明的、生机勃勃的、能够实现长治久安的国家，在政策和制度设计上，应该让有巨大财富和社会能力的人多承担责任，进而更好地实现社会公正，同时也能照顾贫苦的人。社会要创造更好、更透明公正的环境，让有能力的人创造更大的财富，但是要防止过度两极分化。这不是奖励懒惰，我们既要让有余的财富帮扶穷人，也绝对不鼓励好吃懒做、自私自利，我们既要坚持公正，又要激励每个人诚实劳动，合法致富，通过自己的努力改变命运。我觉得这是值得提倡的社会风气。

"孰能有余以奉天下？唯有道者"，谁能做到自己过得特别好，但不仅仅为了自己吃喝玩乐，而是把能力和财富贡献出来帮助天下老百姓？"唯有道者"。我希望每个人都能赚到大量的财富，但自己过好了以后要能有能力承担社会责任，帮助需要帮助的人。真正有道的人会更有社会责任感，有成全天下的使命和担当。

"是以圣人为而不恃，功成而不处，其不欲见贤"，这三句话讲出了一个得道者的境界。得道者为人民服务，做出了巨大的贡献，但是从不居功自傲。觉得这都是应该做的，做得还很不够。这才是我们提倡的真正有智慧的状态。无论是老百姓还是领导者，没有人喜欢居功自傲的人，否则虽然做了很多的贡献，反而还会遭到大家记恨。

"功成而不处"的意思是给人民做了好事，但没有把好处据为己有，而是把利国利民的成果与人民分享，归还社会。

"其不欲见贤"，又讲了一个内在的境界。有道的人有非常大的智慧，但是从不在别人面前彰显自己聪明，聪明不是坏事，只是不能显露聪明。也有一些人确实聪明，但是他们待人接物故意显露聪明，唯恐别人不知道他们聪明。这不是有智慧的人所为。真正有智慧的人，往往大智若愚，内在很聪明，外在还是和芸芸众生一样，不彰显自己了不起，不会在人前张狂。

这对我们做人也特别有帮助。总之，人道要符合天道，我们做人做事，如果能力大，就去承担更多的社会责任。一个人懂得这样做，或者一个国家、社会的制度设计也鼓励这样做，我相信国家将会长治久安。

| 第七十八章 |

知易行难，不要被表象迷惑

天下莫柔弱于水，而攻坚强者莫之能胜，其无以易之。弱之胜强，柔之胜刚，天下莫不知，莫能行。是以圣人云，受国之垢，是谓社稷主；受国不祥，是为天下王。正言若反。

这一章讲如何在生活、工作中应用道。

"天下莫柔弱于水，而攻坚强者莫之能胜，其无以易之"，天底下比水更柔弱的东西不好找，当然空气和水一样，从质感来讲也不是坚硬的东西。我们去推金属或土石，它会挡着我们，但是手放在水里，不会被阻挡。水的柔弱使得我们在触摸它的时候，不会被坚硬的物质阻挡，从这个角度思考，老子认为"天下莫柔弱于水"。可是柔弱的水恰恰能够水滴石穿，把看起来很坚硬的东西攻破。当然我们可以从很多角度来解释，从中国文化或中国智慧角度，水有个很重要的特点：它是无相的，没有固定的形状，稍微有一点缝隙都能进去。水没有固定形状，可以随着外界变化找到它适合的呈现方式。我们用水滴石穿形容日久天长石头再坚硬也会被水滴出洞来。这种解释是表象，更深刻的是一个人拥有智慧以后，不会被任何东西束缚，这种无相的状态使得一个人在接触外在世界的时候，总能准确全面地把外界事物的实相和本质抓清楚，这样，他就能找到适合事物的交往方式或者解决方式。

"其无以易之"，柔弱的水能够战胜坚强的东西，这种情况没有人能改变。老子的判断是柔弱一定能胜刚强。

"弱之胜强，柔之胜刚，天下莫不知，莫能行"，老子把它总结为一种普遍现象，弱的东西总是能胜强的，柔的东西总是能胜刚的。这个判断如果从表象上来看并不全面。普遍来看，强大的一方战胜柔弱的一方很常见，以少胜多、以弱胜强则极为罕见。所以很多人在学《孙子兵法》的时候，过于看重计谋，认为学了《孙子兵法》，仿佛不管对手多强大，总是能找到解决问题的办法，实际上这是非常片面的。计谋、方法起作用是建立在实力的基础上。战争胜负归根结底要靠实力说话，实力不如人家，靠计谋、手段来战胜是不容易的，这不是常态。既然不是常态，为什么老子要总结为"弱之胜强，柔之胜刚"呢？

这就要从另外一个角度理解，弱和柔表达的是一个人内在的状态。这种状态表现为谦卑、慈悲，对外界事物敬重敬畏，而不是咄咄逼人，没事找事，飞扬跋扈。无论实力多强，外在的表现都是谦卑的，内心有慈悲之心，这就是柔和弱。盛气凌人外在表现为强，这种行为不符合道，可能一时会有好处，从长久来看，往往没有好下场。

但是，知道容易做到难，现实生活中很多人总是被人性的弱点把控，一旦有一点实力就容易炫耀，有一点优势就会给别人带来压力。有的人即便是明白一些道理，由于不能克服人性的弱点，也仅仅在嘴巴和道理上知道，不能真正去践行。

"是以圣人云，受国之垢，是谓社稷主；受国不祥，是为天下王"，"受国之垢，是谓社稷主"，是指一个人能够在国家里受辱，能够把国家的责任扛在肩上，才可以做社稷主。"受国不祥，是为天下王"，是指一个人能够承受国家的各种灾难和磨炼，才能成为天下王，不仅可以做国家领导者，还可以成为天下人学习的表率。老子是告诉大家，一个人真正承担使命和责任后，面对的往往不是海晏河清、明月清风，而是无数困难和考验。在承担历史使命和责任的时候，能够把所有苦难责任扛在自己肩上，忍辱负重，不惮于前行，这种人才可以为天下王。

再看中国历史，会发现老子的伟大。历史上的大英雄把开启一个新时代、结束一个旧时代的历史重担扛在肩上，这种人的德行、境界、格局都非常大，可是这种人的一生顺利吗？既然为天下黎民苍生去做事，就不是轻歌曼舞、一片祥和之象。他们在承担使命的时候，确是九死觅得一生，遇到了无数艰难险阻。

我想跟所有想承担责任和使命的人说，如果你愿意为人民的福祉去打拼，请一定要注意老子的话。承担责任后等待我们的不是欢呼声，也不是掌声和鲜花，往往是一个考验接着一个考验，一个磨难接着一个磨难。恐怕还会有侮辱、误解、打压，有心灵深处的挣扎和痛苦。但这些才是对人的成全，只有扛得住并征服这些困难，才能愈挫愈勇，百折不挠，做出一番事业。

这个世界是平衡的，我们吃多少苦，经历多少磨难和考验，才能取得多大的成就。没有无缘无故的爱，也没有无缘无故的恨，所有你期待的成就到来前的磨难和考验一个都不能少。经过千辛万苦的打拼之后，你才能迎来曙光。人生永远走在路上。

"正言若反"，这里又说了一个非常深刻的道理：很多好话听起来像反话一样，但是很多好听的话往往是在害你。很多好话是正言，但是普通人理解不了，以为是不好的。不好的话，比如谄媚奉承的话，有些人偏偏爱听。谄媚会害人，蒙蔽人的眼睛，让人丧失正确的判断，甚至会让人走上邪路。有时候，你给他提意见，对他来讲是正言，他往往还接受不了，以为你没有跟他站在一起，反而生你的气。普通人往往不能从真实状态看问题，会被表象迷惑，一个人不被表象迷惑的时候，才能知道什么是真理，什么是好话。

第七十九章

心怀广大,种善因结善果

和大怨,必有余怨,安可以为善?是以圣人执左契,而不责于人。有德司契,无德司彻。天道无亲,常与善人。

这一章能解决大家在观察历史时的困惑。

"和大怨,必有余怨,安可以为善",字面意思是说,我们解决重大仇恨的时候往往不能一次解决成功,还会有余怨,心里疙疙瘩瘩一段时间才能慢慢化解掉。"安可以为善",这不是一种很圆满的行为。这句话反映了人类社会中的一个大问题,当社会矛盾积累到一定程度的时候,如果社会自身有解决问题的能力,那么通过改革的方式可以解决;反之,暴动就会来,改朝换代之类的事就会发生。由于积累了非常多的社会问题,大怨不是一下子就可以解决掉的,比如,一个朝代几十年、几百年一直腐朽,已经烂透了,建立了新朝代之后,是不是积累的社会问题一下子就能化解掉呢?不是,改朝换代能解决一部分问题,还有一部分问题需要在新朝代建立之后逐渐解决。

"是以圣人执左契,而不责于人","左契"代表的是欠条,一个有修为、有智慧的人拿着别人的欠条,但是不主动要。这句话给我非常大的启

第七十九章 心怀广大，种善因结善果

发，真正有修为的人会让别人和世界欠他们一点。一般人和别人打交道的时候喜欢占便宜，付出一分劳动，甚至想拿到两分的收获，那种人并不是有智慧的人。在老子看来，真正有德的人，往往是让全世界欠他一点，让别人欠他一点。

这是一种很重要的心态。如果我给人民做的贡献大但是收获少，我会心安理得；如果我的贡献小但是拿到的收获多，我就欠了世界的。让一个有修为的人做选择，他会选择让世界和他人欠自己，而不是自己欠世界。让世界和别人欠自己一点，自己心怀广大，不斤斤计较，活得坦荡荡，心安理得，正大光明。

"有德司契，无德司彻"，有德的人往往拿着欠条而不去追账，做人大度宽容。无德的人就像什么？司彻。"彻"是古代税务官员，用公权力或者武力去拿别人东西。"司彻"与"司契"正好相反，前者是主动向别人索取或者追讨。这两种态度告诉我们，作为有道德修养、有智慧、有德行的人，应该自己奉献得多，而不在意收获多少，对人民的贡献大，而不在意社会的回报有多少。这种坦坦荡荡是我们应该赞许或者主张的。

有人可能会觉得，我给人民做的贡献大，我早该是县委书记了，但我还是个镇长，这不公平。我奉献那么多，得到的很少，心里很纠结难过。**"天道无亲，常与善人"**的意思是你不要难过，天道的运转和循环不会使所有为人民做了事的人白白付出，所有给人民做出贡献的人一定会得到该有的回报。

"天道无亲，常与善人"是对所有为人民、国家做了贡献的人的一种肯定或者安慰。老子说这话，是不是有道理呢？有深刻的道理。世界内在的逻辑，因和果是自然科学和人类科学的基础。有些人把因果规律当作因果报应来理解，这就非常狭隘了。这个世界有因就有果，善人发自内心做利国利民的事，乐善好施去成全别人。这样的人，人民会记住他。善人种

善因，得到的往往是受人尊重和爱戴的果。

现实中，善人在做善事的时候也不一定很周全。他做了善事当然有好报，可是恐怕也会因为不周全而对自己产生一些伤害。好比一个人宵衣旰食给人民打拼，结果年纪轻轻身体出了问题。于是大家就说，好人没有好报，其实这也是因果，不注意保护身体是因，得病是果。

我们都期待好人有好报，希望天下的好人既为人民造福做事，又周到圆融，保护好自己的身体，孝敬父母；既做出了为国为民的业绩，得到人民的爱戴和拥护，同时家庭和谐，身体健康。

第八十章

小国寡民，正视进步与危害

> 小国寡民，使有什伯之器而不用，使民重死而不远徙。虽有舟舆，无所乘之；虽有甲兵，无所陈之；使人复结绳而用之。甘其食，美其服，安其居，乐其俗。邻国相望，鸡犬之声相闻，民至老死不相往来。

这一章主要讲老子的社会理想。这一章现在的争议很多，很多人把老子的社会理想视为退步的、落后的思想，因为老子特别推崇小国寡民。如果说老子的社会理想很落后，那他为什么会成为伟大的思想家、哲学家？如果说老子的社会理想并不落后，我们就得问，小国寡民的背后有哪些深刻的含义？我们在这一章里做个回答。

"小国寡民"，是老子提出的社会的理想状态。当然，老子做了这个判断之后解释了他为什么这样说。**"使有什伯之器而不用，使民重死而不远徙"**，"什"讲的是古代军队的编制，十个人是什，一百个人是伯，"什伯"表明数量很多。意思是，虽然有很多花样繁多的发明创造，但是不怎么使用。这表达了老子对人类科技发明创造的一种警惕。"使民重死而不远徙"，让老百姓特别在意自己的生活，不轻易远走他乡。重死，表面上看是看重生死，背后是说老百姓特别在意自己的生活，看重自己的生活，用今天的话说，就是有一些小资情调，追求安逸、舒服，这样老百姓没必要到远方折腾。

"虽有舟舆，无所乘之"，虽然有方便的交通工具，但是没有人乘坐它。"虽有甲兵，无所陈之"，即便有军队、武器，但是没有地方使用。"使人复结绳而用之"，让老百姓恢复到结绳而用的时代，也不需要文字了。考古发现，有一个阶段人类没有文字，采用结绳的方式记录生活，大事大结，小事小结，复杂的事复杂结，简单的事简单结。

"甘其食，美其服，安其居，乐其俗"，让老百姓吃得特别好，穿得漂漂亮亮，安居乐业，很幸福，很自在，人民每天的生活都快快乐乐的，邻里间非常融洽和睦，物质生活也比较满足。

"邻国相望，鸡犬之声相闻，民至老死不相往来"，国家与国家之间很近，邻国的鸡狗之声都能听得到，这时国界没有意义，形式上有国与国的区别，但都非常和睦，就像一家人一样。"民至老死不相往来"，这个"不相往来"表达的是相安无事，互相尊重，互相敬重，没有发生战争，和睦相处。

老子为什么认为小国寡民最好呢？我认为这包含了他非常深刻的思考和判断，虽然这些语言容易让人误解，我从文字背后揭示的道理来解释老子的忧虑和思考。

我先讲一个道理，人类的社会结构变得越来越复杂了，和简单的社会结构相比，在复杂的社会结构下人类发生崩塌式毁灭的概率会更大。老子有小国寡民这种思想，是因为他看到了人类一旦开启加速度，社会结构会越来越复杂，各种各样的发明创造究竟给人类带来了什么？任何影响人类生存和安全的事件都会被放大无数倍，直至产生灾难性后果。在古代社会，一个灾难性事件可能会造成十个人死亡；在现代社会，如果采取措施不得力，可能会产生几百倍、几千倍，甚至几十万倍于古代的死亡人数。

第八十章 小国寡民，正视进步与危害

自然科学进步了，当然17世纪以来中国的自然科学没有跟上西方的脚步，这是事实。可是自然科学突飞猛进给人类带来了什么呢？小时候，凉风习习的晚上，我会坐在草席子上听大人聊天，看天上的银河。冬天，我走在大街上，有的时候也会看星星，冬天的星空和夏天的星空不一样。但是今天城市里能看得到星星吗？人类对环境的破坏已经带来无数灾难。这和自然科学的发展有没有关系？我觉得有直接关系。可以说，人类生活到今天，享受了自然科学带来的无数方便，同时也因为科学的发展给自然界带来了巨大破坏，这是我们必须要看到的。

人类社会结构越来越复杂，发明创造越来越繁多，人类的德行和智慧却无法驾驭这些东西，那时，这些东西会给人类带来什么？

当人类的发明创造给自身带来滔天灾难的时候，如果我们再回想老子这几句话，会不会流下忏悔的眼泪？当然那时后悔恐怕已经没多少用了。

我觉得，老子这一章是在用极端的话为我们敲响了警钟，人类有发明创造的能力，但是随着社会结构越来越复杂，科学越来越进步，我们越要反省，人类究竟想把自己带向何方？

当然，我们所期待的是人类有能力驾驭科技，把各种发明用在人类的福祉上，让人类过得越来越幸福。反之，如果发明创造使人类加速走向衰亡，甚至走向灭绝，我们就应该对这种社会进步打一个问号。

总之，通过老子有点极端化的描述，我们要反思到底什么叫文明？人类如何拥有幸福，如何增进福祉，人类应该怎样检视历史进程，怎样看待科学，这是留给我们的一个时代课题。

| 第八十一章 |

效法天地，付出总有回报

> 信言不美，美言不信，善者不辩，辩者不善；知者不博，博者不知。圣人不积，既以为人，己愈有；既以与人，己愈多。天之道，利而不害。圣人之道，为而不争。

第八十一章是《老子》的结尾，老子说了一些总结性的话。

"信言不美，美言不信"，是对《老子》的一个总结。看起来很简洁朴实的话就是信言。佛经中说，佛是实语者、真语者，佛陀说的话都是真话、实话，是宇宙的实相，和宇宙的真实状态是一致的。《老子》也没用光怪陆离的花言巧语，没有夸夸其谈，而是很简洁质朴地对宇宙和社会进行了规律性总结。

佛经中讲到戒律，其中一个戒叫不绮语，就是不要花言巧语，巧言令色。比如要形容一个不是很漂亮的姑娘，你说她人品很不错，也许大家会觉得你很真诚，这就是信言。如果你非得夸人家长得像古代美人，惊为天人，这就是绮语、美言。这种话花言巧语是脱离实际的。当然，有的人喜欢听花言巧语，愿意用美丽的辞藻来骗自己，那属于自己智慧不够，被人蒙蔽也没办法。这涉及人性的弱点，人都是喜欢被赞美的，哪怕别人说瞎话也爱听。那些有智慧的人，能在各个行业做出一番大事的人则知道，要听信言。信言不一定美，但是对我们有大帮助。

"善者不辩，辩者不善"，善者是修得没有我的人，这种人不为自己着想，无我利他，给大众打拼。父母对孩子往往有善者的表现。有些父母养孩子是为了让孩子将来报答自己，让孩子成为赚钱机器，让孩子使自己更有荣光。当然这是少数，大多数父母内心希望孩子好，这就是善。"善者不辩"，所有的辩解都是为了证明自己对，证明自己好，一个人修到无我，别人即使误解他，他也不做分辩，因为他不为自己捞名声。别人说他好，他不在意，别人说他不好，他也不在意。其他人误解与否，和人家有什么关系呢？当然，如果一个人辩解是因为想证明自己，当一个人通过辩解证明自己，为自己博得名声、认可，或者证明自己伟大的时候，那就不是善者了。

"知者不博，博者不知"，知者可以称为有智慧的人，博是博取别人的赞誉。真正有智慧、很通达的人为自己活、为众生活。荀子曾讲，"古之学者为己"，不是为了炫耀给别人看的。我拿了什么学位，我是哪所著名大学毕业的，如果以此来证明我比别人高明，这就不是君子所为。君子要提高自己的修为，一切外在的学习都是为了让自己变得智慧和通达，并不是为了博取别人的掌声，获得别人艳羡的目光，不是为了证明自己优秀、聪明。

"圣人不积，既以为人，己愈有"，圣人不为自己着想。孔子为什么要周游列国？冒着生命的危险，背井离乡十多年，可谓吃尽了苦头，他并不是为了自己。在礼崩乐坏的时代，谁来为国家承担礼义廉耻，承担教化的责任呢？"积"包括积累财富、积累名声。真正的圣人为众生、为社会打拼，不是为了给自己博得好名声，为自己赚钱。当然这很难做到，对我们普通人而言，为自己打拼时不伤害别人，同时也能对别人好，就值得大大赞扬。

我们学中华文化的时候，总是讲圣人的境界，但那是"高山仰止，景行行止",不能拿这套标准去要求普通人。如果我们拿着圣贤的标准去要求普通人,是犯了很严重的错误,就是老百姓经常说的道德绑架。普通人能做到为自己着想,也为别人着想,让自己过得好,不伤害别人,同时尽量让别人过得好,我认为就值得为之鼓掌了。

当然,如果这种人还想超越小我,那就值得我们顶礼赞叹了。我们以后讲这种境界的时候,既要赞佩学习圣人的境界,也要了解普通大众是什么状态,切不可苛求普通人。有人可能会说,圣人天天为别人着想,他怎么活的呢?天地的道是人为别人着想打拼,最终一样也会有好的结果,得到好报。

"既以与人,己愈多",当圣人能把自己奉献给众生,奉献给国家,奉献得越多,得到的就会越多。非常出色的企业家为社会创造更多财富的时候,赚的钱也越来越多。

当老师也是一样的。我多年的学习使我对中华文化有一点心得体会,我舍得讲出去。这就是"既以与人",当我把这些心得讲给别人的时候,不可能听课的人都认同我说的,这很正常。但是也有很多人觉得我讲得有道理,然后,请我讲课的人越来越多。如果我对中华文化有了点体会,却不舍得与人分享,唯恐自己这点体会被别人拿走,那就非常自私了。

道是天下的公器,像我这样的普通人,有一点体会就说出去,让更多人接受,在这一过程中,我的机会也越来越多。道本来就应该传播给更多的人,甚至让每个人都明白道理,并照着去做。这样,每个人都觉悟了,每个家庭也都和谐了,整个世界才会好。所以,美好的社会不是哪个人推动的,每个人都觉悟,都提高自己,才能让社会风气变好。世界的和平和安宁也不能只靠某一个国家做好,而要靠全世界所有国家都做好。

你为别人着想,自然能得到好结果,你给别人越多,得到的回报也越多。一个自私的人,处处替自己着想,喜欢他、支持他的人就会越来越少；反之，如果经常替别人着想，得到认可的概率就更大。

很多年轻的朋友想过得好，发展得好，得符合道。我们在思考问题和追求的时候，不能先从结果入手，应该从原因入手。我们只有更多地奉献自己，去给别人做事，给社会做事，才能获得更好的发展。

《老子》最后汇总了两句话："**天之道，利而不害。圣人之道，为而不争**"。天道对每个生命都是成全的。天以博大和慈悲仁爱去成全万物，滋养万物。但凡有阳光、有土地、有水的地方，生命就可以滋生。我们要敬畏天地，古人拜老师的时候，会将"天地君亲师"一起拜，如果没有天地对我们的滋养成全，恐怕我们一天都没法活。

我们的胸怀不一定要那么大，但是应该向天道学习，待人接物时，应该多带着成全别人、帮助别人的心去做。当然，每个人会替自己考虑，这很正常。不做伤天害理的事，不做损人利己的事，不伤害别人让自己好，最好能利己利他。如果境界更高一点，只想着利他，最后一定会有好报。

"圣人之道，为而不争"讲的是圣人修到一定程度以后，人道和天道成为一体，人性之中根深蒂固的弱点不存在了。这时候，德配天地。"为而不争"的"为"是作为，为社会做事，圣人在为社会做事，为人民做事，为国家打拼。

老子在这里收尾，是告诉我们，《老子》看起来很简洁，其实都是信言、真语、实语。

《老子》共八十一章，虽然没有用华丽的辞藻去装饰，但是它是对宇宙、人生、社会的道理的概括，值得我们好好领悟。《老子》希望我们做真正的善者，超越小我，给社会做事，给人民做事。哪怕被误解也不要放在心上，因为无论我们怎么对别人好，总是有误解、有诽谤、有批评，这是社会的常情。如果真学得智慧圆融而且通达，不是为了博得别人的赞誉和鲜花掌声而做事,就会让自己的人生过得更有意义、更有价值。

如果有幸到了圣贤的境界,不为自己打拼,整天为人民着想,想着把自己奉献给人民,那么,人民和历史会永远记住我们。

天道是对众生和万事万物的滋养和成全,圣人是领悟了天道的人,照着天道去做就是在成全万物、滋养万物,在为大众打拼的过程中,不为自己着想。

我要感谢大家能够选择这本书,我讲的这些并不是我的智慧,只是翻译了古圣先贤的智慧。大家如果看了有所体会,应该和我一样感恩圣贤。感谢他们在几千年前创造了这么伟大的智慧,滋养我们,让我们学习。可惜,很多人还没有认识到中华文化的伟大和高明。期望今后有更多朋友去学习中国传统文化,让中华智慧发挥更大的作用,影响和引导更多的人。

学习了《老子》以后,我们做人要能不断发现自己的缺点,改正自己,倾听批评,闻过则喜。如果暂时做不到,至少可以不做伤天害理的事,不做损人利己的事,争取对自己好,对社会也好。再高一个层次的话,每个人能够多为社会打拼。我们今天正处在中华民族伟大复兴的历史关口,生活在这个时代的人,其实是在见证历史和创造历史。我们大家一起努力,拧成一股绳,去奋斗打拼,反思改进,完善自己。伟大的中国将会给整个人类做出更大的贡献!

我水平有限,能力更有限,有些地方讲得不那么准确,恳请读者朋友们批评指正。